Em Algum Lugar do Inacabado

Coleção Debates
Dirigida por J. Guinsburg
(*in memoriam*)

APOIO

BDMG. **>BDMG** **△ MINAS GERAIS** GOVERNO DIFERENTE. ESTADO EFICIENTE.

IMAGEM DA CAPA: V. Kandinsky, *Estrelas*, litografia, 1938

Equipe de Realização – Coordenação textual: Luiz Henrique Soares e Elen Durando; Edição de texto: Marcio Honorio de Godoy; Revisão: Rita Durando; Índice Onomástico: Gustavo Rocha Sandi; Produção: Ricardo W. Neves e Sergio Kon.

vladimir jankélévitch
béatrice berlowitz
EM ALGUM LUGAR
DO INACABADO

Introdução, tradução e notas:
CLOVIS SALGADO GONTIJO

© Editions Gallimard, 1978

cip-Brasil. Catalogação na Publicação
Sindicato Nacional dos Editores de Livros, rj

J34e
    Jankélévitch, Vladimir, 1903-1985
    Em algum lugar do inacabado / Vladimir Jankélévitch, Béatrice Berlowitz ; tradução Clovis Salgado Gontijo. - 1. ed. - São Paulo : Perspectiva, 2021.
    352 p. ; 21 cm. (Debates ; 347)

    Tradução de: *Quelque part dans l' inachevé*
    Inclui bibliografia e índice
    isbn 978-65-5505-084-4

    1. Filosofia francesa. i. Berlowitz, Béatrice. ii. Gontijo, Clovis Salgado. iii. Título. iv. Série.

21-74542
        CDD: 194
        CDU: 1(44)

Meri Gleice Rodrigues de Souza - Bibliotecária - crb-7/6439
18/11/2021   22/11/2021

1ª edição

Direitos reservados em língua poruguesa à

EDITORA PERSPECTIVA LTDA.

Rua Augusta, 2445, cj. 1
01413-100 São Paulo sp Brasil
Tel.: (11) 3885-8388
www.editoraperspectiva.com.br

2021

SUMÁRIO

A Necessidade do Inacabado:
Uma Introdução a Vladimir Jankélévitch –
Clovis Salgado Gontijo 11

Palavra da Entrevistadora 55

1. Esse "Eu" Detestável 59
   O inacabamento e os profissionais do inacabado ▪ Da curiosidade à simpatia

2. Algo de Simples, de Infinitamente Simples 67
   Uma rigorosa pesquisa a serviço do impalpável ▪ O imediato: a noite e o noturno ▪ O tempo é o primeiro mistério filosófico

3. A Primeira-Derradeira Vez 79
   Falar do tempo é falar de outra coisa ▪ E depois? ▪ Pergunta o decepcionado ▪ O instante não dura mais que um instante

4. A Fada Ocasião 87

A captura de "Kairós" ▪ Trapaças e maravilhas da improvisação ▪ O gênio reduzido à sua única centelha. Mussórgski

5. "Balbuciendo" 99

A genialidade como celeridade ▪ As palavras sem domicílio ▪ O cintilar da aparição a desaparecer ▪ Qual é o nosso saber mais precioso? ▪ A fina ponta do quase

6. A Indefinida Nostalgia 105

O toque da reminiscência ▪ O segredo de ter-sido ▪ Para essa coisa a se conservar não existe conservatório ▪ A mais humilde das lembranças

7. Um Sério Deleite 112

O irreversível e a aventura ▪ A seriedade da ação e a seriedade da nostalgia ▪ Profundidade ética da nostalgia ▪ Passado precário e fidelidade

8. O Abuso de Consciência 123

A lei moral quase não existe ▪ A ideia de um progresso moral é risível ▪ Inocência e complacência ▪ A inocência, essa brevíssima fratura

9. O Culpado-Inocente 131

A ilusão de óptica da morosidade consciente ▪ Uma mísera solução para a alternativa

10. No Olhar Ausente da Inocência 139

Narciso ou Nikolka? ▪ A música apaga as rugas da preocupação ▪ O reino da "prima donna" e a *Sinfonia Fausto*

11. O Não-Sei-Quê e o Tudo-ou-Nada 147

Toda hora é hora ▪ Os álibis do não-sei-quê não são feitos para a maldade ▪ O "cogito" moral

12. A Filosofia Estrangulada 154

Uma vocação perigosa ▪ É a antifilosofia incorporável ao infinito? ▪ Uma luta tão vital quanto a resistência ao opressor

13. Um Debate Infinito 164

Estaremos sempre em situação periclitante ▪ A espessura dos preconceitos seculares ▪ O extremismo farsante ▪ Não se deve tornar a impureza mais necessária do que é

14. Algumas Notas Erradas 175
    O quiasma onipresente ▪ Antes viver um pouco mal mantendo as suas razões de viver ▪ A dissonância. Béla Bartók ou o esporadismo ultrapassado ▪ A seriedade da opção ética e a policromia da escolha estética

15. Amor Amante, Amor Amado 185
    O escândalo do "puro amor" ▪ O mal e o amor estarão em conflito até o fim do mundo ▪ Os rouxinóis de Raimundo Lúlio

16. O Quase Semelhante 194
    Uma angústia imemorial ▪ O outro imperceptivelmente outro: os indiscerníveis ▪ O semelhante-diferente: uma maldição? ▪ O indelével

17. A Armadilha da Consciência Tranquila 205
    Israel e a diferença judaica ▪ Os fortes não precisam de ninguém ▪ Não há outra vitória senão aquela da justiça

18. O Humor Vagabundo 215
    A tática da ironia e a infinita errância do humor ▪ Um ramo florido do amor ▪ O humor está a caminho: Chaplin. Aquele-que-vai

19. Não se Aprende a Morrer 225
    Uma preparação sem preparativos ▪ Não há nada a se pensar quando da morte ▪ Tornar-se nada

20. O Inconfessável Mistério da Vida 235
    Passeio num cemitério durante a primavera ▪ Estamos ao mesmo tempo na morte e fora dela ▪ Tolstói e as "Três Mortes" ▪ O câncer é a doença da vida?

21. O Rumor do Silêncio 246
    Ouvir sem ver ▪ Um silêncio mais forte que o ruído ▪ Recolher-se no silêncio ▪ Um convite ao aprofundamento

22. A Sinfonia dos Murmúrios 256
    A música deseja reinar soberana ▪ Músicos do silêncio. "Pianissimo possibile" ▪ À escuta de uma língua desconhecida

23. Aquilo Que Sussurra o Vento da Noite 267
    Os jardins da noite ▪ A consciência noctâmbula ▪ O mistério da meia-noite ▪ A ambiguidade crepuscular

24. O Espaço Convertido em Música 275

Acalantos e barcarolas: a inquietação da noite ▪ Música e poesia ▪ Peças musicais modernas da nostalgia ▪ O espírito de rapsódia

25. Ao Piano 289

A realeza do piano ▪ O virtuosismo: vertigens, glissandos e rodopios ▪ A profundidade da aparência: Gracián

26. As Delícias da Leitura à Primeira Vista 299

Uma ilha sempre encantada ▪ A aventura da recreação na leitura à primeira vista ▪ "A biblioteca do pianista" ▪ A música e o disco

27. Todo Mundo Trapaceia 308

O purgatório dos desconhecidos ▪ De quem é? ▪ A liberdade de se amar o que se ama ▪ Todos os desconhecidos serão reconhecidos ▪ Decidi ser sincero

28. A Meia Hora Encantada 315

Viagem ao país do irracional ▪ Pode-se escrever sobre música? Manobras que conduzem ao consentimento ▪ O demônio da austeridade e da penitência

29. À Luz do Ar Livre 325

A grande festa de suavidade ▪ A manhã de um dia festivo. As promessas da manhã ▪ A morte e o seu contrário ▪ A nossa companheira, a música

Referências Utilizadas nas Notas da Tradução 339
Índice Onomástico 343

A NECESSIDADE DO INACABADO:
UMA INTRODUÇÃO A VLADIMIR JANKÉLÉVITCH

> *Este quarto de enfermo, tão deserto*
> *De tudo, pois nem livros eu já leio*
> *E a própria vida eu a deixei no meio*
> *Como um romance que ficasse aberto...*
>
> MARIO QUINTANA, "Este Quarto"[1]

Prelúdio

Em 1978, a editora francesa Gallimard publica *Quelque part dans l'inachevé*, uma entrevista concedida por Vladimir Jankélévitch (1903-1985), professor de filosofia moral na Sorbonne (Université Paris 1), à sua ex-aluna Béatrice Berlowitz. Naquela ocasião, o pensador maduro, prestes

---

1. Primeira estrofe do poema "Este Quarto", em M. Quintana, *80 Anos de Poesia*, p. 161.

a se aposentar, já havia escrito grande parte da sua obra, composta mormente de títulos de temática filosófica e musical. No campo da filosofia, as suas publicações incluíam, entre outras, o estudo *Henri Bergson* (1931), a tese doutoral *L'Odyssée de la conscience dans la dernière philosophie de Schelling* (1936), *L'Ironie ou la bonne conscience* (1936), o enciclopédico *Traité des vertus* (1949), *Philosophie première* (1953), *Le Je-ne-sais-quoi et le Presque-rien* (1957), *Le Pur et l'impur* (1960), o polêmico artigo "L'Imprescriptible", o impactante volume *La Mort* (1966), os seus escritos sobre o perdão: *Le Pardon* (1967) e *Pardonner?* (1971) e *L'Irreversible et la nostalgie* (1974). No campo da música, havia produzido textos como *Gabriel Fauré et ses mélodies* (1938), *Ravel* (1939), o belo ensaio "Le Nocturne" (1942), *Debussy et le mystère* (1946) e o marcante *A Música e o Inefável* (1961), publicado no Brasil pela editora Perspectiva, em 2018. Contudo, a obra do filósofo ainda não estava acabada. Viriam, naquele e nos próximos anos, *Liszt et la rhapsodie* (1979), a reedição aumentada, dividida em três volumes, de *Le Je-ne-sais-quoi et le Presque-rien* (1980), *O Paradoxo da Moral* (1981), publicado no Brasil, em 2008, pela editora Martins Fontes e *La Présence lointaine: Albéniz, Séverac, Mompou* (1983), juntamente com outras entrevistas e pronunciamentos públicos[2]. É nesse contexto de uma obra inacabada, ou melhor, quase acabada, que se constrói a presente entrevista, *Em Algum Lugar do Inacabado*, cujo título, já a um primeiro momento, não nos deve surpreender.

É interessante notar que, para nós, leitores do século XXI, o texto, aqui apresentado pela primeira vez em língua portuguesa, integra uma obra concluída. Contudo, como ensina o filósofo logo no início da entrevista[3], o acabamento de uma obra só se dá retrospectivamente, a partir

2. Além de *A Música e o Inefável* e *O Paradoxo da Moral*, foram publicados no Brasil os seguintes volumes, compilações póstumas de textos do filósofo: *Primeiras e Últimas Páginas* e *Curso de Filosofia Moral*.
3. Ver infra, p. 60.

do desfecho dado pela morte física do autor e, assim, por um olhar distinto daquele que concebeu e plasmou um pensamento. Como veremos nas páginas deste ensaio de abertura e da própria entrevista, Jankélévitch manifesta rara coerência entre as suas ideias teóricas e os seus posicionamentos práticos. Caso enxergasse a si mesmo como alguém em posse de uma obra acabada, o pensador poderia não só se congelar, mas também correria o risco de se enaltecer...

Em alguns momentos da sua fala, o autor exige do filósofo, do artista e do agente ético um gesto acrobático, exigência em sintonia com o pensamento de Bergson, uma de suas principais e constantes referências. Também de nós, leitores, exige-se uma espécie de acrobacia: por um lado, não podemos evitar a leitura do diálogo entre Berlowitz e Jankélévitch como parte de um todo acabado constituído pelo pensamento jankélévitchiano, mas, por outro, devemos acolher a fluidez, as reticências características ao texto (e ao gênero entrevista), as vozes vivas que se tecem e entretecem, a fim de fruí-lo de modo mais intenso e efetivo. Em relação ao segundo ponto, constatamos o zelo pela mobilidade da palavra nas considerações iniciais da entrevistadora, que relata terem ela e Jankélévitch rejeitado, ao longo da composição desta obra, a dependência exclusiva ao gravador, ao observarem como este petrificava e explicitava em demasia as posições do entrevistado.

Não obstante, em termos didáticos, a importância da entrevista em questão deve-se, em grande medida, por apresentar-se como o "microcosmo" de uma obra que, sob o nosso ponto de vista, já se perfez. Assim, para quem deseja adentrar no universo do autor, *Em Algum Lugar do Inacabado* oferece-se como privilegiada introdução ao pensamento jankélévitchiano, aos seus principais conceitos, temas, objetos e áreas de estudo, assim como à sua abordagem teórica predominante. Poucas vezes temos a oportunidade de ler e ouvir um filósofo sintetizando a sua visão de mundo e, junto a ela, as ideias, os interesses e as inquietações fundamentais que o acompanharam ao longo da vida. Ademais, o privilégio expressa-se em dois outros aspectos. Primeiramente, no que tange à entrevistadora, ex-aluna dileta de Jankélévitch, que, além de apreciar a rara sensibilidade e bagagem intelectual da jovem, como declara numa entrevista radiofônica[4], chegou a lhe dedicar *A Música e o Inefável*, a sua mais aclamada obra de teor estético-musical. Berlowitz conhece com profundidade e amplidão o pensamento e a produção do mestre, que figura, para ela, uma "obra"... Desse modo, a entrevistadora coloca-se, em alguns momentos, no lugar de quem se dedica à filosofia jankélévitchiana, propondo perguntas e considerações que talvez também tivéssemos dirigido ao autor. Contudo, em nosso tempo e na perspectiva singular de cada leitor ou pesquisador, a obra de Jankélévitch – incluindo esta entrevista – é capaz de suscitar outras dúvidas e questionamentos. Temos a nossa lista de questões que, infelizmente, não poderia ser transmitida ao filósofo. Nesse sentido, também nos deparamos, diante da obra acabada, com algumas pontas soltas, com certa dose de fragilidade e de inacabamento... De qualquer modo, Berlowitz conduz, com sutileza e conhecimento de causa, a entrevista, concedendo inestimáveis contribuições aos leitores já familiarizados com o pensamento de Jankélévitch e apresentando um panorama único a quem nele se inicia. Um segundo ponto positivo, em termos didáticos, de *Em Algum Lugar do Inacabado* revela-se na linguagem empregada pelo entrevistado. Embora o processo da entrevista também tenha recorrido à escrita, como explica Berlowitz, Jankélévitch preserva uma abordagem mais acessível, coloquial e econômica em citações, própria ao gênero empregado, que facilita, sem deturpar pela simplificação, um primeiro contato com a sua filosofia.

4. Segundo o filósofo, Béatrice Berlowitz "é uma moça extremamente cultivada e fina, que lê bastante, que ama os poetas, que conhece muito bem de música". Ver *Radioscopie: Vladimir Jankélévitch* (1979), disponível em: <https://www.youtube.com/>.

Observa-se, nesse sentido, a escassa presença de passagens em grego ao longo da entrevista, se comparada a *A Música e o Inefável*, obra por mim também traduzida.

Considerando justamente o potencial introdutório de *Em Algum Lugar do Inacabado*, este estudo foi concebido simultaneamente como apresentação ao texto que se segue e, por consequência, ao conjunto da filosofia jankélévitchiana. A fim de estruturar tal apresentação em poucas páginas, optou-se por abordar dois aspectos centrais para um primeiro contato com o autor, que, como veremos, mostram-se vinculados à dimensão do inacabamento: em primeiro lugar, o "objeto" de estudo privilegiado pela sua obra e, em seguida, a "metodologia" recorrente a ela. Por fim, mostrar-se-á, numa espécie de Coda musical, como alguns dos pontos expostos nesses dois âmbitos ressoam no homem Vladimir Jankélévitch.

Para se manter a coerência com a proposta do filósofo, talvez se devesse abdicar aqui de um estudo introdutório, pois, como território "inacabado", a "filosofia não se parece com os discursos da retórica, enquadrados entre exórdio e conclusão"[5]. Como completa Jankélévitch, o pensamento de Bergson e toda a filosofia assemelham-se às óperas *Boris Godunov*, de Mussórgski, e *Pelléas e Mélisande*, de Debussy, que não possuem propriamente um prelúdio, lançando o espectador, desde o início, à cena. Em outra linha musical de raciocínio, o "inacabado" filosófico também poderia ser concebido como os *24 Prelúdios, Op. 28*, de Chopin que, ao contrário dos *Prelúdios do Cravo Bem Temperado*, de J.S. Bach, nada antecedem[6], pois "a filosofia é toda ela preâmbulo, do começo ao fim. A filosofia é perpétua introdução: introduz o espírito a algo de outro e, assim, ao infinito"[7]. Mesmo a par de tal concepção, acredito que uma reflexão

---

5. Ver infra, p. 157.
6. Ver V. Jankélévitch, Chopin et la nuit, *La Musique et les heures*, p. 273; *Jankélévitch: Le Prélude (Chopin, Scriabin, Debussy, Fauré)*, disponível em: <https://www.youtube.com>.
7. Ver infra, p. 157.

preliminar poderia auxiliar o leitor a identificar e relacionar elementos fundamentais da obra, tendo em vista, sobretudo, o fato de que Jankélévitch ainda é pouco lido e estudado nos países de língua portuguesa.

O "Objeto" de Estudo

> Se a filosofia é essencialmente controversa, sempre precária e contestada, posta incessantemente em questão, isso se deve sem dúvida à natureza particularmente fluida, evasiva e fugidia desses objetos que não são objetos. Objetos difusos e difluentes entre todos os demais! Há algo de noturno no "objeto" filosófico.[8]

Embora muitos sejam os temas enfocados pelo pensamento jankélévitchiano, grande parte deles possui relevantes traços em comum, o que permite ao filósofo agrupá-los, como se observa acima, num substantivo singular: o "objeto" filosófico. É interessante notar que, apesar da herança bergsoniana, atenta às nuanças não generalizáveis de cada realidade, Jankélévitch ainda vislumbra um horizonte de unidade, no qual confluem as reflexões filosóficas. Assim, neste tópico, optei por analisar primeiramente o "objeto" de estudo privilegiado pelo autor em sua unidade e generalidade, para, em seguida, pronunciar algo sobre os temas que constituem a entrevista e o *corpus* jankélévitchiano.

Destaca-se, numa primeira leitura da passagem acima, a utilização do substantivo "objeto" entre aspas. Como, logo antes, o autor afirma que a filosofia lida com "objetos que não são objetos", conclui-se que o emprego do termo em relação aos temas filosóficos é aproximativo. Diante disso, caberia perguntar: o que seria o objeto propriamente dito? A passagem citada oferece uma pista:

8. Ver infra, p. 154-155.

costuma-se considerar objeto aquilo que não possui os adjetivos predicados aos temas filosóficos, ou seja, o que não é fluido, evasivo, fugidio, difuso, difluente, noturno. Desse modo, o objeto propriamente dito seria o sólido, o material, o concreto, o perdurável e, pode-se completar, o mensurável, o visível, o tangível, o acabado.

Outras passagens de *Em Algum Lugar do Inacabado* autorizam tal acréscimo, ao identificar o "objeto" filosófico com o impalpável, o imensurável, o inapreensível, o inacabado. Segundo o entrevistado,

> o exercício filosófico consiste em manusear o que não é manipulável, em delimitar objetos que não são objetos e que ninguém jamais circunscreveu nem sopesou; a colocar problemas que nem mesmo são problemas. A filosofia desdenha o problema que é simples obstáculo, coágulo, embaraço capaz de ser desembaraçado, dificuldade demarcável que surge no itinerário da meditação... Se o problema só fosse esse, poderíamos sempre resolvê-lo, contorná-lo ou eliminá-lo: a obstinação teria uma matéria; o esforço, uma resistência a vencer...[9]

O "objeto" filosófico não se encontra, portanto, bem delineado e previamente formado como uma substância química que possui composição definida e verificável. Comporta, em si mesmo, certo grau de ambiguidade. Ao especular filosoficamente, não buscamos encontrar respostas unívocas que já estariam contidas nos temas estudados e que, um dia, seriam por nós desvendadas de uma vez por todas. A filosofia enfrenta mistérios e não problemas, segredos ou enigmas. Tal distinção, já proposta por Gabriel Marcel e retomada por Jacques Maritain[10], é pormenorizada no parágrafo de abertura de *Debussy et le mystère*[11]. Para compreendê-la melhor no contexto do pensamento jankélévitchiano,

---

9. Ver infra, p. 81.
10. Ver G. Marcel, Position et approches concrètes du mystère ontologique, *Le Monde cassé*; J. Maritain, *Sete Lições Sobre o Ser e os Primeiros Princípios da Razão Especulativa*.
11. Ver V. Jankélévitch, *Debussy et le mystère*, p. 9-11.

será necessário recorrer a um dos seus principais conceitos: *o je-ne-sais-quoi* (não-sei-quê), tomado de empréstimo da mística do *no-sé-qué* de são João da Cruz e de autores como Dominique Bouhours e Montesquieu.

Aquilo que ignoramos no seu núcleo, como a natureza da divindade, o sentido de uma composição musical, o "rosto" da morte, não se encontra de nós temporariamente oculto, como os três enigmas formulados pela princesa Turandot, na ópera homônima de Puccini[12]. No "objeto" filosófico repousa um mistério que sempre haverá de acompanhar a humanidade, independentemente de todos os nossos progressos técnicos. Por conseguinte, o "objeto" ignorado e refletido pela filosofia não se apresenta como um "ainda" não-sei-quê[13], aos moldes do conhecimento progressivamente ampliado pela ciência, mas como um perpétuo não-sei-quê. De acordo com o pensador, decerto não sabemos mais sobre a morte, um dos "objetos" por excelência da filosofia, que o primitivo pintor de Lascaux. Nesse sentido, manifesta-se a precariedade não só da reflexão filosófica, mas também do ser humano nas suas faculdades constitutivas. O não-sei-quê é um indício da nossa limitação (gnoseológica e linguística), que, de modo compensatório, coloca-nos em movimento, dinâmica já observada por Diotima no seu emblemático discurso sobre Eros[14].

Como explica Jankélévitch, de passagem nesta entrevista e, em detalhe, no primeiro volume de *Le Je-ne-sais-quoi et le Presque-rien*[15], o conhecimento humano lida com

12. Embora não seja mencionada por Jankélévitch, a ópera *Turandot* não foi concluída devido à morte de Puccini. Na sua estreia, no teatro La Scala de Milão, em 1926, Arturo Toscanini preferiu interromper a ópera sem concluí-la a executar a complementação de Franco Alfano para as suas duas últimas cenas. A preferência pelas "reticências" e a recusa a um acabamento revela curiosa sintonia entre o gesto de Toscanini e a filosofia jankélévitchiana.

13. Ver V. Jankélévitch, *Debussy et le mystère*, p. 10; idem, *Le Je-ne-sais-quoi et le Presque-rien*, v. I, p. 45.

14. Ver Platão, *O Banquete*, 201d-212b.

15. Ver V. Jankélévitch, L'Entrevision, *Le Je-ne-sais-quoi et le Presque-rien*, v. I, p. 60-76.

alternativa insuperável: por um lado, conhecemos circunstancialmente uma realidade, ou seja, sabemos o seu peso, as suas medidas, a sua cor, a sua localização, sem experimentarmos o seu núcleo e, por outro, temos a consciência ou a vivência de uma realidade sem podermos descrever os seus predicados circunstanciais. Assim, por um lado, temos o saber o quê (*scio quid*) sem o saber que (*nescio quod*), próprio às ciências empíricas: realiza-se minuciosa análise laboratorial de uma amostra sanguínea sem se sentir a presença da vida ou da doença no paciente cujo sangue foi coletado. Por outro lado, temos o não saber o quê (*nescio quid*), acompanhado do saber – ou, ao menos, da entrevisão – referente à sua efetividade (*scio quod*), próprio a questões de natureza mais existencial ou experiencial[16]. O místico está certo do fato de que saboreou diretamente "a doçura de Iahweh"[17], logo, a sua alma, como explica santa Teresa de Ávila, "de nenhum modo duvida de que esteve em Deus e Deus nela"[18]. No entanto, a descrição de tal união se revela ao sujeito místico como inviável ou, na melhor das hipóteses, como paradoxal desafio. Implícita à formulação do não-sei-quê[19], encontra-se, portanto, a constatação da inefabilidade do "objeto" saboreado.

---

16. A distinção escolástica entre o *quid* (essência) e o *quod* (existência) é reelaborada por Jankélévitch a partir da interpretação de Schelling, autor ao qual o nosso filósofo dedica a sua tese principal de doutorado, intitulada *L'Odyssée de la conscience dans la dernière philosophie de Schelling*. Para um estudo aprofundado de tal distinção em Jankélévitch, sugerimos a consulta da tese doutoral de Vasco Baptista Marques, *O Tempo na Metafísica de Vladimir Jankélévitch*.

17. *Bíblia de Jerusalém*, p. 974.

18. S.Teresa de Jesus, Quintas Moradas, *Castelo Interior ou Moradas*, cap. 1, § 90, p. 104.

19. Seguindo a distinção entre o *quid* e o *quod* utilizada por Jankélévitch, o *je-ne-sais-quoi*, como correspondente ao *nescio quid*, seria mais precisamente traduzido como "não sei o quê". No entanto, em língua portuguesa, o equivalente ao *je-ne-sais-quoi* francês seria o "não sei quê". Essa expressão, empregada desde Camões, segue a mesma estrutura do "no-sé-qué" castelhano, que, presente em são João da Cruz, integra a genealogia do *je-ne-sais-quoi* jankélévitchiano.

Empregando dois outros exemplos fornecidos por Jankélévitch na entrevista, o *nescio quid* também se revela no tempo e na morte. Não temos dúvida da presença e da ação do tempo, contudo, seguindo santo Agostinho, escapa-nos a possibilidade de defini-lo; sabemos "que" a morte nos atingirá, mas desconhecemos o "como", o "onde" e, sobretudo, o "quando" relativos a ela. Numa das passagens mais poéticas de *Em Algum Lugar do Inacabado*, o autor descreve tal alternativa inquietante a partir do exemplo da borboleta ao redor da chama: "Conhecer a chama de fora ignorando o seu calor ou conhecer a própria chama consumindo-se nela, ser sem saber ou saber sem ser: eis o dilema. É proibido reuni-los!"[20] Caso fôssemos capazes de lograr tal união, superaríamos uma das causas do nosso inacabamento, que se manifesta por via epistemológica. De qualquer modo, é preciso ressaltar, dentro da temática deste tópico, que o "objeto" filosófico corresponde, sem dúvida, ao *nescio quid*, o mistério que nos concerne mais profundamente e que não poderia se transformar em coisa mensurável, apreensível, localizável. A história da filosofia parece comprovar tal hipótese: quando um tema se mostra mais apto a uma análise empírica que puramente especulativa, como os quatro elementos, a luz ou os corpos celestes, ele tende a migrar para a física, a química, a astronomia ou para outras ciências empírico-formais.

A comparação entre a filosofia e a ciência ainda poderia contribuir para o esclarecimento de duas particularidades do "objeto" filosófico frente ao objeto científico ou ao objeto propriamente dito. Como explica o autor, no segundo capítulo da entrevista, reforçando alguns traços do "objeto" filosófico aqui mencionados, este se revela "imponderável, impalpável e invisível, infinitamente

---

20. Ver infra, p. 74. Nessa passagem, encontra-se implícito o famoso aforismo do místico alemão Angelus Silesius, citado com frequência ao longo do *corpus* jankélévitchiano: "Não sei quem sou. Não sou o que sei. / Uma coisa e uma não coisa, um pontinho e um círculo." (*O Peregrino Querubínico*, livro I, n. 5).

decepcionante, como todas as coisas verdadeiramente importantes. Não o podemos pesar, nem tocar, nem ver. Por outro lado, esse objeto tão ambíguo não é nem objeto nem sujeito..."[21] Se recordamos que o *nescio quid* nos envolve intimamente, que nos sentimos imersos, por completo, na temporalidade, na espiritualidade, na existência mortal, na experiência estética, percebemos que não lidamos com os temas filosóficos, ao menos quando os vivemos, com o mesmo distanciamento e com a mesma neutralidade exigida da relação sujeito-objeto dentro do modelo imposto pela ciência moderna. Quando o sujeito se confunde com o objeto, dissolvem-se as separações topográficas necessárias para a constituição de um *ob-jectum*. Assim, podemos compreender por que o filósofo afirma haver, como já citado, "algo de noturno no 'objeto' filosófico". A noite, para os videntes, é o ambiente que simboliza ou até favorece a superação das distinções (visuais) que delineiam os objetos, separando-os uns dos outros e de nós mesmos. Além disso, ao restringir o exercício da visão, pela qual somos capazes de identificar um conjunto estático de informações (como num quadro ou numa fotografia), a noite nos predispõe a uma apreensão sucessiva, mais fluida, mais líquida da realidade. Nas sucessões temporal e noturna, que lidam com o irreversível, a serpente não fecha o círculo, mordendo a própria cauda. Retornarei mais tarde a este ponto: na sua fluidez e no seu parentesco, os temas filosóficos se encontram, impedindo à análise precisas separações.

Uma segunda particularidade do "objeto" filosófico, em confronto com o objeto científico, toca outro conceito fundamental do pensamento jankélévitchiano: o quase-nada (*presque-rien*), estreitamente entrelaçado com o não-sei-quê. Ao tentar explicitar o "objeto" ao qual se dedica, o filósofo afirma, ainda no segundo capítulo da entrevista:

---

21. Ver infra, p. 77.

E como o que busco quase não existe, como o essencial é um quase-nada (*presque-rien*), um não-sei-quê (*je-ne-sais-quoi*), uma coisa leve entre todas as coisas leves, essa investigação frenética tende, sobretudo, a mostrar o impalpável. Pode-se entrever, mas não se pode verificar a aparição: ela se esvai no próprio instante em que se esvai, posto que a primeira vez é também a última. A segunda vez é a repetição mínima necessária para uma verificação... Ora, o objeto da nossa pesquisa não era mais que uma aparição logo desaparecida, um evento que, sob nenhuma circunstância, será reiterado, nem, portanto, confirmado: um decepcionante fulgor na noite![22]

Enquanto a ciência trabalha com objetos controláveis com o fito de garantir a verificação exigida pelo seu método, a filosofia parece privilegiar, na perspectiva jankélévitchiana, realidades, como já citado, evasivas, imprecisas, fugidias, que, como as experiências vividas, não são passíveis de reiteração. Curiosamente, na passagem acima, a imagem noturna é novamente evocada, como "lugar" do não saber de onde emerge, breve e fragilmente, um lampejo, uma centelha, uma entrevisão. Como constataremos no terceiro tópico deste estudo, dirigido à metodologia jankélévitchiana, é somente por meio de uma entrevisão que somos capazes de apreender – ou ao menos "pressentir" – o "objeto" impalpável. O modo de apreensão contém, assim, algo da intangibilidade e da brevidade do seu "objeto".

Descobrimos aqui outro aspecto fundamental do pensamento jankélévitchiano. Os temas que o protagonizam carregam a marca da irreversibilidade, da unicidade. É por esse motivo que a obra do filósofo recorre a dois termos um tanto estranhos à linguagem cotidiana: "hápax", extraído da expressão grega *hapax legomenon* (termo que ocorre uma única vez num texto ou em toda a obra de um autor)[23] e "semelfactividade", oriundo do advérbio latino *semel* (somente uma vez). Esses termos, de algum modo sinônimos, possuem duas implicações relevantes. Em

22. Ver infra, p. 68-69.
23. Ver E. Lisciani-Petrini, *Charis: Essai sur Jankélévitch*, p. 90n14.

primeiro lugar, "o exemplar único, hápax, a tão única vez, *semel*"[24], trazem consigo uma preciosidade. Imaginemos que tenhamos a oportunidade de ouvir ao vivo o show ou o concerto de um grande intérprete em idade avançada. Por sabermos que, provavelmente, essa será a nossa primeira e última oportunidade, ou seja, a única, o espetáculo se revestirá de valor inestimável. Se houvesse uma segunda e uma terceira oportunidades, o contato com o artista poderia se tornar praticamente uma banalidade.

Não é difícil inferir, a partir desse exemplo, a segunda implicação dos termos citados. A preciosidade do que ocorre uma única vez possui relação direta com a fragilidade da vida, com a nossa mortalidade compartilhada. Aquela poderia ser uma das últimas aparições do artista ou a última vez que se apresentaria em nossa cidade... Como observa Enrica Lisciani-Petrini, tradutora e estudiosa de Jankélévitch[25], o pensamento do autor, ao não perder de vista a premência da morte, ganha uma tragicidade que não se encontrava em Bergson, mas, sim, em outra das suas principais influências filosóficas: Georg Simmel, citado em dois momentos desta obra[26]. É interessante constatar que a relação entre a "semelfactividade" e o trágico é considerada pelo próprio entrevistado, ao mencionar o primeiro termo – como um hápax! – na entrevista: "Há na nostalgia um elemento ético na medida em que ela me reenvia à 'semelfactividade' ou à unicidade insubstituível, incomparável e, por conseguinte, ao trágico da existência."[27] Esta passagem nos recorda que o valor insubstituível do único não decorre apenas do aniquilamento do indivíduo, mas da irreversibilidade do tempo que converte a frágil plenitude de um momento, então presente, em vaga lembrança. É nessa perspectiva que Jankélévitch nos oferece uma das mais belas páginas deste

---

24. L. Jerphagnon, *Vladimir Jankélévitch ou de l'Effectivité*, p. 28.
25. Ver E. Lisciani-Petrini, op. cit., p. 46 n. 29.
26. Ver infra, p. 213; 313s.
27. Ver infra, p. 117.

livro, na qual discorre, com extrema sensibilidade, sobre a preciosidade da infância[28].

A título didático, podemos agora recapitular quais seriam, segundo o nosso filósofo, as características do "objeto" filosófico. Este, compreendido como um não-sei-quê e um quase-nada, seria – perdoe o leitor a profusão de adjetivos! – eminentemente precário, inacabado, impalpável, imponderável, inapreensível, inefável e irredutível, assim como não objetificável, não localizável, fluido, evasivo, fugidio, difuso, ambíguo, noturno e irreversível. Junto com a irreversibilidade, encontramos a preciosidade, que faz do "objeto" filosófico algo de "essencial", de "verdadeiramente importante".

Ao contrário do que apregoa um modelo regido pelo ideal da acumulação material e do progresso técnico, Jankélévitch chega a afirmar, a partir de uma reflexão sobre a música tecida nesta entrevista, que "a coisa mais importante do mundo é justamente aquela que não se pode dizer"[29]. Portanto, não se poderia utilizar a "inconsistência" do "objeto" filosófico como desculpa para se impugnar a disciplina que a ele se dedica. Assim nos mostra o entrevistado, em "A Filosofia Estrangulada", um dos capítulos em que se verifica a grande atualidade de *Em Algum Lugar do Inacabado*. Como neste e em outros momentos da história brasileira, a França da década de 1970 foi palco de combate político ao ensino da filosofia, que levou Jankélévitch e outros intelectuais franceses, como Jacques Derrida, Gilles Deleuze, Jean-Luc Nancy, Paul Ricœur, a se engajarem ativamente na defesa da disciplina. O fato de Jankélévitch, o grande professor de filosofia moral, não ter sido capaz de responder, com precisão, a um médico que o procurara quando deveria se estabelecer o momento da morte – se a partir da parada cardíaca ou da morte cerebral[30] – não seria

---

28. Ver infra, p. 134.
29. Ver infra, p. 317.
30. Ver Cathèrine Clément, Le Messager du Printemps, Dossiê Vladimir Jankélévitch: Philosophie, Histoire, Musique, *Magazine Littéraire*, n. 333, p. 26.

motivo para desmerecer a tarefa da filosofia. Como também vemos hoje, a bioética, apesar de envolvida em tantas dúvidas e dilemas, é mais que nunca necessária para uma reflexão sobre a ciência e os seus limites que a própria ciência não se encontra apta a realizar... A presença da filosofia, seja nas grades curriculares do ensino médio e universitário, seja na vida, coloca-se, destarte, como "imperativo incondicional"[31].

Após este esboço sobre o "objeto" filosófico, pensado como uma espécie de categoria epistemológica, cabe listar alguns dos "objetos" filosóficos singulares que manifestariam, segundo Jankélévitch, os traços gerais estudados. Para tanto, bastaria recordar os temas que figuram nos títulos das obras do filósofo, que muitas vezes coincidem com as palavras-chave citadas no sumário da entrevista. Por um lado, encontramos, no *corpus* jankélévitchiano: a consciência, a ironia, a alternativa, a mentira, o mal, as virtudes, a morte, o perdão, a aventura, a pureza, a impureza, a nostalgia, o mistério, o imprescritível, o noturno, a música, a rapsódia. Por outro, encontramos no sumário e no corpo do texto de *Em Algum Lugar do Inacabado*: a obra, a simpatia, a curiosidade, o tempo, a ocasião, a nostalgia, a graça, o encanto (charme), a criação, o humor, a inocência, a virtude, o perdão, a filosofia, o amor, a condição judaica, o sionismo, a morte, o piano, o silêncio, o noturno e a música. Talvez em virtude da condução da entrevistadora ou de uma óbvia limitação de espaço, muitos dos temas retomados na entrevista são insuficientemente desenvolvidos, como ocorre, por exemplo, com o tema do perdão. Além disso, na referida dinâmica de inacabamento da vida na qual o pensamento se refaz, alguns temas são substituídos por outros, que se apresentam como mais significativos para o filósofo na sua maturidade. Assim ocorre com a sugestiva substituição da "ironia", tema central da obra de 1936, pelo "humor". Este, em 1978, revela aos olhos do entrevistado características mais afins ao

---

31. Ver infra, p. 158.

"objeto" filosófico, como a precariedade, a "mobilidade e fluência"[32], a espontaneidade, o caráter irrepetível, o mistério, enquanto a ironia então lhe parece implicar certa astúcia, orientação, intenção.

A partir dessa listagem de temas, defrontamo-nos com as principais áreas em que se inscreve a filosofia jankélévitchiana: a filosofia moral, a antropologia filosófica, a estética musical, a filosofia do tempo, a filosofia da cultura e, por que não, uma filosofia da vida, em continuidade com Simmel. Não devemos nos esquecer de que uma particular concepção do ser – uma ontologia ou uma meontologia[33] – faz-se presente na obra do filósofo, seja implicitamente, tal como ocorre na entrevista, seja como "objeto" direto de estudo, o que ocorre em *Philosophie première* e em *Le Je-ne-sais-quoi et le Presque rien*.

Retomando os "objetos" filosóficos enunciados, excederia em muito o escopo de uma reflexão introdutória uma análise detida sobre cada um deles. De algum modo, aludi aqui a temas como o tempo, a morte, a nostalgia, o ser humano e Deus (cuja problemática tampouco passou desapercebida ao filósofo), no intuito de exemplificar certos traços verificados no "objeto" privilegiado pelo pensamento jankélévitchiano. Contudo, para não me esquivar completamente da tarefa de estabelecer uma relação um pouco mais detida entre *um* "objeto" particularizado e *o* "objeto" filosófico em geral, selecionei dois temas (e áreas) específicos, centrais para a obra e para a trajetória existencial/acadêmica do autor.

---

32. Ver infra, p. 223.
33. Como observa Lisciani-Petrini, a ontologia jankélévitchiana poderia ser antes considerada uma "meontologia", ou seja, um estudo sobre o não ser (*mé on*, conceito grego apropriado por Schelling em *Darstellung des philosophischen Empirismus* e retomado pelo filósofo contemporâneo). Todos os atributos negativos que caracterizam o "objeto" filosófico aqui examinado, somados à fluidez e à impermanência do que se encontra submetido ao tempo, aproximam o "não-sei-quê" e o "quase-nada" mais a uma espécie de não ser (embora muitas vezes dotado de vida e de fecundidade) que a um ser. Ver E. Lisciani-Petrini, op. cit., p. 46.

Primeiramente, seria importante destacar um conjunto de "objetos" relativos à sua área de docência: a filosofia moral. Em tal conjunto, encontram-se a ação moral, a virtude, a caridade. A ética jankélévitchiana traz consigo uma originalidade que, como ressalta Berlowitz, pode nos causar certo incômodo[34]. O filósofo recusa a ideia de progresso moral, uma vez que não armazenamos a virtude. "Aquele que a encontrou perde-a, logo em seguida, novamente. Devido à sua natureza quase musical, a virtude só existe ao nos escapar."[35] Assim, Jankélévitch certamente suspeitaria daqueles que se intitulam "cidadãos de bem", denominação empregada como uma espécie de álibi em nossos tempos. Denominação que, de fato, só poderia ser um álibi, pois, por mais que já tenhamos realizado atos beneficentes, nunca conseguiremos nos instalar na boa ação. Para além de todo exercício moral, a virtude possui algo da graça. E, como explica o filósofo em *A Música e o Inefável*, não há, contrariando as expressões francesa e portuguesa, um "estado" de graça, mas apenas "pontas" de graça[36]. Desse modo, deparamo-nos com outro traço da precariedade e do inacabamento do ser humano, que se manifesta eticamente: nunca chegaremos a um ponto em que estaremos imunes a agir mal, em que teremos obtido de uma vez por todas uma excelência ética. Citando as palavras radicais do filósofo (cuja linguagem poética não elimina, a propósito, asserções contundentes!): "Em moral, o caminho ganho é quase instantaneamente perdido outra vez!"[37]

A instalação na virtude, além de impossível pela própria dinâmica de gratuidade em que o agir virtuoso se efetua, acarretaria uma consequência capaz de anular a própria virtude. Aquele que se conservasse nela, acabaria se enxergando como virtuoso. E, para Jankélévitch, essa

---

34. Ver infra, p. 126.
35. Ver infra, p. 124.
36. V. Jankélévitch, *A Música e o Inefável*, p. 174-175.
37. Ver infra, p. 127.

seria uma contradição performativa: perdemos a "ponta" de graça, seja ela a virtude, a ingenuidade, o humor ou a inventividade artística, ao nos contemplarmos como portadores dela. Devemos estar atentos, alerta o filósofo, pois o risco de nos "incharmos" ou de nos tornarmos arremedo de nós mesmos, além de alto, é constante.

Percebemos, assim, que o âmbito da moral jankélévitchiana congrega uma série de atributos do "objeto" filosófico, revelando-se como um dos seus principais expoentes. A caridade é fluida, não se retém, não se armazena, não é coisificável, é fugidia e inapreensível: em suma, é um quase-nada. Além disso, o agir virtuoso ou supostamente desinteressado possui a ambiguidade característica ao "objeto" filosófico, uma vez que nunca seremos capazes de comprovar se algum grão de impureza estaria mesclado na boa ação. De acordo com Jankélévitch, "a pureza só existe nas brevíssimas distrações da inocência e nas fraturas instantâneas da consciência"[38], justamente na centelha na qual não observamos a nossa mão direita virtuosa... Por fim, a virtude não se pauta sobre um código predeterminado, sobre uma lei rígida, fixa e precisa, cuja observância é capaz de, invariavelmente, assegurar a boa ação. Neste sentido, "a lei moral *quase* não existe"[39], o que confirma o protagonismo do quase-nada na esfera ética. Recorrendo à oposição extraída dos escritos paulinos, reiteradamente empregada por Jankélévitch, a caridade não se funda na letra, mas no espírito. No espírito do amor, poderíamos completar, seguindo o apóstolo Paulo, literalmente citado (*1Cor* 13,1) ao fim do capítulo XIV desta entrevista. O espírito do amor, que não se disseca e não se codifica, é também um não-sei-quê. Um algo mais impalpável, que não somos capazes de localizar com precisão, mas sem o qual teríamos nada mais que uma ação farisaica ou no máximo correta, da qual não participa o coração.

---

38. Ver infra, p. 128.
39. Ver infra, p. 124.

"O amor não é mais verdadeiro que a verdade e mais justo que a justiça?"[40]

O segundo "objeto" escolhido é aquele ao qual Jankélévitch dedica grande parte da sua obra e mais de um quinto desta entrevista: a música. Antes de começar a tratar dela, é necessário esclarecer que o filósofo se restringe, nos seus escritos, a um período muito breve da história da música, do século XIX a alguns compositores do século XX. Basta percorrer com os olhos os títulos dos livros e dos ensaios do autor dedicados à música para constatar tal limitação, questionada por Berlowitz e parcialmente motivada por um gosto pessoal. Encontramos estudos sobre Chopin, Fauré, Debussy, Liszt, Rimsky-Korsakov, Satie, Mompou, mas nada de Bach, Vivaldi, Beethoven, Schubert, Verdi, Wagner ou Puccini. Tais presenças e ausências se refazem na entrevista. Quando Berlowitz menciona que Nietzsche travou o seu primeiro contato com *Tristão e Isolda*, de Wagner, numa leitura da ópera ao piano, o entrevistado nada comenta a propósito: completa apenas que também Debussy conheceu *A Sagração da Primavera* por meio de uma leitura à primeira vista, feita com o próprio Stravínski, nesse mesmo instrumento. O compositor tampouco rende o assunto quando a entrevistadora recorda uma das canções do ciclo *Winterreise*, de Schubert. Consideraremos esse aflitivo silêncio ao abordar, a título de conclusão, o homem Jankélévitch.

Iniciando a análise da música como "objeto" filosófico, observamos que, tanto na entrevista como em *A Música e o Inefável*, o filósofo conclui: "deveríamos escrever não 'sobre' a música, mas 'com' a música e musicalmente, permanecer cúmplices do seu mistério..."[41] A impossibilidade em questão repousa justamente no fato de o "objeto" acústico não se apresentar a nós como um objeto, peculiaridade que compartilha com o tempo, no qual se inscreve

---

40. Ver infra, p. 184.
41. Ver infra, p. 319.

de modo radical: "Não estamos mais aptos para pensar a música em *si mesma*, ipsa, ou a ipseidade da música, que para *pensar o tempo*: aquele que acredita pensar o tempo, no sentido de que o tempo é complemento direto e objeto de um pensamento transitivo, pensa os eventos que estão no tempo ou os objetos que duram, ou seja, não pensa o puro devir, mas, sim, os conteúdos que 'devêm'."[42]

É claro que, no caso da música, esta se forma de conteúdos e eventos que se sucedem no tempo. Parte deles – escalas, modos, tonalidades, harmonias, modulações, forma, fraseado, instrumentação – pode ser analisada, ou seja, pensada e descrita como objeto. Entretanto, Jankélévitch também reconhece na música algo que não se revela coextensivo às categorias da linguagem e do entendimento. Constatamos que tal diferença de registro entre o musical, por um lado, e o exprimível e o cognoscível, por outro, estabelece-se por, pelo menos, dois motivos inter-relacionados.

Em primeiro lugar, o filósofo verifica na maneira pela qual a música nos atinge algo como uma irradiação. Esta, que "não se situa nem no sujeito, nem no objeto, mas passa de um para o outro como uma espécie de influxo"[43], poderia ser chamada de encanto (charme). A *Balada em Fá Sustenido Maior*, de Fauré, tantas vezes citada pelo autor, possui, por exemplo, uma dimensão atmosférica, uma aura que a perpassa por inteiro e que não poderia ser fragmentada. Tal aura, a envolver tanto o "objeto" musical quanto o ouvinte, constitui uma modalidade própria de sentido, pois, como veremos no segundo ponto, a música parece nos tocar expressivamente (ainda que não segundo a lógica da linguagem prosaica). Contudo, a diferença entre a aura difusa, indissecável e inexprimível, por um lado, e os materiais composicionais objetivos e analisáveis, por outro, não deve ser compreendida como um dualismo da estética musical jankélévitchiana. O encanto é uma resultante de

---

42. V. Jankélévitch, *A Música e o Inefável*, p. 148.
43. Ibidem, p. 152.

todos os procedimentos composicionais de uma obra. Sem a presença de cada um deles, não haveria ou se dissiparia o encanto. E, sem este, parece não haver verdadeira música para Jankélévitch, assim como não há beleza efetiva para Plotino sem uma "circulação de graça sobre a superfície da beleza"[44], por mais proporcionais que sejam as formas plásticas. A escolha do encanto, termo afim à graça (*kháris*), como categoria privilegiada pela estética musical do autor reforça a compreensão da música como "objeto" *sui generis* e, ao mesmo tempo, como "objeto" filosófico. À diferença da beleza (compreendida a partir de concepção objetiva), o encanto não brilha aos olhos, não resulta de regras de harmonia, não se localiza em pontos fixos de uma escultura bem-acabada.

Em segundo lugar, enquanto podemos acompanhar um texto verbal e depreender dele um sentido geral proveniente da combinação de unidades dotadas de significados preestabelecidos e relativamente estáveis, não podemos apreender, numa obra musical – considerando, em particular, as suas manifestações destituídas de palavras –, um sentido preciso, "consistente". Não ousaríamos negar que uma composição nos impacta, comunica-nos algo, carrega um "sentido" próprio (um "sentido do sentido, que é encanto"[45]). Contudo, parodiando santo Agostinho no tocante ao tempo, sabemos o quanto uma peça musical é expressiva, mas, quando nos perguntamos exatamente o que ela expressaria, fogem-nos as palavras. A expressão musical se dá em outra via de constituição de sentido e, assim, quando nos dirigimos a ela sob a "óptica" da linguagem discursiva, à qual recorremos habitualmente nos campos pragmático e teórico, só poderíamos percebê-la como algo inefável e impensável por um pensamento

---

44. V. Jankélévitch, *Le Je-ne-sais-quoi et le Presque-rien*, v. I, p. 90. Trata-se de uma tradução aproximada da expressão plotiniana *kháris epithéousa tōi kállei*, encontrada no tratado *Enéada*, v. 7, 22, 1.24 e citada, no original, em *A Música e o Inefável*, p. 101.

45. V. Jankélévitch, *A Música e o Inefável*, p. 102.

também discursivo. Pensamos os encadeamentos harmônicos e as principais seções do primeiro movimento de uma sonata clássica, mas não pensamos sucessivamente os conteúdos expressivos um tanto ambíguos que ele nos transmite.

Desse despretensioso resumo, caberia ressaltar e relacionar dois termos: registro e óptica. A música situa-se fora do registro da linguagem e, com ela, de um modelo de apreensão visual, que busca definir e distinguir o seu campo de percepção com clareza e distinção, como o fazem os olhos numa manhã ensolarada. Por conseguinte, a música, para Jankélévitch, é inefavelmente noturna[46], tanto pela sua indistinção constitutiva, capaz de gerar múltiplas sugestões, quanto pela sua dinâmica temporal, que nos convida a experimentá-la na sucessão, como fenômeno inconsistente e evanescente.

Assim, justifica-se o vínculo entre a experiência musical e outro "objeto" filosófico: a nostalgia, "pois a sucessão só nos concede o momento atual ao subtrair o momento anterior."[47]. O entrevistado está, porém, consciente de que, ao contrário da vida que não lhe permite retornar à sua juventude em Praga[48], uma composição musical pode fazer reviver, como o *Noturno N. 6*, de Gabriel Fauré, o mavioso tema inicial nos seus últimos compassos. Contudo, explica o filósofo, o recurso da reiteração não deve ser confundido com a possibilidade de reversibilidade. A segunda ou a terceira vez coloca-se num diferente momento e, assim, atinge de um novo modo o ouvinte de cuja percepção participam outras lembranças. (Nessa

---

46. O filósofo afirma a natureza noturna da música em pelo menos três momentos da sua obra: no ensaio "Le Nocturne", presente na obra *La Musique et les heures* (p. 239), em *A Música e o Inefável* (p. 142) e na presente entrevista (p. 83). Tal natureza, que pressupõe estreito parentesco entre as experiências noturna e musical, é examinada, com detalhe, em minha tese de doutorado, publicada sob o título *Ressonâncias Noturnas: Do Indizível ao Inefável*.
47. V. Jankélévitch, *A Música e o Inefável*, p. 144.
48. Ver infra, p. 325 e V. Jankélévitch, *La Mort*, p. 78.

consideração, observa-se incontestavelmente a influência bergsoniana, aplicada à ordem da percepção musical.) Logo, o que se encontra imerso no tempo não poderia oferecer um antídoto à irreversibilidade.

Apesar de tal imersão, a música ainda estiliza o tempo e chega a buscar o acabamento, como a canção estrófica, que mantém um número fixo de compassos, ou a sonata clássica, que reconcilia os seus dois temas numa mesma tonalidade na seção da reexposição. Não só a música, mas também outras artes possuem as suas maneiras de simular o "bem-acabado": a dança de roda[49], o conto didático concluído com uma mensagem edificante, o filme que encerra em clima apoteótico ou com a superação sorridente e superficial do enlace dramático. Também na arte, Jankélévitch parece preferir o que evoca o inacabado constitutivo à vida: as rapsódias sem forma preestabelecida de Liszt; as canções não estróficas da segunda e da terceira fases de Fauré; a execução ao vivo e até mesmo amadora em lugar da perfeição distante, estática e isolada do disco; o caminhar terno e desajeitado que encerra tantos filmes de Charlie Chaplin, "rumo ao horizonte longínquo"[50], rumo a "algum lugar do inacabado", segundo a expressão do poeta Rainer Maria Rilke, da qual a entrevista extrai o seu título[51]. Caberia ainda recordar que a preferência do filósofo pelo

49. Ver infra, p. 181.
50. Ver infra, p. 224.
51. É interessante observar que a expressão "em algum lugar do inacabado", *irgendwo ganz ins Unfertige hinein*, é utilizada por Rilke em referência direta à música. Segundo relata o protagonista autobiográfico de *Os Cadernos de Malte Laurids Brigge*: "Eu, que já quando criança tanto desconfiava da música (não porque ela me afastasse de mim mesmo com mais força do que qualquer outra coisa, mas porque tinha percebido que ela não voltava a me depositar no mesmo lugar em que tinha me encontrado, mas mais embaixo, em algum lugar bem em meio ao inacabado) [...]." R.M. Rilke, *Os Cadernos de Malte Laurids Brigge*, e-book. Na sua entrevista a Jacques Chancel, Jankélévitch esclarece que tal expressão, escolhida como título deste livro por Berlowitz, adquire outro sentido na sua obra: a música não nos desloca do estado habitual *rebaixando-nos*, mas *elevando-nos*, abrindo-nos à esperança própria às realidades inefáveis. Em *Radioscopie: Vladimir Jankélévitch* (1979).

inacabado na arte se reitera na epígrafe deste livro: um excerto não de uma passagem filosófica ou literária, mas do tema da *Sinfonia N.3*, de Borodin, a "Inacabada".

Sugestivamente, a música – incluindo o seu encanto – compreende todos os traços do "objeto" filosófico estudados. E Jankélévitch admira de modo especial aquelas obras musicais nas quais tais traços, como o caráter noturno, a ambiguidade expressiva, o inacabamento formal, são acentuadas. Parece, assim, haver uma justificativa, ainda que elaborada *a posteriori*[52], para o particular apreço do filósofo à poética impressionista.

Concluo este primeiro tópico com algumas dúvidas um tanto inquietantes, a partir das quais formularia, se o tempo não fosse irreversível, as perguntas da minha suposta entrevista com o filósofo. Decerto, é legítimo caracterizar o "objeto" filosófico privilegiado pelo autor. Contudo, poderíamos afirmar que todos os temas verdadeiramente filosóficos, coincidentes com os temas mais relevantes para a vida, devam possuir tais características? Não acabaríamos, assim, por negligenciar, filosófica e existencialmente, um tema como a "amizade", que não fulgura em nossas vidas como centelha, como quase-nada, mas que se lapida e se consolida com o passar dos anos? Além disso, as características do "objeto" filosófico deveriam se repetir na obra de arte? Não estaríamos, assim, propondo uma estética normativa? Quanto às duas últimas questões, o entrevistado está consciente do risco nelas implícito, ao afirmar: "O essencial é não atribuir um significado dogmático àquilo que carrega testemunho da nossa vida e das suas afeições."[53] De fato, exige-se do filósofo – neste caso, do filósofo da arte – um equilíbrio acrobático...

---

52. Abordamos este tema em "Jankélévitch e a Música: Uma Reflexão Movida Pelo Amor", o nosso prefácio à edição brasileira de *A Música e o Inefável*.
53. Ver infra, p. 325.

O "Método"

O acrobata equilibrando-se na agulha da Catedral de Notre-Dame[54], a borboleta arriscando-se num perigoso jogo com a chama: eis algumas das imagens poéticas que habitam o pensamento jankélévitchiano. Contudo, ao abordar "como" tal pensamento se constrói, é necessário ressaltar, desde o início, que a linguagem poética assim como as referências musicais e literárias nele presentes não eliminam o seu rigor. Como explica o filósofo nas primeiras páginas da entrevista, a sua proposta é construir uma ciência rigorosa – uma *strenge Wissenschaft*, empregando a expressão de Husserl – ainda que o "objeto" pesquisado seja de algum modo vago, fugidio, ambíguo, inapreensível, inconsistente.

Diante desta introdução, caberia perguntar: como se manifesta o rigor do método numa pesquisa sobre o fluido e o imponderável? Basta-nos a leitura de algumas páginas de autoria do filósofo para constatarmos que a solidez da obra jankélévitchiana não se dá por meio de uma escrita de estrutura silogística, com a articulação precisa, linear e ordenada de premissas, argumentos e conclusões. No entanto, Jankélévitch não abdica de outros métodos de análise, não limita a sua reflexão a uma mera afirmação da intransponível impossibilidade de se definir os temas mais fundamentais da experiência humana (posição que dificilmente constituiria uma filosofia). Nesse sentido, o filósofo esclarece em *Fauré et l'inexprimable*: "Quando tivermos decifrado todas as cifras, etiquetado ou analisado tudo o que era analisável e quando, ao término dessa análise, restar ainda algo de outro, um lugar infinitamente outro, um álibi longínquo, um horizonte quimérico, somente então encontraremos o direito de invocar um não-sei-quê."[55] O *je-ne-sais-quoi* não se confunde com fundamentalismos

---

54. Ver infra, p. 70.
55. V. Jankélévitch, *De la musique au silence*, v. I, p. 284.

que recusam qualquer exegese ou com ocultismos aos quais não se aplica o princípio da falsificação.

Parece-nos que o rigor da filosofia jankélévitchiana se encontra, sobretudo, no seu particular cuidado com a linguagem e na coesão do seu método, das suas perspectivas, das suas conclusões, dos seus conceitos. Como já tivemos a ocasião de notar, a preciosa centelha é a frase musical que escoa e se dissipa no tempo, a irrepetível existência individual fadada à finitude, o ato verdadeiramente desinteressado que se realiza no instante inapreensível no qual o sujeito não contempla a si próprio e, até mesmo, a divindade que se revela, após a sua morte, como um "aparecer a desaparecer" aos olhos dos abatidos peregrinos de Emaús (*Lucas* 24,13-35)[56]. Semelhanças fundamentais entrelaçam filosofia da música, ética, antropologia e filosofia da religião, conferindo rara unidade ao pensamento em questão.

É provável que tal unidade não seja mera coincidência colhida *a posteriori* de uma comparação entre essas grandes áreas. A coesão advém, em parte, de um método que não perde de vista uma concepção ontológica e epistemológica mais ampla, como sugere a própria enunciação de um "objeto" comum à sua obra (ou a toda a filosofia), verificada na entrevista. O método jankélévitchiano comporta, assim, a consciência constante de um horizonte filosófico comum, para além das fragmentações.

Obviamente, tal método exige certa particularidade, tendo em vista os "objetos" e o "objeto" de pesquisa selecionados pelo filósofo. É preciso empregar a "chave" adequada para abrir a porta que almejamos. Talvez essa não seja a melhor imagem, pois a chave do não-sei-quê nunca se abre completamente. Na melhor das hipóteses, uma

---

[56]. Essa passagem bíblica, citada em *Le Je-ne-sais-quoi et le Presque--rien*, v. II, p. 167, parece ter exercido especial fascínio sobre o filósofo francês. Como testemunha Louis Sala-Molins, ex-orientando e ex-assistente de Jankélévitch, este chegou, muitas vezes, a insinuar "que toda a sua filosofia equivale a uma simples exegese do episódio de Emaús". Ver L. Sala-Molins, L'Amour Tisserand, Dossiê Vladimir Jankélévitch: Philosophie, Histoire, Musique, *Magazine Littéraire*, n. 333.

reflexão mais sutil permite-nos entrever algum recanto do inexprimível. É justamente em busca dessa sutileza que Jankélévitch elabora o seu método, tentando, assim, superar a rusticidade do entendimento, "antes feito para desatar cabos que para desembaraçar teias de aranha!"[57]

Sutileza e rigor são palavras-chave de um método que inclui, como já foi dito, um uso específico da linguagem, um conjunto privilegiado de conceitos e, podemos completar, de referências. Como ocorreu em relação aos "objetos" filosóficos, também esses aspectos, destacados por Berlowitz e desenvolvidos por Jankélévitch ao longo da entrevista, encontram-se interligados. Exploremos de modo sucinto cada um deles, sem dissociá-los completamente.

Em primeiro lugar, caberia sublinhar que o caráter poético da linguagem filosófica jankélévitchiana não é acidental. A filosofia poderia seguir o exemplo da poesia, que, também desejosa de sugerir o inexprimível, constata a necessidade de velar ou de até mesmo subverter a prosa cotidiana. Segundo o entrevistado, assim ocorre no *Filebo* de Platão, que, tantos séculos antes de Verlaine, mescla o preciso e o impreciso[58], o literal e o figurado, jogando com a ambiguidade. Historicamente, a filosofia antiga manifesta, em alguns momentos, certa continuidade com o Oráculo de Delfos, com as suas expressões oblíquas, como observamos particularmente em Heráclito, "cujo enigma age sobre nós como algo de maravilhoso que pode se sutilizar ao infinito e trabalha sem trégua para tornar inteligível o ininteligível"[59]. Talvez repousem nessas palavras de admiração um exemplo que o filósofo francês tentou seguir com uma identidade própria, inserida na sua época.

---

57. V. Jankélévitch, *Le Je-ne-sais-quoi et le Presque-rien*, v. I, p. 48.
58. Referência ao poema "Art poétique", que, citado por Berlowitz nesta entrevista (p. 277), sintetiza a poética de Verlaine, estimada pelo filósofo.
59. Ver infra, p. 280.

37

A ambiguidade buscada pela "Arte poética" encontra-se, em Jankélévitch, com uma estratégia presente nos místicos cristãos, que, empenhados em comunicar algo da sua experiência e da divindade inefável, acabam flertando com a poesia ou até mesmo se dedicando a ela. Tal estratégia verifica-se no emprego de expressões antitéticas, os chamados oximoros, que parecem apontar em direção a algo sem correspondência no limitado reino da linguagem[60], regido por predicados disjuntivos (alto/baixo; esquerda/direita; norte/sul; leste/oeste; belo/feio; feminino/masculino; noite/dia; claro/escuro etc.) e pelo princípio da não contradição. O Sumo Inefável é como as "trevas mais que luminosas do silêncio"[61], enquanto os momentos de aproximação ao divino permitem ao místico mergulhar numa "sóbria embriaguez"[62] e apreciar uma "música calada"[63]. A obra jankélévitchiana, também dirigida ao inefável, recorre vez ou outra a tais figuras místico-poéticas: no campo da estética musical, encontramos o "*espressivo* inexpressivo"; no campo da ética e da ontologia, encontramos o "aparecer desaparecendo", também dotado de ressonâncias musicais. De fato, não podemos dissociar, no método estudado, a linguagem, os conceitos e as referências utilizadas pelo filósofo. Entre estas últimas, reconhecemos, de partida, a presença fundamental da mística cristã e da poética simbolista.

A afinidade com a mística ressoa em outro aspecto fundamental à linguagem do nosso autor, a saber, a utilização do discurso negativo, própria à *teologia mística*. Também aqui a linguagem se entrelaça com as referências e os conceitos constitutivos da filosofia jankélévitchiana. Recordemos alguns dos traços que descobrimos no "objeto"

---

60. Ver M. de Certeau, *A Fábula Mística: Séculos XVI e XVII*, v. I, p. 229.
61. Pseudo-Dionísio Areopagita, *Teologia Mística*, cap. I.
62. Grégoire de Nysse, *Homélies sur le Cantique des cantiques*, 10a Homilia, § 70, p. 228.
63. S. João da Cruz, *Cântico Espiritual, Obras Completas*, canção 15, p. 32.

filosófico: inapreensível, impalpável, intangível, imponderável, inexprimível, inacabado, não localizável, não objetificável, irreversível. A estes somam-se conceitos como o inefável, o indizível, o *je-ne-sais-quoi* e a própria imagem noturna, considerada por Jankélévitch como "uma espécie de teologia apofática"[64]. Na impossibilidade de se definir positivamente o que escapa à linguagem, resta delimitar de modo indireto o território de cada "objeto" de estudo, excluindo o que terminantemente não deve ser confundido com ele.

A abordagem indireta própria ao discurso negativo associa-se à expressão tangencial do Oráculo de Delfos, do simbolismo poético e do impressionismo musical. Sugerir por negações ou por construções e imagens ambíguas afasta-se de um "dizer" direto, unívoco, taxativo (acabado). À diferença da poesia, a filosofia deve examinar, conceituar, explicitar e ensinar, mas ainda pode se espelhar na primeira e se eximir da pretensão de definir de uma vez por todas, de "agarrar" o seu "objeto" por um conceito (*Begriff*). É o que ocorre com a filosofia jankélévitchiana, mais propensa a "roçar" (*effleurer*) os temas que investiga, por meio dos procedimentos já citados da negação, da sugestão, assim como da evocação, da comparação e do estabelecimento de relações. Recorrendo às conclusões de Gilbert Durand, em *As Estruturas Antropológicas do Imaginário*, tocantes aos regimes das imagens, poderíamos afirmar que a filosofia jankélévitchiana se afasta do regime diurno, marcado por gestos de definição e de dissociação, aproximando-se do regime noturno, caracterizado por gestos de associação. Também no método, Jankélévitch identifica-se, de modo consciente ou não, à poética noturna e ao tema noturno que lhe são tão caros.

É interessante ressaltar que a expressão não unívoca, geradora de sugestões abertas, é, para o filósofo, o regime da própria música, ao menos de uma música que não

---

64. V. Jankélévitch, *De la musique au silence*, v. 1, p. 306.

pretende se construir pautada pela lógica da linguagem demonstrativa. Talvez por isso algo da arte sonora apareça como uma constante em todo o *corpus* jankélévitchiano e não somente nas obras do autor dedicadas à estética musical. Como pondera Berlowitz, dirigindo-se ao entrevistado: "O senhor incansavelmente estreitou o elo que une a música à escrita, forçando-as a nutrirem-se uma da outra. A música recobre a escrita, abre-a ao inacabado, e a escrita, por sua vez, cativa a música, acalenta o encanto."[65]

A esta altura, já podemos concluir que o inacabado em Jankélévitch não deveria ser compreendido como deficiência. A *Sinfonia N.3*, de Borodin, não teria maior valor estético se houvesse sido concluída pelo próprio compositor. Ousando extrapolar para um exemplo das artes plásticas, a *Pietà de Rondanini* tampouco seria mais pungente se Michelangelo houvesse polido o mármore e arredondado as formas das duas figuras representadas. Por vezes, uma maior humanidade e até mesmo uma maior espiritualidade parece exalar do inacabamento. Além disso, como vimos, o encanto nada tem a ver com a perfeição, cuja etimologia (*per-fectio*) remete ao arrematado. O não-sei-quê próprio ao encanto e a outros temas inefáveis sinaliza um "resto" (diferença de uma operação que não se "fecha") em relação à linguagem que é um *transbordamento*. Recordando a distinção entre o indizível (*indicible*) e o inefável (*ineffable*), formulada pelo filósofo tanto em *A Música e o Inefável* quanto em *La Mort* e retomada nesta entrevista, o que não se pode dizer por um excesso em relação à linguagem, como "o insondável mistério de Deus, o inesgotável mistério do amor"[66], não está de todo vetado de ser comunicado pela palavra, ainda que esteja vetado de ser comunicado por uma única palavra. Ultrapassando pela sua fecundidade as molduras verbais, o inefável seria desfigurado caso tentássemos enquadrá-lo numa única e acabada definição. Deus só

---

65. Ver infra, p. 317.
66. V. Jankélévitch, *A Música e o Inefável*, p. 120.

poderia ser sugerido, como intui Goethe, por, no mínimo, 99 nomes[67], enquanto o tema do amor, tratado pelos poetas de tantas culturas e épocas, nunca corre o risco de se saturar[68]. O inefável, modalidade positiva do inexprimível, é "exprimível ao infinito"[69], ou seja, inexaurível para o discurso. Assim, mais uma vez, o inacabado coincide com o que há de mais valioso.

A fim de abordar tantos "objetos" infinitamente dizíveis e até mesmo o "objeto" absolutamente indizível, a morte, vazia porque situada fora da experiência possível, o filósofo adota uma linguagem que também se aproxima da poesia, ao buscar um emprego mais "original" – em ambos os sentidos – das palavras. Como explica Jankélévitch, no seu comprometimento com uma pesquisa rigorosa, "as palavras que servem de suporte para o pensamento devem ser empregadas em todas as posições possíveis, nas locuções mais variadas. É necessário girá-las e voltar a girá-las em todas as suas faces, na esperança de que um brilho nelas reluza, é necessário apalpá-las e auscultar as suas sonoridades para perceber o segredo do sentido que resguardam"[70].

No esforço do filósofo em encontrar ou plasmar, até certo ponto, uma linguagem consentânea com os seus singulares "objetos" de estudo, detecta-se, sem dúvida, a influência bergsoniana. Afirma Bergson, na *Introdução à Metafísica*, que esta "só é propriamente ela mesma quando ultrapassa o conceito, ou ao menos quando se liberta de conceitos rígidos e pré-fabricados para criar conceitos bem diferentes daqueles que manejamos habitualmente, isto é, representações flexíveis, móveis, quase fluidas, sempre prontas a se moldarem sobre as formas fugitivas da intuição"[71].

---

67. Ver J.P. Eckermann, *Conversaciones con Goethe*, p. 424.
68. Ver V. Jankélévitch, *A Música e o Inefável*, p. 70-71.
69. Ibidem, p. 121.
70. Ver infra, p. 68.
71. Introdução à Metafísica, em Henri Bergson; Gaston Bachelard, *Cartas, Conferências e Outros Escritos...*, p. 24-25.

O uso adequado, refinado e até mesmo respeitoso da linguagem exige, além de uma maneira, um instrumental próprio. Berlowitz denomina os conceitos empregados por Jankélévitch de "ferramentas de cristal"[72]. Mas de onde o discípulo de Bergson conseguiu extrair e reelaborar os seus "conceitos fluidos, capazes de seguir a realidade em todas as suas sinuosidades e de adotar o próprio movimento da vida interior das coisas"[73]? Recordando que um dos conceitos característicos da obra jankélévitchiana é o *je-ne-sais-quoi*, o *no-sé-qué*, não é novidade que o "repertório incandescente da mística"[74] constitua uma das suas principais fontes conceituais. Isso porque "a mística e a preciosidade espanhola [verificada em Baltasar Gracián] se entendem igualmente bem com a delicadeza de gosto tão francesa de um Montesquieu para estabelecer, além dos conceitos, a presença de um *carmen* ou mistério carminal que não é nem demarcável nem assinalável"[75].

Curiosamente, Jankélévitch, filho de imigrantes judeus russos, autodeclara-se filósofo agnóstico, de modo que os conceitos e a abordagem negativa importados da mística são por ele transferidos à esfera da imanência. O amor, a poesia, a música, a caridade, o ser humano e até mesmo a condição judaica expressam um "resto" em relação à linguagem discursiva, semelhante àquele que deixa o místico a balbuciar um *no-sé-qué*, quando tenta discorrer sobre o contato com o Amado[76].

No emprego de uma expressão como o "não-sei-quê", Jankélévitch reconhece um risco, referente não à passagem de uma cosmovisão transcendente a outra imanente (que, por vezes, inquieta o leitor), mas àquela de um termo místico a um conceito filosófico. Ao transformar-se em conceito, o *je-ne-sais-quoi* poder-se-ia enrijecer, tornar-se,

---

72. Ver infra, p. 103.
73. H. Bergson, op. cit., p. 38.
74. Ver infra, p. 102, fala da entrevistadora.
75. V. Jankélévitch, *De la musique au silence*, v. I, p. 346.
76. Ver S.J. da Cruz, op. cit., canção VII, 9, p. 624-628.

como temia Bergson, outra ferramenta "pré-fabricada" da inteligência, uma espécie de coringa incapaz de aludir às nuanças do inefável.

Retomando os dois conceitos-chave do filósofo contemporâneo, verificamos, junto ao "não-sei-quê", o "quase-nada", provavelmente extraído da música de Debussy. Na "delicadeza de gosto tão francesa" da obra debussysta, abundam sonoridades extremamente suaves, situadas no limiar do inaudível. Tais sonoridades vêm indicadas, em muitas das suas partituras, pelas palavras: *presque-rien* (quase-nada)[77]. Assim como a referência da mística, a referência do impressionismo musical – seja com as suas sugestões, seja com a sua suavidade – repete-se neste estudo.

A metodologia jankélévitchiana congrega, assim, uma constelação *sui generis* de referências. Para pensar os seus temas, alguns deles também singulares frente à tradição filosófica, o entrevistado vale-se de fontes pouco frequentes à filosofia, associando-as de modo insuspeitado. Em lugar da mitologia grega, recorre a óperas como *Boris Godunov*, de Mussórgski, *A Cidade Invisível de Kitej*, de Rimsky-Korsakov, *Pelléas e Mélisande*, de Debussy, combinando tais enredos ao profeta Elias, a são João da Cruz e , à literatura russa, a Andersen e Verlaine, a Charlie Chaplin, a Chopin, Liszt, Fauré, Debussy, Béla Bartók e Mompou.

Tal constelação singular de referências revela-se familiar a Berlowitz, o que contribui sobremaneira para a qualidade e a fluência da entrevista. Após abordar alguns aspectos da metodologia característica ao filosofar jankélévitchiano, caberia tecer uma consideração sobre a metodologia empregada pela entrevistadora nas páginas que se seguem. A percepção de que a música envolve a escrita do filósofo talvez leve Berlowitz a manter uma presença musical na estrutura e na condução da entrevista. Vemos que o texto se divide em capítulos, e estes se prestam legitimamente a leituras isoladas. No entanto, a divisão revela-se, por outro

---

77. Ver V. Jankélévitch, *Debussy et le mystère*, p. 136.

lado, como um tanto artificial, assim como as seções de uma composição musical analisadas na partitura. Há uma fluidez, uma continuidade, uma espécie de *legato* entre os temas explanados. Por exemplo, a morte desemboca no silêncio, o silêncio modula para a música, a música convoca a noite da escuta, a noite converte-se em poesia, e esta conduz novamente à música, que então retorna por um maior número de compassos. Ao encanto musical é dada, sem apoteoses, a última palavra, em respeito ao filósofo que, em outra entrevista, não teme confessar a sua inveterada inclinação à positividade do inefável[78].

Coda

Em sintonia com o pensamento do entrevistado, não encerrarei este estudo introdutório com uma retomada didática dos pontos destacados e desenvolvidos nas páginas precedentes. Não evitei o exórdio, mas recusarei uma conclusão mais sistemática. Seguindo a proposta jankélévitchiana de "pensar musicalmente", apresento, após estabelecidas as tonalidades centrais da obra em questão, uma espécie de *Coda*, na qual enunciarei alguns traços do homem Vladimir Jankélévitch, filósofo do inacabado.

Diante de mais uma referência ao tema do inacabamento, percebemos pela entrevista que o ser humano possui, como a filosofia, uma "vocação aberta"[79]. Não podemos definir de antemão as combinações que nos constituem, especialmente quando não implicam contradições. Contudo, o entrevistado confessa não ter sido compreendido

78. "É muito mais agradável encontrar o encanto e o não sei quê na positividade afirmativa da existência, na plenitude. Tento encontrá-lo – e me parece que o encontro – na plenitude em lugar de encontrá-lo no deserto da morte, que me é inacessível, como a todo mundo, e que não passa de um objeto de especulação necessariamente desprovido de todo sistema de referências." *Vladimir Jankélévitch: Le Dit de la musique*. (Entrevista gravada.)
79. Ver infra, p. 158.

por muitos dos seus pares, justamente pela mencionada constelação singular que o constituía. Para começar, "que elo poderia existir entre uma tese de doutorado sobre Schelling e a devoção a Janáček"[80]? Em segundo lugar, por ser politicamente de esquerda, causava certo estranhamento o seu apreço por Plotino, pelos Padres da Igreja, por Bergson, pelas poéticas noturnas que se vinculam ao mistério. O esporadismo[81] dos valores, tratado algumas vezes na entrevista, é uma das marcas do não-sei-quê próprio a cada indivíduo, que não admite imobilidades e previsibilidades. O preconceito experimentado por Jankélévitch em razão das suas escolhas é um alerta para o nosso tempo, no qual muitos ainda buscam aderir ou esperam do outro a adesão a um "pacote" preestabelecido de preferências, gostos, opções.

Outra expressão do esporadismo que o filósofo lamenta é a coexistência, num mesmo indivíduo, de valores, atos e pronunciamentos incompatíveis ou desnivelados. Poucos são como o compositor húngaro Béla Bartók, que, segundo o entrevistado, teria sabido conciliar a postura cívica corajosa à genialidade artística. Jankélévitch poderia pertencer igualmente a esse rol de homens e mulheres que expressaram rara coerência entre a sua obra, por um lado, e as suas posições éticas e políticas, por outro. No âmbito da reflexão, que nesses casos inclui um elemento de coragem, o filósofo não se exime de abordar questões cruciais levantadas pelo seu tempo, como o antissemitismo e os crimes contra a humanidade ("L'Imprescriptible"). Como o monge Pimen de *Boris Godunov*, que registra pacientemente, na escuridão de uma cela, a verdadeira versão do assassinato do jovem Dimitri, filho de Ivan, o Terrível, Jankélévitch faz questão de deixar acesa a memória de milhares de vítimas que já não seriam capazes de narrar o extremo sofrimento e a dolorosa degradação a que foram submetidas. Como já havíamos

---

80. Ver infra, p. 316.
81. Embora em português não exista o substantivo "esporadismo", mas sim "esporadicidade", optei por manter o neologismo empregado, com frequência, pelo filósofo na sua obra (*sporadisme*).

observado, nem tudo equivale a uma centelha, a um quase-
-nada: o ser humano deve assumir a responsabilidade pelo
mal cometido, assumindo ações e compromissos diante do
que não pode ser deturpado, ignorado, minimizado ou dissipado. Assim, o filósofo não teme denunciar aqueles que,
como Heidegger, teriam se omitido diante das monstruosidades do século XX (e até mesmo compactuado com elas),
quando o seu papel de pensadores lhes pedia firme posicionamento[82]. O não dizer valorizado por Jankélévitch não é
aquele que oculta, devido a algum motivo escuso, um conteúdo sabido, conscientemente negado ou recalcado, mas
aquele que experimenta – e expressa, na medida do possível – algo de indeterminável tanto para si mesmo quanto
para o outro.

Ultrapassando o plano do discurso, o filósofo francês adere às suas posições teóricas e aos seus valores no
âmbito da ação militante. Integra a Resistência nos anos
em que vive na clandestinidade em Toulouse, afastado do
posto de professor universitário em Lille a um primeiro
momento por ser filho de estrangeiros e, em seguida, pela
sua ascendência judaica. Mais tarde, engaja-se, como poucos professores da Sorbonne, no movimento de "Maio de
1968", participando, juntamente com os estudantes, "de suas
assembleias e passeatas"[83]. Por fim, como já mencionado,
luta ativamente pelo ensino da filosofia na década de 1970.

A coerência do filósofo também se manifesta num
dos mais belos episódios da sua vida, que aconteceria dois
anos após a entrevista[84]. De fato, em 1978, a biografia do
autor ainda se encontra inacabada. Jankélévitch participa, no início de 1980, do programa de rádio "Le Masque
et la plume", comandado por François-Régis Bastide, no

---

82. Sobre a aversão do filósofo francês a Martin Heidegger, ver V. Jankélévitch, *L'Esprit de résistance*, p. 154-156.
83. Nota biográfica sobre Vladimir Jankélévitch, em V. Jankélévitch, *A Música e o Inefável*, p. 19.
84. Tal episódio é tema do vídeo *Mensageiro da Primavera*, produzido pelo grupo de pesquisa "Mística e Estética", da Faculdade Jesuíta de Filosofia e Teologia (Faje), em agosto de 2018.

qual expressa duras palavras de ressentimento ao povo alemão. Em resposta ao programa, Wiard Raveling, um alemão de quarenta anos, professor de francês, envia uma carta extensa e comovente ao filósofo. Nela, demonstra sentir-se responsável – e intensamente marcado – pela história recente do seu país, da qual não havia participado diretamente: era recém-nascido e criança na época da Segunda Grande Guerra. Raveling encontra alguém que poderia ouvir a sua dor com profundidade e sensibilidade, enquanto o filósofo depara-se pela primeira vez com um alemão que se compromete sinceramente com a dor do outro e não se furta de reconhecer o papel da sua nação no "evento abominável"[85]. Jankélévitch havia esperado por uma carta como aquela "durante trinta e cinco anos"[86]. Ao fim da sua carta, Raveling chega a convidar o filósofo a hospedar-se em sua casa na Alemanha, numa tentativa – e até mesmo por uma necessidade interna – de reconciliação. Jankélévitch recusa o convite, alegando que já estava "muito velho para inaugurar essa nova era"[87].

Em muitos pontos, o filósofo maduro já se encontrava "acabado" e não ousaria exceder alguns limites identificados como intransponíveis, seja para o seu bem-estar, seja para a sua integridade. No entanto, não nega o cordial encontro com o professor alemão, convidando-o, por sua vez, para visitá-lo em Paris, no apartamento em que viveu durante grande parte da vida. Reitera-se, nesse momento da resposta do filósofo, a coerência entre a sua obra e o seu agir. Se Raveling o visitasse, não falariam sobre o horror do Holocausto, sentar-se-iam ao piano, simplesmente. Sobre o indizível do mal, situado na absurda irracionalidade, de fato não há nada a se dizer. A amizade que brota do grão de esperança, enviado por um "mensageiro da

---

85. Carta de V. Jankélévitch a Wiard Raveling, 5 de julho de 1980, em Dossiê Vladimir Jankélévitch: Philosophie, Histoire, Musique, *Magazine Littéraire*, n. 333, p. 57.
86. Ibidem.
87. Ibidem.

primavera"[88], deve ser regada pela música inefável. Mais uma vez, a última palavra é concedida à positividade sem conteúdo específico da música sem palavras. É em direção ao horizonte, para sempre fascinante, inapreensível e inacabado como a arte sonora, que Jankélévitch nos convida, ainda que trôpegos, a caminhar.

Clovis Salgado Gontijo

Agradecimentos do Tradutor

Esta edição em língua portuguesa de *Em Algum Lugar do Inacabado*, livro-entrevista de crucial relevância para um contato abrangente com o pensamento de Vladimir Jankélévitch, não teria se realizado sem algumas contribuições fundamentais, que devem ser aqui reconhecidas.

Primeiramente, agradeço à editora Perspectiva, em especial à Gita Guinsburg, pela inestimável parceria na missão de divulgação da obra de Jankélévitch no Brasil. O respaldo da editora e a inclusão deste volume na Coleção Debates reforça o valor da entrevista e do pensamento jankélévitchiano para a história da filosofia e para a reflexão (filosófica, social, musical) contemporânea.

Em segundo lugar, agradeço ao BDMG Cultural, que, representado pela sua diretora-presidente Gabriela Moulin Mendonça, por Beth Santos e Francisco Roberto Rocha de Carvalho, patrocinou parcela significativa desta publicação, ao constatar as suas valiosas contribuições para o campo da filosofia da música e da cultura. Tal patrocínio somente se viabilizou graças ao convênio estabelecido entre o BDMG Cultural e a Faculdade Jesuíta de Filosofia e Teologia (Faje), à qual agradeço, nas pessoas do então reitor padre Geraldo De Mori, SJ, do diretor do Departamento de Filosofia padre Elton Vitoriano, SJ, e da administradora sra. Edna Lúcia Andrade C. Pinto.

88. Ibidem.

Também dirijo o meu muito obrigado a todos aqueles que acompanharam o processo de tradução e de redação do meu estudo introdutório, com sugestões, orientações e correções. Agradeço à minha mãe, Marília Salgado, pela leitura e revisão conjuntas do texto; ao professor Teodoro Rennó Assunção, pela transliteração e tradução de termos gregos citados pelo filósofo; ao professor Antonio Mitre, pela explanação de temas e conceitos relativos à área da política; à profa. Elisabeth Guesnier, pelo esclarecimento, sempre paciente e afetuoso, de dúvidas de tradução do francês, assim como ao padre Eduardo Rodrigues Silva e ao padre João Augusto Anchieta Amazonas Mac Dowell, SJ, pelo auxílio em questões relativas à minha reflexão preliminar. Agradeço igualmente aos professores Nádia Souki e Hugo Mari, pela interlocução constante e precisos conselhos na definição da forma do ensaio introdutório.

Por fim, não poderia deixar de mencionar os professores e alunos com os quais discuti e refleti sobre alguns temas e conceitos jankélévitchianos. Agradeço, de modo particular, a Gustavo Rocha Sandi, responsável pela diligente preparação do índice onomástico, assim como aos alunos da Faje e do Centro Loyola, que leram em primeira mão esta tradução, apontando a necessidade de notas explicativas e sugerindo oportunas alterações. Por fim, registro o meu muito obrigado aos professores Enrica Lisciani-Petrini e Andrew Kelley, ambos tradutores de Jankélévitch, cujos estudos contribuem para a minha melhor compreensão desse sutil e fascinante filósofo.

Referências

Livros

AGOSTINHO. Confissões; De Magistro. *Santo Agostinho* (*Os Pensadores*). Tradução de J. Oliveira Santos, S.J.; A. Ambrósio de Pina, S.J.; Angelo Ricci. São Paulo: Abril, 1973.
BERGSON, Henri; BACHELARD, Gaston. Cartas, Conferências e Outros Escritos; A Filosofia do Não; O Novo Espírito Científico; A Poética

do Espaço. *Bergson/Bachelard* (*Os Pensadores*). Tradução de Franklin Leopoldo e Silva et al. São Paulo: Abril, 1974.

BÍBLIA *de Jerusalém*. Nova edição, revista e ampliada. São Paulo: Paulus, 2003.

CERTEAU, Michel de. *A Fábula Mística: Séculos XVI e XVII*. Tradução de Abner Chiquieri. Revisão técnica de Manoel Barros da Motta. Rio de Janeiro: Forense, 2015. V. 1.

CRUZ, são João da. *Obras Completas*. Organização geral Frei Patrício Sciadini, OCD. Tradução das Carmelitas Descalças de Fátima (Portugal), Carmelitas Descalças do Convento de Santa Teresa (Rio de Janeiro) et al. 4. ed. Petrópolis: Vozes, 1996.

DOSSIÊ Vladimir Jankélévitch: Philosophie, Histoire, Musique. *Magazine Littéraire*, n. 333, juin 1995.

DURAND, Gilbert. *As Estruturas Antropológicas do Imaginário: Introdução à Arquetipologia Geral*. Tradução de Hélder Godinho. São Paulo: Martins Fontes, 2001. (Col. Ensino Superior.)

ECKERMANN, Juan Pablo. *Conversaciones con Goethe*. Estudo preliminar e tradução de Francisco Ayala. Barcelona: Océano, 2016.

GONTIJO, Clovis Salgado. *Ressonâncias Noturnas: Do Indizível ao Inefável*. São Paulo: Loyola, 2017. (Col. Filosofia.)

JANKÉLÉVITCH, Vladimir. *A Música e o Inefável*. Tradução e prefácio de Clovis Salgado Gontijo. São Paulo: Perspectiva, 2018. (Col. Signos Música.)

____. *L'Esprit de résistance: Textes inédits 1943-1983*. Textos reunidos e apresentados por Françoise Schwab, com as contribuições de Jean-Marie Brohm e Jean-François Rey. Paris: Albin Michel, 2015.

____. *La Musique et les heures*. Paris: Seuil, 1988.

____. *Le Je-ne-sais-quoi et le Presque-rien, v. I: La Manière et l'occasion*. Paris: Seuil, 1980.

____. *Le Je-ne-sais-quoi et le Presque-rien, v. II: La Méconnaissance, le malentendu*. Paris: Seuil, 1980.

____. *Quelque part dans l'inachevé*. Paris: Gallimard, 1978.

____. *De la musique au silence, v. I: Fauré et l'inexprimable*. Paris: Plon, 1974.

____. *Debussy et le mystère*. Neuchâtel: La Baconnière, 1949.

JERPHAGNON, Lucien. *Vladimir Jankélévitch ou de l'Effectivité*. Apresentação, seleção de textos e bibliografia por Lucien Jerphagnon. Paris: Seghers, 1969. (Col. Philosophie de tous les temps.)

LISCIANI-PETRINI, Enrica. *Charis: Essai sur Jankélévitch*. Tradução de Antoine Bocquet. Paris/Milano: J. Vrin/Mimesis, 2013.

MARCEL, Gabriel. Position et approches concrètes du mystère ontologique. *Le Monde cassé*, Paris: Desclée de Brouwer, 1933.

MARITAIN, Jacques. *Sete Lições Sobre o Ser e os Primeiros Princípios da Razão Especulativa*. Tradução de Nicolas Nyimi Campanario. São Paulo: Loyola, 1996.

NYSSE, Grégoire de. *Homélies sur le Cantique des cantiques*. Tradução e notas de Adelin Rousseau. Introdução e bibliografia de Bernard Pottier. Bruxelles: Lessius, 2008.

PLATÃO. Diálogos: O Banquete; Fédon; Sofista; Político. *Platão (Os Pensadores)*. 4. ed. Seleção de textos de José Américo Motta Pessanha. Tradução e notas de José Cavalcante de Souza, Jorge Paleikat e João Cruz Costa. São Paulo: Nova Cultural, 1987.

PSEUDO-DIONÍSIO AREOPAGITA. *Teologia Mística*. Tradução de Marco Lucchesi. Rio de Janeiro, Fissus, 2005.

QUINTANA, Mario. *80 Anos de Poesia*. Seleção e organização de Tania Franco Carvalhal. São Paulo: Globo, 2008. (Col. Mario Quintana.)

RILKE, Rainer Maria. *Os Cadernos de Malte Laurids Brigge*. Tradução e notas de Renato Zwick. Porto Alegre: L&PM Pocket. (E-book.)

SILESIUS, Angelus. *O Peregrino Querubínico*. São Paulo: Loyola, 1996.

TERESA DE JESUS, santa. *Castelo Interior ou Moradas*. Tradução das Carmelitas Descalças do Convento Santa Teresa. São Paulo: Paulus, 2019.

Páginas da Web

FACULDADE JESUÍTA. *Mensageiro da Primavera*. Trechos da Correspondência entre Wiard Raveling e Vladimir Jankélévitch (1980). Disponível em: <https://www.youtube.com>. Acesso em: 8 maio 2020.

JANKÉLÉVITCH, Vladimir. *Le Prélude (Chopin, Scriabin, Debussy, Fauré)*. Disponível em: <https://www.youtube.com>. Acesso em: 8 abr. 2020.

MARQUES, Vasco Baptista. *O Tempo na Metafísica de Vladimir Jankélévitch*. Tese (Doutorado em Filosofia), Universidade de Lisboa, Lisboa, 2017. Disponível em: <https://repositorio.ul.pt>. Acesso em: 5 jul. 2020.

RADIOSCOPIE: *Vladimir Jankélévitch* (1979). Entrevistador: Jacques Chancel. Disponível em: <https://www.youtube.com>. Acesso em: 13 maio 2020.

Entrevistas Gravadas

VLADIMIR *Jankélévitch: Le Dit de la musique*. Émission: Les Greniers de la mémoire. Archives INA.

ALEKSANDR BORODIN,
Sinfonia n. 3 (Inacabada)

PALAVRA DA ENTREVISTADORA

"Evitemos, sobretudo, fazer um desses livros apressados como um piquenique", disse-me Jankélévitch no dia em que começamos a nossa entrevista. Uma atitude fundamental de desconfiança a um gênero literário hoje explorado de modo indiscriminado devia vigiar o nosso trabalho: experimentávamos, de fato, somente desprezo pelo gravador e pelas suas execuções atléticas, víamos nele somente a exorbitante e miserável autorização, dada pela técnica, de escapar da solidão da escrita e da responsabilidade do livro. Entretanto, algo levava Jankélévitch a utilizar tal instrumento: a busca da palavra impossível de se encontrar, o desespero diante da ideia perdida, o risco da inércia que sempre ameaça os momentos de vida verdadeiramente pulsantes. De Jankélévitch chegou até a escapar certo arrependimento de não dispor de um aparelho mágico que permitisse anotar no próprio instante todos os murmúrios de um pensamento em busca de si mesmo. Segundo o filósofo, "aquele que possuísse tal aparelho teria um poder infinito…" Ora, logo percebemos que o aparelho mágico permaneceria sendo um sonho. O gravador e o seu poder imperturbável de conservação constituíam para nós um engodo: aquele de uma memória que, pretendendo restituir a integralidade e manter intacto o evento abundante da palavra, não saberia nada construir, nada ordenar e, querendo que tudo se conservasse, faria com que tudo se perdesse. Compreendemos, portanto, que a restituição mecânica não convinha a Jankélévitch, pois tornava a sua conversação irreconhecível. Desde então, devia-se renunciar tanto às garantias da alta fidelidade quanto às facilidades da transcrição literal e, assim, retomar o caminho acidentado que toda a escrita impõe e servir-se dessas gravações como de mais um material para construir o livro. O gravador entregava-nos um monte de pérolas, restava fazer o colar. Deste modo, por meio da palavra escrita, violentamos a transcrição. Restauramos as dobras e os recantos que o falar em voz alta dissipa. Deixamos que se reconstituísse a bruma nutritiva, aquela que abriga o livro, aquela que concede espaço, tempo e uma lâmpada ao longe para o viajante. Isso quer dizer que as minhas intervenções não se propunham a ser aquelas do jornalista, do psicólogo ou do juiz de instrução. Não se tratava nem de fingir ignorar a obra, nem de recorrer a uma tática. O meu trabalho não podia consistir em armar uma cilada, em colocá-lo contra a parede, em fazê-lo entrar em contradição consigo mesmo, em forçar uma confissão. As minhas perguntas foram em certa medida contemplativas e, se observei alguma regra, esta foi antes aquela do acompanhamento, que, respeitando o ritmo e o sopro, sustenta a melodia, prepara-a, recolhe-a e algumas vezes se entrelaça com ela, sem jamais procurar oprimi-la nem confundi-la.

1. ESSE "EU" DETESTÁVEL

O que lhe dizer e como lhe dizer? O senhor não admite tantas coisas. Todas as facilidades características a uma entrevista são eliminadas pelo interlocutor intransigente e imprevisível que é o senhor. Compreenda o meu embaraço: parece-me que o senhor, mesmo aceitando apresentar aqui os grandes temas que animam a sua reflexão, jamais consente em se cercar do que se deve propriamente chamar de sua obra, em se apoiar sobre ela. O senhor permanece estranho ao costume do homem de letras que, semelhante à andorinha construtora, fabrica um ninho com os seus livros. A sua escrita, ao contrário, faz questão de apoiar-se no esquecimento daquilo que recolhe, como se nada do que escreveu tivesse sido pelo senhor jamais obtido.

Não cabe àquele que escreve dizer "a minha obra" ou falar da sua obra como nós, humildes leitores, testemunhas ou terceiros, falamos da obra de Proust ou de Simenon.

Decerto, o leitor que segue, livro após livro, o desenvolvimento do processo criador num escritor tem o direito de considerar a obra desse escritor como uma *obra*, pois é justamente uma obra que se edifica sob os seus olhos, pedra sobre pedra. No entanto, a minha "obra" só será uma obra – se algum dia assim se tornar! – retrospectivamente: a sua elevação ao estatuto de "obra" acabada será, portanto, em todo caso, uma promoção póstuma. Só depois da minha morte que eu teria eventualmente (muito eventualmente) uma obra. Obtém-se, enfim, uma obra como se obtém uma biografia e uma necrologia: quando tudo está terminado. A rigor e até no último momento, a ponto de expirar, apenas um instante antes de exalar o último suspiro, quando toda a minha vida (com exceção justamente desse último minuto) já estiver no passado, eu *teria tido* talvez uma obra, sem ter tido tempo de tomar consciência dela. Teria tido: retrospectivamente e no futuro do pretérito composto! Trata-se de uma consequência póstuma. Não tenho uma obra por mim mesmo, você não tem uma obra por si mesma, ninguém tem uma obra por si mesmo: pois nunca é o mesmo que, de uma só vez, constrói a sua obra e fala sobre ela. Em compensação, posso ter uma obra para os outros, com a condição, contudo, de não ter consciência disso e de não espreitar o próprio gênio, com a condição de não usurpar a óptica dos outros ao olhar para mim mesmo. Como qualificar o escritor que, a partir desta vida, envia suas cartas já pensando na coletânea das suas correspondências ou nas suas futuras obras completas? E o que diríamos do homem de letras se ele falasse das próprias obras como falamos dos diálogos de Platão? Diríamos que esse homem de letras é um macaco de letras e que esse desdobramento vai contra a natureza. Tenho uma "obra"? Não tenho uma obra? De qualquer modo, não me cabe julgar. Julgue você mesma. Quanto a mim, isso não me compete. Não me cabe contemplar a minha estátua, observar-me no espelho enquanto escrevo. O escritor que exprime a sua cólera, a sua dor ou a sua esperança escreve, se for sincero, porque é todo inteiro esse sofrimento, essa cólera ou essa esperança. Deixemos aos críticos e aos leitores a tarefa de diagnosticar tais sentimentos e classificar o escritor sob esta ou aquela rubrica. Cada homem considerado respectivamente é interior a si mesmo e não pode sair de si a não ser que faça questão de ocupar um lugar no zoológico da república das letras.

O senhor sonha com um escritor que divulgaria por meio dos seus escritos um segredo do qual não seria o depositário. O senhor exige do autor o que se espera de um profeta: que ele consinta com uma publicação sem reserva e seja um mensageiro sem a preocupação de se reler...

O ato de escrever exige uma perfeita inocência, e a inocência é cada vez mais rara nesse teatro de fantoches filosófico no qual a opinião dos outros e a glória da aparência são rainhas, no qual tudo começa com um manuscrito e termina com um manuscrito. A frágil inocência, assim como a efêmera modéstia, está à mercê da menor reflexão de consciência, e a consciência de pronto rompe a pureza! Para abster-se desse olhar sobre si que é iniciação à vaidade literária, para recusar essa grande representação teatral que se chama vida, será necessária uma espontaneidade protegida de toda tentação, ou, no caso de faltar a espontaneidade, uma vigilância ininterrupta. De fato, não é suficiente renunciar ao conforto pequeno-burguês de um cenáculo, é preciso também não se acomodar na ausência de um cenáculo. De que nos serve recusarmos esculpir a nossa estátua, considerarmo-nos como autor de uma obra, se for para fazermos o papel de filósofo marginal, para nos tornarmos o polichinelo do inacabado? De todos os conformismos, o conformismo do não conformismo é o mais hipócrita e o mais difundido hoje em dia. É esse o diabo que nos espia, nos vigia e nos espreita. A consciência que tomamos da nossa coragem a desfigura, pode fazer dela uma coragem de mata-mouros, isto é, uma caricatura;

mas não por isso nos tornamos menos corajosos, apesar das nossas fanfarronices: pois um bufão pode ser heroico por vaidade. Existem, em compensação, outras virtudes mais secretas que são literalmente assassinadas, aniquiladas – e de um só golpe – pela própria consciência que se toma delas, como por exemplo a modéstia, o encanto ou o humor. Nada delas resta. Esse homem fascinante (*charmant*) era um fascinador (*charmeur*), isto é, um farsante; esse homem tão cheio de humor era um humorista, isto é, um palhaço; esse homem apagado e modesto, um vaidoso sutil que encontrou o meio de atrair e colecionar elogios. Contudo, a vaidade não para aí, sobretudo quando se trata da vaidade do autor; não é somente a falsa modéstia que espreita o modesto, mas também a confissão que faz dela e que é de fato um álibi diabólico da vaidade, uma indecente contrição. Tal confissão poderia servir facilmente de pretexto para justificar o exibicionismo, pois os expoentes da consciência complacente se complicam sem fim. Falsa modéstia, falsa humildade, falsa vaidade – tudo é fingimento e aparência enganosa. Em que medida se deve ser simplesmente, ingenuamente, vaidoso, dizer "Eu" com uma humilde sinceridade? Em que medida esconder esse Eu detestável que não poderia ser visto? Como seremos pudicos sem ostentar nem professar o nosso pudor? Como não comercializar modéstia? A partir de qual grau a lítotes se torna uma mercadoria para os profissionais especializados em modéstia?

Se eu fosse Fénelon, eu lhe responderia: "Todas essas inquietas reflexões não merecem nos ocupar um único momento; falemos generosamente, simplesmente de nós como de outrem quando for o caso."[1]

---

1. Fénelon, Divers sentiments et avis chrétiens, XXXV (De la simplicité), em B. Pascal, *Œuvres complètes*, p. 220. Todas as notas desta edição, com exceção de uma, assinalada, foram incluídas pela tradução.

No entanto, Fénelon também diz, nessa Meditação, que devemos examinar se o nosso próximo acolherá, sem se escandalizar por isso, a livre simplicidade com a qual deveríamos falar de nós mesmos... Como comunicar uma mensagem aos leitores sem nos entregarmos de maneira indiscreta? As coisas fluem com mais simplicidade para um geômetra, mas aquele que escreve obedece a leis não escritas: aquilo que deseja transmitir é duvidoso, frágil, e os leitores aos quais se endereça são tão fugidios quanto a sua mensagem. Isso porque, na maioria das vezes, o interesse que se dirige ao outro, especialmente quando esse outro escreve, não é a expressão da simpatia, mas antes o fruto da curiosidade. A curiosidade só é gulosa de detalhes biográficos, de anedotas mais ou menos picantes, de fofocas, de lembranças raras e confidências. A curiosidade é pontilhista, está à escuta dos fatos diversos e compõe uma crônica peneirada de anotações; estabelece, assim, um conhecimento superficial e irrisório, folheia com um dedo desenvolto o livro da biografia. Não é o amor, são o detetive e o inspetor de polícia que têm de se haver com os suspeitos e acumulam informações ao seu respeito. De fato, a simpatia começa onde não há mais espaço para a curiosidade. E digamos mais: é a curiosidade que obstrui a rota para a simpatia! Se você tem curiosidade sobre mim, é porque você não tem simpatia por mim. Se você procura saber algo sobre mim, extrair algum detalhe escabroso, é porque não quer me conhecer. Sim, a curiosidade se opõe à simpatia como o amador ao amante, como a seleção à eleição: o amador seleciona, ordena e detalha os indivíduos à maneira de um colecionador que classifica as amostras numa série abstrata ou num gênero impessoal. O amor, ao contrário, é indiferente aos pequenos detalhes e às particularidades materiais. É a própria generosidade que lhe dá essa aparência evasiva, negligente e talvez um pouco aproximativa. O amor não seleciona caracteres, adota, sim, a pessoa inteira por uma eleição maciça e indivisa.

O amor nada deseja saber sobre o que ama; o que ama é o centro da pessoa viva, porque essa pessoa é para ele fim em si, ipseidade incomparável, mistério único no mundo. Imagino um amante que teria vivido toda a sua vida ao lado de uma mulher, que a teria amado apaixonadamente e nunca teria lhe perguntado nada e morreria sem nada saber sobre ela. Talvez porque soubesse desde o começo tudo o que havia para se saber.

O senhor é professor e não se deixa fechar na instituição. O senhor é um franco-atirador e, no entanto, nenhuma forma de marginalidade saberia fixá-lo. Eis o que desorienta aqueles que o tentam compreender e situar: esse constante desequilíbrio torna a sua solidão indeterminável.

Apressamo-nos, para sobreviver, em confundir o Universo com o tecido das amizades das quais estamos cercados. Tanto é assim que o mais difícil na existência é não se deixar desencorajar pela solidão. Contudo, como fazer para não perder a esperança quando, uma vez a caminho, encontramo-nos sós, abandonados por todos os outros que continuam a andar e a tagarelar entre si? E tal solidão, em que consiste? Qual é, portanto, essa palavra mágica que não soubemos pronunciar e que nos teria aberto todas as portas? A solidão é pesada algumas vezes... Cada qual traz em si um mundo secreto que o separa dos outros, e quanto a esse mundo secreto onde nos fechamos, somos tentados em raros momentos a considerá-lo como uma oportunidade, quase como uma felicidade que devemos ciosamente preservar. Todavia, aquele que escreve redobra de algum modo esse isolamento, na medida em que se oferece como combustível, na medida em que se expõe por sua plena vontade e algumas vezes até mesmo de modo provocante à rejeição, à indiferença, ao esquecimento. E ainda mais que o desconhecimento, o falso reconhecimento é a coisa mais dolorosa de se carregar.

Caprichoso, brilhante, fantástico, improvisador... sim, mas como adivinhar o que se esconde sob essa respiração ofegante, nessa palavra febril, nessa escrita colérica?

Esconde-se, sob essa aparência, um trabalho meticuloso, quase maníaco. Cavo os meus sulcos num mundo bastante estreito e caminho obstinadamente, diligentemente nas minhas pegadas. Invejo os criadores generosos, desleixados, despreocupados, que desperdiçam todos os seus tesouros e lançam as suas ideias, pela janela, a todos os ventos. Tal prodigalidade é bela. Os músicos que mais admiro, Liszt e Mussórgski, viviam numa genial desordem que lhes permitia dominar recursos vitais fabulosos e literalmente inesgotáveis; detestáveis gestores, magnificamente negligentes, continuavam a trabalhar na mais completa indiferença em relação à obra já realizada. Liszt deixa-se pilhar pelos outros... Não seria Liszt a abrir um processo contra o plagiador. Liszt esquece o que escreveu e reemprega os mesmos temas sob diferentes formas, fazendo assim de sua obra uma floresta virgem inextricável e fascinante. A repetição é nele o efeito não da timidez vital, mas do desapego e da magnificência. Liszt é todo o contrário de um acumulador! Não, não é Liszt que se fechará em casa com o temor de ser incomodado e que, à maneira dos homens de letras, contentar-se-ia em administrar a sua obra, recuperando os temas e os esboços e tomando o cuidado de não deixar perder nada. Não sou – ai de mim! – tão generoso quanto Liszt. Qual formiga laboriosa, escolhi cavar e trabalhar ansiosamente, agora e sempre, no mesmo lugar, no meu estreito universo. É a obstinação dos pobres! No entanto, ocorreu-me com frequência descobrir uma obra que ignorava, lamentando-me do tempo perdido: por que não li esse livro antes? Quando descobri finalmente os pensadores espanhóis, de Gracián a Unamuno, compreendi que, caso não os tivesse lido, teria passado ao largo de todo um mundo insólito e apaixonante. Também há uma questão que hoje volta e meia me assombra: ao largo de quais outros mundos desconhecidos ainda estou passando? No entanto, já ficou muito tarde no presente, muito tarde para viver outra vida, uma dessas vidas que merecem ser recontadas de tão ricas em descobertas maravilhosas e em encontros extraordinários... Não se vive senão uma vez.

2. ALGO DE SIMPLES, DE INFINITAMENTE SIMPLES

Essa obstinação própria de uma formiga e essa necessidade permanente de verificação estão a serviço de uma filosofia aérea, que se evapora como Ondina em gotinhas sobre o vidro[1]. Uma vontade também contraditória, portanto, torna o seu rigor mais exigente e, ao mesmo tempo, mais evanescente o seu propósito: ela se assemelha mais ao desafio que à meditação.

A filosofia consiste em pensar tudo o que há de pensável numa questão, e isso, com profundidade, custe o que custar. Trata-se de destrinchar o inextrincável e de não se deter até o momento em que se faz absolutamente impossível ir mais adiante. Em vista dessa pesquisa rigorosa, as palavras que servem de suporte para o pensamento devem ser

---

1. Referência à ninfa das águas Ondina, motivo do primeiro número da suíte para piano *Gaspard de la nuit*, de Maurice Ravel, inspirada, por sua vez, nos poemas em prosa de Aloysius Bertrand de mesmo nome.

empregadas em todas as posições possíveis, nas locuções mais variadas. É necessário girá-las e voltar a girá-las em todas as suas faces, na esperança de que um brilho nelas reluza, é necessário apalpá-las e auscultar as suas sonoridades para perceber o segredo do sentido que resguardam. Não possuem as assonâncias e as ressonâncias das palavras uma virtude inspiradora? Esse rigor deve ser atingido, talvez, sob o preço de um discurso ilegível: é preciso de pouco, com efeito, para se contradizer. Basta continuar sobre a mesma linha, deslizar sobre o mesmo declive e, ao distanciar-se cada vez mais do ponto de partida, este acaba desmentindo o ponto de chegada. É a esse discurso sem falhas que me submeto, a essa *strenge Wissenschaft*[2], ciência rigorosa, que não é a ciência dos sábios e que é antes uma ascese. Sinto-me provisoriamente menos inquieto no momento em que, após haver girado por muito tempo em círculo, cavado e triturado as palavras, explorado as suas ressonâncias semânticas, analisado os seus poderes alusivos, o seu poder de evocação, percebo que, decididamente, não posso ir adiante. Certamente, a pretensão de um dia tocar a verdade é uma utopia dogmática: o que importa é ir até o fim do que se pode fazer, alcançar uma coerência sem falhas, fazer aflorar as questões mais escondidas, as mais informuláveis para extrair delas um mundo coeso. E como o que busco quase não existe, como o essencial é um quase-nada (*presque-rien*), um não-sei-quê (*je-ne-sais-quoi*), uma coisa leve entre todas as coisas leves, essa investigação frenética tende, sobretudo, a mostrar o impalpável. Pode-se entrever, mas

---

2. Expressão utilizada por Edmund Husserl no título do seu artigo *Philosophie als strenge Wissenschaft* (A Filosofia Como Ciência Rigorosa), de 1911, no qual é proposta a aplicação de um ideal de rigor, já presente nas ciências naturais e exatas, à filosofia. Segundo Lisciani-Petrini, o comprometimento de Jankélévitch com um pensamento rigoroso, afirmado nesta passagem de *Em Algum Lugar do Inacabado*, é fundamental para se evitar uma redução da filosofia jankélévitchiana a um mero jogo com conceitos um tanto vagos e poéticos, como em alguns momentos foi equivocadamente compreendida. Ver E. Lisciani-Petrini, *Charis: Essai sur Jankélévitch*, p. 12.

não se pode verificar a aparição: ela se esvai no próprio instante em que se esvai, posto que a primeira vez é também a última. A segunda vez é a repetição mínima necessária para uma verificação... Ora, o objeto da nossa pesquisa não era mais que uma aparição logo desaparecida, um evento que, sob nenhuma circunstância, será reiterado, nem, portanto, confirmado: um decepcionante fulgor na noite!

O senhor fala de pesquisa, mas parece-me que a sua obra se constrói fora de toda pesquisa. A palavra conclusiva já se delineia de modo irresistível desde as primeiras páginas dos seus livros. Para o senhor, a escrita não é uma busca, mas antes um modo de retroceder no interior da sua própria visão. O senhor não reserva surpresas a si mesmo: toda questão é uma espécie de simulação, uma definição adiada.

Aquilo que busco acaba tão rapidamente quanto começa e não se presta a um discurso. É uma coisa que não é uma coisa. Portanto, cabe usar o verbo "buscar"? "Tu não me buscarias se não me tivesses encontrado."[3] Sei e não sei o que é essa coisa. Ou melhor, sei *que* ela é, mas não sei *o que* ela é... Tal qual a morte, cuja efetividade é algo certo, mas cuja data é absolutamente incerta. Saber *quê*, sem saber *o quê*, é por esse semissaber, por essa ciência mesclada de nesciência que sabemos os mistérios: Deus, o infinito, o tempo, a morte... Sei que há um número infinito, diz Pascal, mas não sei se ele é par ou ímpar[4], *Quid est tempus?*, interroga santo Agostinho em *Confissões*: "Si nemo a me quaerat, scio. Si quaerenti explicare velim, nescio."[5] É digna de admiração

---

3. Pensamento de Blaise Pascal: *Fragment hors copie*, n. 8H (recto); *Pensées*, 736 (edição J. Chevalier), 553 (edição L. Brunschvicg), op. cit.
4. Ibidem, *Pensées*, 451 (Chevalier), 233 (Brunschvicg). Tal afirmação de Pascal, dotada de implicações teológicas, também é citada por Jankélévitch em *Le Je-ne-sais-quoi et le Presque-rien*, v. I, p. 69-70 e em *La Mort*, p. 121.
5. "O que é, por conseguinte, o tempo? Se ninguém mo perguntar, eu sei; se o quiser explicar a quem me fizer a pergunta, já não sei." Confissões, livro XI, capítulo 14, *Santo Agostinho (Os Pensadores)*, p. 244

nessa passagem a maravilhosa concisão da língua latina que, com nada mais que onze palavras, com as suas declinações abreviadas e as simetrias delas resultantes, é capaz de expressar um mundo de coisas! Se nada me perguntam e se me deixam com a espontaneidade da minha intuição, nada obscurece a evidência da temporalidade. Contudo, se me interrogam sobre a natureza do tempo, inquieto-me e deixo de saber: tudo se torna ambíguo. Certa vez, o violinista Robert Soetens contou-me o seguinte: Yehudi Menuhin foi um violinista genial especialmente na sua juventude, quando ainda não tinha nenhuma consciência da sua própria genialidade. Seu toque tornou-se mais laborioso a partir do momento em que, sob a influência das menções à sua genialidade, começa a se perguntar como se dava a sua execução. Quando perguntamos a um pianista virtuose sobre o modo como toca os *Estudos Transcendentais*, de Liszt ou Liapunov, os seus dedos se embaralham, tropeçam e, por fim, acabam esbarrando. Contudo, quando nada lhe perguntamos, o pianista senta-se ao piano e toca esses *Estudos* tão naturalmente quanto as meninas tocam uma sonatina de Diabelli. Quando perguntamos ao acrobata como faz para se manter numa perna só sobre a agulha da Catedral de Notre-Dame, ele sente vertigem, perde o equilíbrio e se esborracha no chão. Tudo isso é, *a fortiori*, verdadeiro para o tempo: é a consciência do tempo que produz as perturbações do tempo. De longe, o tempo reencontra a sua evidência. Quando o vivente cessa de se perguntar em que consiste a vida, essa acrobacia de cada minuto, esse equilíbrio que é um desequilíbrio continuamente renovado, a vida recomeça a caminhar por si própria... Ocorre o mesmo com a morte. Repreendem-me por não trazer nenhum conselho, nenhuma segurança, nenhuma verdadeira esperança e, sobretudo, por não desvelar nenhum segredo, por orientar tão mal o viajante sobre os detalhes do "outro mundo". Sem dúvida, faltam-me informações. Dizem-me: qual o propósito de escrever um calhamaço sobre a morte se o senhor nada sabe sobre ela, se é só para chegar a esse instante evanescente, a esse brevíssimo brilho? Tanto discurso para uma entrevisão tão duvidosa! Não é isso algo risível? Erik Satie nos fala sobre um atleta enorme que levanta uma pedra enorme: ora, essa pedra é uma pedra-pomes... Contudo, quando não temos pretensões atléticas e quando temos consciência do caráter infinitesimal da entrevisão, não há mais lugar para a charlatanice. Portanto, que não nos repreendam a natureza inapreensível desse fogo fátuo, pois a ele dedicamos a nossa profissão![6] Professamos esse estado de indigência. A nossa ciência, por sua vez indigente, priva-nos de todo ponto fixo, de todo sistema de referência, de conteúdos facilmente decifráveis ou elaboráveis que nos permitiriam epilogar, alimentar o discurso e abrir um longo devir de reflexões. A nossa ciência nesciente é antes uma meta, um horizonte: fez, portanto, o seu luto da consistência substancial em geral. Eis que, de repente, ficamos mudos diante do irredutível. Houve um tempo em que ainda me pediam para proferir oráculos sobre a "crise da moral". Nessas circunstâncias, é necessário saber dizer as palavras esperadas pelos ouvintes. Nós os decepcionamos se explicamos que uma problemática relativa às tarefas morais – que implicam o aperfeiçoamento dos costumes, a humanização das instituições, o estatuto jurídico da sexualidade etc. – não depende propriamente da moral. As questões de pedagogia, as pequenas casuísticas cotidianas relativas à higiene da vida e ao equilíbrio da felicidade são evidentemente de extrema importância, mas só fazem sentido em relação à moral que as engloba e as supera, na qual reside o seu verdadeiro *a priori*. Tais questões não se confundem com o debate infinito no qual nos precipita todo o verdadeiro problema moral. A intenção moral é, de certo

---

6. Paráfrase da seguinte passagem de Pascal, retomada no capítulo 12 desta entrevista: "Que não mais nos repreendam, portanto, pela falta de clareza, pois fazemos dela profissão." (*Qu'on ne nous reproche donc plus la manque de clarté, puisque nous en faisons profession.*) Ver B. Pascal, 591 (Chevalier), 751 (Brunschvicg), op. cit.

modo, o *cogito* da prática social e política. Quanto à própria exigência moral, esta se reduz a um quase-nada, a algo de impalpável. Esse impalpável é justamente a qualidade da intenção e a pureza do coração. Se me exasperassem e reclamassem uma resposta a toda força, então encontraríamos novamente a evidência dessa coisa inominada e inexprimível em direção à qual as palavras convergem infinitamente, sem jamais encontrar... Coisa decepcionante ao fim de uma pesquisa irritante! Sem essa coisa, porém, nada começa nem se cumpre; sem esta, a vida moral não passa de uma fachada gloriosa ou de um sistema de costumes distintos. A cada instante a evidência renasce, para se confundir e desaparecer de novo, só desaparecendo no momento em que reaparece. Nada há a se dizer sobre ela: mas precisa-se de muito tempo para dizer que não há nada a se dizer, precisa-se de muito tempo para se aproximar dessa verdade imponderável da morte ou do relâmpago fugaz da inocência. A fina ponta normativa do precioso movimento de amor esconde-se sob a complexidade das motivações psicológicas que o enfraquecem. Torna-se necessário, de início, arrancar esse joio, eliminar a erva daninha das impurezas, isto é, a filáucia e as suspeitas intenções ocultas, numa palavra, a grossura do vivido. O rigorismo de La Rochefoucauld, Fénelon e Kant consagrou todo o seu esforço a essa triagem impiedosa.

"Nesse ponto, encontra-se algo simples, infinitamente simples, tão extraordinariamente simples que o filósofo nunca conseguiu dizê-lo..."

"E é por isso que falou por toda a sua vida..."[7] Eu acrescentaria a essa frase de Bergson que, no decorrer do livro e do tempo dedicado a escrevê-lo, a intuição se desvela e rompe a estéril coincidência do homem consigo mesmo. Se essa

---

7. Trata-se da célebre passagem de Bergson, contida na conferência "A Intuição Filosófica" (2011), incluída mais tarde no volume *O Pensamento e o Movente*, p. 125.

intuição permanecesse em nós, encerrada e muda, estaríamos limitados a nos olhar eternamente num espelho, a respirar em silêncio o perfume do tempo... O próprio imediato, para tornar-se comunicável, deve aceitar um mínimo de mediação. Tolstói, no seu livro *O Que É Arte?*, elabora, a partir desse tema, irritantes paradoxos. No extremo limite, o discurso degenerado seria indiscernível de um titubeio já engolido pelo silêncio. O homem que, ao privar-se de toda mediação estética, pretende aderir às coisas, começa a gaguejar: ele próprio gorjeia com os pássaros e brame como o oceano. Ionesco e Beckett às vezes zombam dessa tentativa. Quanto ao realismo do imediato, este atingiria, caso rejeitasse toda estilização, a negação cínica da arte. Tolstói interroga-se: como o noturno do escritor se aproximará, corresponderá à própria noite? E pergunta-se qual relação poderia existir entre o esplendor de uma noite caucasiana e os caracteres que traçamos com a tinta sobre uma folha de papel: por um lado, as estrelas cintilantes, o brilho trepidante e os perfumes da noite, o imenso zumbido dos grilos noturnos, o coaxar das rãs ao luar, o murmúrio das torrentes; por outro, essas palavras traçadas com a pena, esses rabiscos negros sobre a folha branca... Não, o gesto de escrever não possui qualquer semelhança, nenhum denominador comum com a noite caucasiana! Debussy, por sua vez, escreve de maneira quase séria em *Monsieur Croche*: ver uma noite de verão é mais importante que ir ao concerto para escutar a *Sinfonia Pastoral*[8]... O artista joga com o imediato como a borboleta com a chama. Um jogo acrobático e perigoso! Para conhecer intuitivamente a chama, seria necessário não apenas ver dançar a pequena língua

---

8. "Prefiro as poucas notas da flauta de um pastor egípcio, ele colabora com a paisagem e ouve harmonias desconhecidas pelos tratados dos senhores... Os músicos só ouvem música escrita por mãos hábeis; nunca aquela que está inscrita na natureza. Ver o dia nascer é mais útil que ouvir a *Sinfonia Pastoral*." Ver C. Debussy, *Monsieur Croche e Outros Ensaios Sobre Música*, p. 52.

de fogo, mas desposar a partir de dentro o seu calor: unir à imagem a sensação existencial do abrasamento. À borboleta só é permitido se aproximar ao máximo possível da chama, roçar o seu calor abrasador e, literalmente, brincar com o fogo. Contudo, se, ávida de conhecê-la ainda mais, vier a penetrar, de modo imprudente, a própria chama, o que restará dela senão um punhado de cinzas? Conhecer a chama de fora ignorando o seu calor ou conhecer a própria chama consumindo-se nela, ser sem saber ou saber sem ser[9]: eis o dilema. É proibido reuni-los! Aquilo que é verdadeiro para o elemento ígneo não é menos verdadeiro para a água. *La Mer*, de Debussy, situa-se no limite extremo da música, nesse ponto em que a música se faz rumor... Todavia, o milagre – e esse milagre é também aquele da escrita e da arte em geral – é que a música, mais artista e, sobretudo, mais ágil que a borboleta, permanece como que suspensa por sobre o caos, pronta a se afundar na algazarra sem forma e na estupidez da trilha imitativa: a ponto de não ser nada mais, alcança *in extremis* o próprio reequilíbrio acrobático. É assim que, na suíte *Ao Ar Livre* (*Im Freien*)[10], Béla Bartók parece transcrever com bastante fidelidade o estertor dos bichos noturnos, o ranger dos ramos e o roçagar das folhagens: por instantes, não há mais que o rumor atonal da natureza animal e vegetal... No entanto, essa "antimúsica" está toda ela recoberta de um estranho mistério: trata-se do mistério inexplicável da música e da poesia. *A grande noite caucasiana*: essas

---

9. Jankélévitch aqui alude ao famoso dístico, por ele várias vezes citado (como, por exemplo, em *A Música e o Inefável*, p. 136, em *La Mort*, p. 28, em *De la musique au silence*, v. 1, p. 344, em *Le Je-ne-sais--quoi et le Presque-rien*, v. 1, p. 60 e no capítulo 5 desta entrevista), de Angelus Silesius: "Não sei quem sou. Não sou o que sei. / Uma coisa e uma não coisa, um pontinho e um círculo." Ver *O Peregrino Querubínico*, livro 1, n. 5.
10. Jankélévitch refere-se, mais especificamente, a "Klänge der Nacht" (Sons Noturnos), quarta peça da mencionada suíte. Tal peça também é abordada pelo filósofo em *A Música e o Inefável* (p. 83) e em "Le Nocturne", em *La Musique et les heures*, p. 247.

quatro palavras nos distanciam da própria noite, da ipseidade da noite, da noite "em pessoa" e, no instante em que nos distanciam, evocam-nos e sugerem a sua fugaz magia, provocam uma agitação interior, derramando em nós a inquietação característica à noite.

Por que o senhor evoca a música e a noite quando esperamos que emita uma palavra filosófica? Seria por uma espécie de prudência da intuição, prudência estranha ao filósofo, e bem própria, pelo contrário, ao poeta e ao músico? O senhor passa por mil desvios, coloca de reserva alguns lampejos, camufla-os sabiamente, com uma técnica da dissimulação que parece responder ao preceito de Baltasar Gracián: "Deve-se imitar o procedimento de Deus, que mantém todos os homens em suspenso."[11]

A dissimulação é, para Gracián, uma tática de guerra, uma feroz estratégia para o uso do homem da corte. Cobrir-se com uma "pele de raposa" quando não se pode servir de uma "pele de leão", eis um axioma político para o uso dos heróis de sucesso, príncipes e cortesãos, um axioma em conformidade com o espírito de uma época impiedosa na qual o fim justifica qualquer meio e artifício, a estratégia mais cruel, a astúcia mais cínica. Gracián elaborou uma defensiva e uma ofensiva, forjou as armas do *penetrante impenetrável*. Nisso, ao menos, ele se aproxima de Epiteto, esse escravo à mercê de um senhor desumano. Epiteto é livre interiormente de uma liberdade autocrática: a fortaleza interior, a cidadela inexpugnável do querer não são também imagens guerreiras que exaltam a onipotência do microcosmo pessoal? Pelo seu recolhimento no castelo completamente invisível, o "querer-próprio" escapa à violência do poder. No entanto, essa manobra clandestina não é exclusiva do estado de guerra. Se ela assume

---

11. "Imite-se, pois, o proceder divino para ser objeto de consideração e desvelo." *A Arte da Prudência*, p. 32.

em Gracián o rosto implacável do êxito ou em Epiteto o rosto também implacável do silêncio e da resistência, não está menos presente em cada um de nós ao longo de cada instante da duração. Uma parte de nós faz perpetuamente as suas manobras fora do campo das operações oficiais. O nosso desígnio profundo exprime-se sob mil máscaras, mil astúcias que às vezes o tornam irreconhecível: como Ulisses, fingimos dormir no momento de tocar o porto, como se quiséssemos nos proporcionar ainda um último desvio... A intimidade da interioridade não é uma caixa-forte na qual o avarento guardaria os seus pertences e o tesoureiro os seus tesouros; o seu segredo não se parece com a senha de nenhum cofre: é mais propriamente um mistério que se recobre de uma noite interior na qual projeta o seu clarão intermitente. Assim são as cintilações da entrevisão. A acumulação dos desvios atrasa e ao mesmo tempo torna mais pontiaguda a tangência com um segredo pressentido que se sussurra através da floresta das palavras nas quais o carregamos. Essa astúcia da escrita é extremamente desarmada para que seja confundida com a astúcia conquistadora e agressiva do jogador, do grande estrategista que calcula as suas chances, mede os pontos fracos do adversário, prevê todos os perigos, todos os passes e todas as réplicas possíveis. A astúcia da escrita é a expressão da nossa finitude: surpreende para iluminar, não para dominar; deixa os homens em suspenso, mas não promete nenhum reino. A sua tática é indireta como a sugestão, o seu jogo, ligeiro como a alusão; *alusiva*, mas não *lúdica*, é a sua maneira de evocar. Não subtrai nem dissimula: dá o que pensar.

No entanto, tudo jamais está verdadeiramente perdido. Basta esperar e saber que o senhor respeita o seu tempo. Isso porque, insidiosamente, o senhor parece prometer ao náufrago uma faixa de areia. O senhor reforça, obscurece os espinhos para, com a rosa que neles se esconde, comover com mais intensidade...

Essa rosa, porém, não fui eu que escondi! O tempo é o objeto por excelência da filosofia, um objeto que não é um "objeto", um objeto que não é nada, e que, no entanto, é alguma coisa: que é, portanto, quase-nada (*presque rien*). O tempo é alguma coisa que não é nada, mas que é tudo! Que é *tudo e nada*. Isso não quer dizer que seja intermediário entre o ser e o não ser (neste caso, seria uma estação equidistante no espaço), nem que seja não sei que mistura ou média entre os dois. Estaria ele, senão a meio caminho entre um e outro, pelo menos no caminho de um ao outro, sempre em marcha, como um móbil que se aproxima da sua meta? Não, ele não é nada disso! Então o que é, finalmente? Está abaixo ou acima de tudo? Imponderável, impalpável e invisível, infinitamente decepcionante, como todas as coisas verdadeiramente importantes. Não o podemos pesar, nem tocar, nem ver. Por outro lado, esse objeto tão ambíguo não é nem objeto nem sujeito... Ora, o tempo que tomo não só para desenvolver a intuição, mas para me desembaraçar de tudo o que é estranho a ela, esse tempo é por si mesmo o primeiro mistério filosófico. O tempo ultrapassou o trabalho preparatório da *catharsis*, do raciocínio e do discurso. O tempo já está aí, debaixo da lâmpada, sentado à nossa mesa. Ele já está aí, pensamento pensante em vias de pensar. Já está aí e, como o humor, já não está aí mais; por exemplo, nesse mesmo momento, ele escoa... Ironia das ironias! Santa petição de princípio! É no tempo que pesquiso o que é o tempo. Ou melhor (pois a preposição *em* é ainda por demais espacial): é *temporalmente* que medito sobre o tempo. O trabalho filosófico é um círculo no qual damos voltas sem fim, correndo atrás do tempo que foge. Objeto *preveniente, englobante*, objeto evasivo, rebelde a toda espacialização, objeto decepcionante, objeto que é ainda o sujeito! Estou envolvido nas tiras do tempo e de tal maneira que o ato pelo qual o abordo já se encontra no tempo. A tradição quer que o espaço e o tempo sejam as duas formas *a priori* da sensibilidade – e fala-se desse casal como se fossem dois irmãos gêmeos: o espaço e o tempo fariam um par como dois candelabros a ladear um pêndulo. Isso poderia ser chamado de ornamento da chaminé... Certamente, o espaço, assim como o tempo, envolve-me, mas no momento em que o converto em problema ou em espetáculo, o meu pensamento se torna exterior a ele, fazendo dele um objeto. Ao contrário, o pensamento está, de modo necessário e contínuo, no tempo; é, para ser mais exato, totalmente temporal, pois, se estivesse "no" tempo como um conteúdo no seu continente, mais uma vez transformaríamos o tempo em recipiente, isto é, em espaço! Pensar o tempo é cumprir uma viagem irreversível ao longo da qual é necessário que o pensamento se apreenda a si mesmo. Pensar o tempo é pensar reflexivamente a operação do pensamento, ainda que a intuição não se situe em realidade nem no desfecho do livro, nem na conclusão do discurso, nem no fim do tempo. Fazer da intuição um recinto privilegiado, lugar de prece e de adoração rumo ao qual todos os caminhos do pensamento convergem, condenar-nos-ia a uma espécie de mística dogmática. Eis a rosa que havia prometido a você, enfim, aqui está ela! Ora, essa rosa é para mim uma companheira fiel que se deve ao mesmo tempo preservar, esconder, merecer. Devemos continuamente desembaraçá-la dos seus espinhos, arrancar o que nos impede de respirar o seu perfume e apreciar as suas cores. A cada vez é preciso recomeçar... Companheira incessantemente reencontrada, incessantemente perdida. Assim será, num registro completamente oposto, o mistério da morte: não conheço melhor a morte ao fim da pesquisa que ao seu começo, não conheço melhor a morte ao fim da vida que ao início, pois o mistério que ela desperta não é uma coisa escondida em algum lugar, agachada em algum canto. Esse mistério é imanente à totalidade da pesquisa. Se essa rosa tivesse sido secretamente depositada num esconderijo, a pesquisa não passaria, de fato, de uma farsa, de um simples estratagema destinado a conduzir-nos ao porto, de uma pesquisa feita para dissimular. Ora, a terra prometida é uma terra eternamente comprometida!

3. A PRIMEIRA-DERRADEIRA VEZ

O senhor considera todo método como um estratagema, uma maquinação. O senhor desmancha todos os procedimentos racionais que pretendiam dominar o inapreensível e designar um termo para a busca do tempo: tal maneira – à la Penélope – de tecer e destecer sem descanso constitui o labor extenuante do seu pensamento.

Para se fazer de conta que se pensa o tempo, com efeito, cumpre imaginar mil estratagemas, que são, na maioria das vezes, estratagemas forjados pela linguagem. Nunca pensamos o tempo: o tempo não saberia ser o complemento direto do verbo "pensar", nem em geral o "acusativo" de alguma manipulação transitiva. Portanto, seria necessário falar do tempo como Plotino fala do inefável: recorrendo a uma metáfora, para depois destruí-la, e encontrar em seguida outra metáfora mais leve e em seguida ainda outra, e finalmente romper todas as metáforas umas contra as

outras e, a partir dos seus detritos, sugerir um não-sei-
-quê que é o horizonte do inefável. Poder-se-ia dizer do
tempo o que Gabriel Marcel diz a respeito de Deus (essa
não é simplesmente a divisa da filosofia negativa?): Falar
do tempo é falar de outra coisa. Do mesmo modo, falar da
morte é falar de coisas e de outros. Ninguém pode conceber o fim ou o começo do tempo, e aquele que o acredita
conceber e se obstina nessa crença fala, em realidade, do
fim ou do começo do mundo e sempre volta à cosmogonia.
Podemos imaginar o fim de um mundo que pereceria pela
água ou pelo fogo: dilúvio ou abrasamento, as opiniões
divergem a esse respeito; mas como se poderia representar o fim *do tempo*? Mesmo o fim da nossa galáxia não
seria o fim do tempo; mesmo se o último corpo celeste
viesse a desaparecer na conflagração universal, o tempo
continuaria a correr. O homem não estaria mais presente
para nomear os dias da semana e os meses do ano, para
dizer a esse domingo de verão: você é um domingo. Não
haveria mais relógios para contar o tempo nem calendários para localizar os anos e os séculos e localizar o tempo
presente: mas a temporalidade do tempo sobreviveria ao
aniquilamento de todos os calendários e de todos os relógios do universo. O homem é de fato temporal da cabeça
aos pés e em todas as partes: as suas rugas, os seus tecidos,
o seu sistema nervoso estão no tempo. O que digo? Até
mesmo os seus pensamentos sobre o tempo já são tem-
porais! Para dizer melhor: o homem inteiro é o tempo
encarnado, um tempo de duas patas, que vai, vem e morre:
assim, o homem não possui qualquer controle sobre o
tempo, só podemos substituir o tempo por algo que não
é ele, confundi-lo com os contadores sociais que são os
relógios e os calendários, confundi-lo com as coisas que
fazemos no tempo, isto é, com a historicidade e os eventos
que a preenchem. Os ritmos do tempo podem se acelerar
pelo efeito da técnica, mas a própria técnica não exerce
controle direto sobre o tempo; ela só pode medir, com os
seus metrônomos, os andamentos do tempo e os lapsos

de tempo da temporalidade, isto é, a velocidade. Portanto, ela reduz o tempo à parte compreensível e materializável da cronologia, em outras palavras, à duração minutada pelo cronômetro... Mesmo a luz, ainda que vertiginosamente rápida, não é onipresente e leva certo tempo para percorrer as imensidões cósmicas. A rapidez, por mais fantástica que seja, difere em natureza e por completo da instantaneidade, que é ubiquidade e atemporalidade; entre a velocidade da luz e a instantaneidade a distância é ainda infinita. Tal fração de tempo infinitesimal não é a assinatura de nossa finitude? O tempo é consubstancial ao nosso pensamento, à nossa existência, a todos os nossos atos, ele é a carne da nossa carne, a essência invisível do nosso ser e a quintessência invisível da nossa essência. A única coisa que podemos fazer não é arrancar um segredo nem mesmo um fragmento desse segredo, nem sequer o pensar, mas vivê-lo e revivê-lo sem cessar, desesperadamente. E, afinal de contas, se falar do tempo é o exercício impotente da nossa reflexão e, por consequência, o ato filosófico por excelência, isso ocorre na medida em que o exercício filosófico consiste em manusear o que não é manipulável, em delimitar objetos que não são objetos e que ninguém jamais circunscreveu nem sopesou, em colocar problemas que nem mesmo são problemas. A filosofia desdenha o problema que é simples obstáculo, coágulo, embaraço capaz de ser desembaraçado, dificuldade demarcável que surge no itinerário da meditação... Se o problema só fosse esse, poderíamos sempre resolvê-lo, contorná-lo ou eliminá-lo: a obstinação teria uma matéria; o esforço, uma resistência a vencer... A vigilância insone ligada à agilidade acrobática: eis o suplício ou, como teria dito Fénelon, a "cruz" da filosofia...

Tal obstinação a retomar o problema sem cessar, a perseguir sem trégua uma coisa continuamente perdida outra vez, é em certa medida uma doença crônica, aquela do homem doente pelo tempo.

É o próprio tempo que nos obriga a tal obstinação, devo assegurar-me sem cessar dessa evidência para que ela não se torne novamente ambígua: pois é o tempo que a subtrai de mim, com a sua fugacidade e irreversibilidade. A irreversibilidade não é uma propriedade do tempo: o próprio tempo é a própria irreversibilidade. Não há outra irreversibilidade que aquela do tempo e não há tempo que não seja irreversível! A irreversibilidade define-se como a impossibilidade da repetição, e esta implica a impossibilidade da confirmação. O irreversível leva o inapreensível ao seu ápice: uma vez que o devir (*devenir*) sempre se torna sem voltar a ser (*revenir*) e sempre progride no mesmo sentido, os recomeços são impossíveis e os arrependimentos, ineficazes. A segunda vez toma a sequência da primeira e é, portanto, outra, mesmo se não for nova, mesmo se repete a primeira vez de modo literal. O evento irreversível não deixa atrás de si senão uma imagem cada vez mais apagada, apenas um ídolo, um reflexo infinitamente duvidoso e, ao fim, nada mais... Como estaremos certos daquilo que roçamos uma única vez e por um único instante? Em seguida, como saber onde termina o escrúpulo justificado e onde começa a doença da dúvida? É assim que o maníaco, depois de ter colocado uma carta na caixa de correio, volta para ver se a carta não caiu da caixa ou se a caixa continua lá... E o pior é que as cartas às vezes se perdem, por mais precauções que sejam tomadas, e justamente porque são tomadas precauções em excesso! Acreditamos ter colocado a carta quando não a colocamos, acreditamos nos repetir quando ainda não dissemos nada, ou inversamente, acreditamos dizer algo novo quando não fazemos mais que repetir o disco. Deve-se, de fato, contar com o gênio maligno do esquecimento e da distração. O esquecimento não é *diabólico*? O tempo nos prega uma peça, como o gênio maligno de Descartes... O vazio do tempo: talvez seja esse o diabo do esquecimento! O ser temporal e finito não saberia pensar em tudo: a capacidade limitada do nosso espírito faz com que a atenção dirigida a uma coisa tenha por preço a distração e a inocência em relação às outras. A mais irritante, a mais amarga zombaria é, portanto, que o escrúpulo maníaco seja algumas vezes justificado! Algumas vezes os fatos não lhe dão razão, outras vezes sim, dão-lhe razão... Essa ambiguidade repousa na irreversibilidade do tempo, que faz de cada evento uma primeira-última vez, sendo a primeira vez também a última. Por um lado, cada *vez* é uma ponta aguda, única em toda a eternidade, e consequentemente incomparável, insubstituível, inimitável, inestimável, mais que raríssima: infinitamente precioso, o valor do único é, propriamente falando, incalculável; assim é o fato de ter sido, de ter vivido, de ter amado. Por outro lado, a coisa infinitamente preciosa torna-se, a longo prazo, infinitamente duvidosa se não for jamais repetida. Eis aqui a miséria da temporalidade e da mortalidade que confere um sentido profundo à repetição. Uma coisa que me disseram e que ninguém jamais repetiu é como se jamais tivesse sido dita: perde-se, lembrança indiscernível do esquecimento, nas eras remotas e na noite dos séculos. O acúmulo dos anos, no extremo limite, é capaz, por si só, de tornar incerto todo testemunho. Algo que ocorreu, mas uma única vez, ocorreu de verdade? Morei em Praga na minha juventude, todos repetem, garantem-me e confirmam-me que se trata da mais bela cidade do mundo; mas como nunca retornei à mais bela cidade do mundo, chego ao ponto de me perguntar: fui eu mesmo quem viveu em Praga? Era Praga? Era eu? Não confundi as minhas lembranças com aquelas de outro? E assim ocorre com tudo o que sucedeu uma única vez na eternidade e depois nunca mais! *Never more!*[1] O primeiro-derradeiro beijo, o primeiro e último encontro. Uma eterna dúvida recobrirá na sua mortalha de incerteza aquilo que jamais foi reiterado. Eis por que imploramos a oportunidade: uma vez mais, uma pequenina vez, por favor, uma humilde pequenina

---

1. Referência ao estribilho do poema *O Corvo*, de Edgar Allan Poe.

segunda vez para confirmar a minha afirmação, pois a verificação começa com essa graça da reiteração. O próprio Deus se dá duas oportunidades para gravar as tábuas da lei, a primeira vez é toda fragmento e esquecimento... A renovação continuada é, portanto, uma necessidade vital; essa rosa da qual falávamos deve ser a todo momento reanimada, despertada, reinventada, protegida contra os perigos e as negações; essa rosa da lembrança está a todo momento a ponto de murchar. Ela não promete um desenlace, não marca o advento de uma vida nova: *hic incipit vita nova* (aqui começa a vida nova), anunciavam aqueles que foram tocados pela graça. Ora, aqui não se trata nem de graça, nem de desfecho, nem de luz fundadora; a verdade que se descobre está no movimento e no perpétuo recomeço.

Se, para o senhor, não se trata de luz fundadora, se falta toda consistência original, pode-se dizer que no princípio da sua filosofia está a decepção: não acidental, não poupável, não consolável. Essa rosa incessantemente reencontrada, incessantemente perdida outra vez, não é uma das figuras da decepção e o emblema da finitude?

É justamente pela decepção que o homem experimenta a fraqueza do tempo e a própria impotência em dar uma sequência ao instante bendito. E depois? – pergunta-se o desiludido que teria desejado eternizar o minuto venturoso, tirar partido desse clarão para inaugurar uma nova era. Como fazer para que a vida seja embelezada e transfigurada duradouramente, para que tudo seja novo e verdadeiro, para que tudo recomece hoje com essa maravilhosa primavera do nosso segundo nascimento? "Agora viveremos", canta Ulisses quando se depara, enfim, com a sua Penélope. Ambos viverão, mas, infelizmente, cai a cortina: pois aí se detém a ópera de Fauré. Nunca saberemos o que foi essa *vita nova* que os amantes se preparavam para viver. No entanto, ninguém nos impede de imaginar o dia seguinte e o dia após o dia seguinte dessa grande festa: uma vez reinstalado em seu palácio de Ítaca, eis que Ulisses cessa de contar suas aventuras, fica distraído, taciturno, não toma mais a sopa preparada pela esposa; a ruga da consciência preocupada lança uma sombra sobre sua fronte e obscurece a inocência da sua alegria. É evidente que Ulisses saciado pensa em outra coisa... Em que pensa Ulisses? Em Calipso, a bela? No poder encantador das Sereias? Não, ele não pensa em nada de particular; aquilo que lhe falta é algo de outro, que o retorno ao mesmo tempo consagra e extingue: é a infelicidade da felicidade suprema, que é uma infelicidade metafísica, e é a tristeza da alegria, que é tristeza imotivada. Ulisses lamenta o instante em que entreviu confusamente Ítaca, o instante no qual a ilha da sua esperança ainda hesitava entre a inexistência e a existência. O lamento, evidentemente, é pura loucura. Mais louca ainda será a nova partida que se trama nessa decepção sem causas. A primeira odisseia do retorno à terra natal era racional em comparação com a segunda odisseia, aquela que nos conta Kazantzakis, o segundo Homero, e que é a louca odisseia do exílio voluntário, da errância no infinito e da morte. Errância sem meta, partida sem causas, infelicidade gratuita! Ai de mim! Foi dito que o nosso tempo de paraíso não devia se prolongar muito, que esse clarão não passaria de um corte súbito e fugidio no céu nublado do nosso destino. Digamos que a alegria-clarão, a alegria-centelha seja uma espécie de tangência, um afloramento e, em seguida, nada mais! O ponto de tangência é efetivamente um ponto na ponta de uma ponta, mas se o homem pode atingi-lo, não pode se manter nele; o instante não dura mais que um instante, isto é, ele não dura. A tangência imponderável já está longe de mim! Algumas vezes me acontece, enquanto dou o meu curso, de desejar anotar uma ideia que me vem ao espírito, sugerida pelas palavras e associações; mas o tempo urge, só posso rabiscá-la às pressas enquanto continuo a falar, e, assim, ela permanecerá ilegível para mim. Perco, portanto, muito tempo tentando recapturar a ideia em fuga... Na maioria das vezes, a ideia fugidia se perdeu para sempre. Sem dúvida, quanto à ideia perdida, não valia a pena que a buscássemos com tanta ansiedade: não é porque ela é genial que a buscamos, mas, sem dúvida, porque a buscamos e porque ela se perdeu que ela parece ser, *a posteriori*, tão original! De todas as maneiras a lamentamos. E dizemos a nós mesmos: aquele que tiver tempo, presença de espírito e sangue-frio necessários para anotar uma ideia no momento em que ela lhe ocorre disporia de uma força imensa, quase infinita. Assim, corremos desesperadamente atrás da ideia que nos escapa e ficamos esbaforidos como aquele que corre no encalço de uma amiga perdida para juntar-se a ela, para retê-la, para fazê-la retomar o caminho. O tempo nos torna ofegantes porque a ideia é ocasião fugaz e também porque a ocasião nos aflora com um toque leve, levíssimo, leve como um leve sopro. Os estigmas cuja tangência, segundo se diz, marcou São Francisco parecem grosseiros frente à ocasião; esta é apaixonante à maneira de uma nostalgia antecipada, porque a ocasião é breve como um sonho e nunca mais será reproduzida; porque a ocasião se assemelha, enfim, àquela passante de Baudelaire, àquela desconhecida que nunca mais veremos de novo:

> Um relâmpago e após a noite! – Aérea beldade,
> E cujo olhar me fez renascer de repente,
> Só te verei um dia e já na eternidade?
>
> Bem longe, tarde, além, *jamais* provavelmente!
> Não sabes aonde vou, eu não sei aonde vais
> Tu que eu teria amado – e o sabias demais![2]

---

2. "Un éclair... puis la nuit! – fugitive beauté / Dont le regard m'a fait soudainement renaître / Ne te verrai-je plus que dans l'éternité? // Ailleurs, bien loin d'ici! trop tard! jamais peut-être! / Car j'ignore où tu fuis, tu ne sais où je vais / Ô toi que j'eusse Aimée, ô toi qui le savais!" Segunda e terceira estrofes do soneto "À une passante" (A Uma Passante). *As Flores do Mal*, p. 236.

4. A FADA OCASIÃO

Como um jogo com o inapreensível, o exercício filosófico não somente exige de nós uma disponibilidade quase sobrenatural, mas nos priva da prorrogação que garante a segurança do pensamento e do discurso. Além do mais, esse jogo com o inapreensível não é somente o ato da filosofia, posto que é a própria vida que condena o homem a esse estado de improvisação permanente. O senhor escreveu: "Diante dessas constelações instáveis e sempre modificáveis, que, como a própria 'atualidade', fazem-se e desfazem-se sem cessar, o homem estaria desarmado se não tivesse o poder de responder 'de improviso'."[1]

Para captar a ideia em voo, para ficar à espreita da ocasião oportuna e vigiar a urgência do instante, é necessário um misto de vigilância e leveza, de decisão e abandono.

---

1. V. Jankélévitch, *Liszt: Rhapsodie et improvisation*, p. 108-109.

Quintiliano chama de *mobilitas anima* essa prontidão de espírito que nos permite apreender ao longo do próprio fato a conjuntura flagrante. É necessário ser tão vivo quanto a própria sorte... Na continuação das aparições a desaparecer, a intuição fica à espreita, efetivamente, das fraturas privilegiadas que são eventos privilegiados. "Deve-se atravessar o vasto curso do tempo para chegar-se ao centro da ocasião", escreve Baltasar Gracián[2]. A duração se prolonga, assim, no rastro dos eventos, dos acontecimentos repentinos que propulsionam o devir e fazem advir o porvir (*advenir l'avenir*); a novidade pode assim dissolver-se a cada instante. A ocasião é para nós uma oportunidade de realização, de conhecimento ou de amor. Contudo, para que haja encontro, é necessário ser dois: a ocasião depende simultaneamente do momento do acontecimento e das boas disposições de uma consciência que oscila entre a verve e a secura, entre os momentos inspirados e os áridos. Mais breve a passagem desse meteoro em nosso céu, mais acrobático o esforço da consciência que o intercepta em pleno voo. Em qual momento coincidirão o acontecimento de um segundo e a ágil consciência, a consciência aguda? É necessário estar a postos, estar à espreita e pular como faz o caçador que captura uma presa ágil. Presa ou presente, o instante ocasional é uma oportunidade infinitamente preciosa que não se deve deixar escapar. O acontecimento pode durar bem menos que uma manhã, menos que uma hora, menos que uma fração de segundo; por vezes, o acontecimento se realiza no toque das pálpebras... Devido à sua constituição tosca, o grande metazoário pensante está feito para a continuação vegetativa do intervalo, muito mais que para o pestanejar do instante[3]. Seus sentidos são embotados:

---

2. "É mister caminhar pelos espaços do tempo até o centro da ocasião." *A Arte da Prudência*, p. 55.
3. É constante no pensamento jankélévitchiano, seja na sua ontologia, seja na sua filosofia moral, seja na sua estética musical, a oposição entre o *intervalo* e o *instante*, capaz de articular a singular concepção

assim, está condenado ao hebetismo, aos pensamentos grosseiros, lentos e pesados. Como não lhe custaria se reunir à fina ponta aguda de si mesmo? A tangência entre um ato infinitamente sutil e um acontecimento infinitamente delicado não supõe uma precisão inaudita e uma coincidência quase milagrosa? O tardígrado humano nem sempre terá o *esprit de finesse*[4] necessário para obter sucesso em tal fim. A ocasião não é somente fina, mas instantânea; não somente instantânea, mas irreversível. A ocasião, ao menos no seu frescor primeiro, não nos será renovada, e tal unicidade explica o seu caráter ao mesmo tempo pungente e apaixonante. A ocasião aguda não comporta nem precedentes nem reedições, não se anuncia por sinais precursores nem sobrevive uma segunda vez; não se pode preparar para ela nem a recapturar *a posteriori*... Pressionada entre o ainda não e o não mais, ela exclui o repetitivo caráter secundário das

de tempo do filósofo. Por um lado, o intervalo, afim à duração (*durée*) bergsoniana, remete à continuidade do tempo prosaico, como sucessão homogênea de momentos. Por outro, o instante é uma espécie de "ponto" que irrompe na continuação do *intervalo*, uma "centelha" inapreensível que brilha enquanto se apaga (um "aparecer a desaparecer"), uma ocasião oportuna (*kairós*) irrepetível e infinitesimal (quase-nada), tangenciada pela intuição, pelo ato de criação, pelo exercício espontâneo da caridade e, até, pelo encontro com a morte, que, destituído da inefabilidade dos instantes fecundos, elimina por completo a possibilidade de retorno ao *intervalo*. Para um aprofundamento de tal distinção, indicamos a tese de doutorado de Vasco Baptista Marques, *O Tempo na Metafísica de Vladimir Jankélévitch*.

4. O entrevistado aqui retoma a conhecida expressão de Pascal, *esprit de finesse* (espírito de *finesse*), geralmente apresentada em oposição ao *esprit de géometrie* (espírito de geometria). Trata-se de dois modos de raciocinar por princípios, assim como o *esprit de justesse*, que se distinguem por seus métodos e campos de estudo. Enquanto o "espírito de geometria" lida com princípios que não se apresentam aos sentidos e, por vezes, desafiam o senso comum, como ocorre no âmbito da matemática, o "espírito de finesse" dirige-se a princípios familiares, que não se organizam por via dedutiva, como ocorre no âmbito da vida e do conhecimento do ser humano. O caráter impalpável, delicado e indemonstrável dos conteúdos abordados pelo "espírito de finesse", assim como a sutileza própria a tal modo de reflexão aproximam-se, notoriamente, ao "objeto" de estudo e ao método jankélévitchianos.

reiterações, como a sua imprevisibilidade e a sua irracionalidade excluem a antecipação! O momento oportuno sem o qual a ocasião nos escapará é o momento oportuno de um relâmpago, de um agora incandescente surpreendido pelo fato, de um instante tão fugidio que o próprio segundo no qual dele falo já está longe de mim! A estrela cadente não nos deixa muito tempo para formular um desejo: não nos alerta com muita antecedência a sua passagem e, no instante seguinte, já terá mergulhado no céu negro da noite de verão. Antes é muito cedo e depois é muito tarde! Como mirar no momento exato? Como recair sobre a aparição oportuna? Maquiavel, nas suas poesias alegóricas, invoca os seres mais instáveis, os mais opostos ao peso e à rigidez do destino: a Fortuna, deusa inconsistente e ondulante, a Ambição, mãe da violência audaciosa, e a decepcionante Ocasião, *Kairós*... "Por que não descansas de modo algum? Por que teus pés têm asas? Por que te moves sobre uma roda sem cessar?" É assim que Maquiavel interroga Ocasião. E a fada Ocasião responde a Maquiavel: "Enquanto perdes teu tempo a me questionar, já escapei das tuas mãos." No entanto, Ocasião nos dá a mão, se assim podemos dizer, e é isso o que Maquiavel se esquece de acrescentar. Oh, Inapreensível, suspende o teu voo! No entanto, o Inapreensível não suspende seu voo. Inapreensível faz ouvidos moucos. Sem dúvida, teria podido responder: "Eu fujo tão depressa quanto a andorinha, mas aqui estão os meus cabelos que flutuam ao vento como uma auriflama. Agarra-me pelos meus cabelos!"[5]

"Vá depressa, leve cardador de cometas", prescreve Tristan Corbière[6]... *Todavia, essa regra do improviso não corre o risco*

---

5. Maquiavel, *Capítulo da Ocasião*. A Vettori, 4 e 25 de fevereiro de 1513 (Cartas Familiares, Florença, 1883, n. 331-332, 341, 356). Passagens citadas por Jankélévitch em *Le Je-ne-sais-quoi et le Presque-rien*, v. 1, p. 140.
6. Primeiro e último versos do poema "Petit mort pour rire", da coletânea *Les Amours jaunes*.

de minar a paciência que também reclama o pensamento e de agravar a imagem de um homem manobrado pelo tempo?

A ocasião não é somente um favor imprevisto do qual se deve saber lucrar e que deseja almas perfeitamente disponíveis para a graça ocasional do improviso: é também algo que a nossa liberdade busca e, se for preciso, suscita. Se a ocasião é uma graça, a graça supõe, para ser recebida, uma consciência em estado de graça. Tudo pode se tornar ocasião para uma consciência inquieta, capaz de fecundar o acaso. É a ocasião que eletriza o gênio criador, pois a ocasião é o eletrochoque da inspiração, mas assim o é para o gênio criador que a encontra: em lugar de ser um acontecimento mudo, torna-se uma ocasião rica de sentido. E é justamente essa causalidade recíproca, essa relação paradoxal do efeito-causa à causa-efeito, essa contradição da *causa sui* que concede à improvisação a profundidade de um processo criador. A improvisação não é somente uma operação prematura, uma manobra *in extremis*, trancada e terminada descuidadamente. Ela designa ainda o mistério do parto mental, é o começo do começo, o primeiro passo da invenção criadora a partir do nada da folha branca, a partir do amorfo e da palavra balbuciante.

Deve-se então distinguir dois modos de improvisação: um primeiro que manifesta a reciprocidade da ocasião e da consciência poética e um segundo que se contenta em simular e arremedar esse elo com a ajuda de artifícios ensaiados.

A improvisação, de fato, não passa com frequência de uma extemporaneidade especiosa, uma trapaça, uma disponibilidade impostora, uma aventura para dissimular realizada na moldura de fórmulas já prontas. O falso aventureiro e o falso improvisador parecem-se ao milionário desalinhado que se disfarça de mendigo e, por enfado, brinca de selvagem e mora numa carroça. O falso improvisador, o falso aventureiro que faz *camping* são ambos os cavaleiros da impostura e do "pseudo". Admiramos o improvisador, imaginamos penetrar no laboratório do gênio e escutamos, com o coração palpitando, seus falsos segredos, como escutaríamos o próprio Deus a criar o céu e a terra... Acreditamos surpreender a germinação da ideia a partir da bruma e do barro originais e, em seguida, acreditamos assistir ao próprio jorrar da novidade, ao nascimento de uma obra que se elabora diante de nós. A música em especial, arte hermética, pode trapacear e blefar sem se envergonhar: tomamos como criação absolutamente pura o que é uma simples recitação de escola e um rosário de estereótipos diligentemente repetidos e rearranjados. Os tratados de improvisação ensinam, afinal de contas, a *arte-de-parecer*. Como parecer "criar" quando nada se cria? Isso está ao alcance de todo mundo agora que a "criatividade" corre as ruas, ensurdece-nos com as suas vociferações e figura até mesmo nos programas ministeriais. É o grande festival dos trapaceiros. O órgão favoreceu em muito esse embuste. Enquanto o piano é um instrumento ingrato que acaba, mais cedo ou mais tarde, pondo à mostra o nada do pensamento, tudo conspira a fazer do órgão um instrumento aparentemente sobrenatural: a majestade do seu habitáculo, a profundidade grandiosa de uma sonoridade da qual o homem não parece ser o autor e que parece descer do céu, a diversidade dos registros da qual basta algumas vezes variar a combinação para que o ouvinte tenha o sentimento da profusão e da criação continuada. O organista, com a sua criatividade, empoleirado lá no alto assemelha-se a um Demiurgo. Tudo isso facilita ocasionalmente o blefe e pode, em certos casos, contribuir para a inflação do pensamento ou fazer as vezes de uma inspiração indigente. No órgão, aquele que nada tem a dizer parece transbordar de intenções profundas e comunicar uma mensagem transcendente com a qual não possui, no entanto, senão uma relação indireta. Quanto ao orador, cujas palavras parecem voar como uma esquadrilha de pássaros e que capta o menor sinal da musa, não é também ele um farsante? Esse homem em transe aplica receitas, esse inspirado anda em círculos e salta indefinidamente sobre si mesmo... A verdadeira criação é um mistério impalpável que faz rebentar toda convenção e torna toda receita supérflua e irrisória. O mistério humildemente oculto no santo dos santos do gênio faz rebentar subitamente a sua evidência maravilhosa e desconcertante. Por uma vez atesta – oh, milagre! – que alguém tem algo a dizer. Os tagarelas conhecem a arte de dizer sem ter *nada a dizer*: mas um dia alguém diz a palavra criadora e, ao dizê-la, demonstra retrospectivamente que tinha algo a dizer. Ora, ele dizia essa palavra inocentemente: e é apenas no futuro do presente composto que uma nova evidência e um novo estilo *terão aparecido*, pois o criador não pode criar senão na perfeita inocência! É tocando a cítara que se torna citarista, e é no movimento inocente da inspiração que o homem se torna poeta: pois o poeta é aquele que faz e segue a via direta sem olhar a si mesmo.

O seu pensamento parece repetir o momento sublime da queda de Ícaro pintada por Bruegel: o senhor prefere ainda e sempre o instante alado ao sulco do intervalo... No entanto, o intervalo humilde, linear e plano não é somente o lugar no qual o relâmpago fracassa. Ele é também o solo, a espera, o trabalho que prepara, sem promessa, o momento da iluminação.

A criação, depois de acabada, é oprimida, ou melhor, sufocada, abafada pela coisa criada e pelas imitações que suscita. Com frequência, o criador incita, pela sua iniciativa, tal degenerescência, pois é tentado a imitar a si mesmo e, consequentemente, a se repetir. Trata-se do perigoso momento a partir do qual o gênio se torna o profissional das invenções geniais: o gênio começa a "exagerar" e excede, em benefício da clientela, na própria originalidade. Prokofiev, gênio inocente se jamais houve algum, começa a *fazer-se de Prokofiev*! É a consciência que mumificou e finalmente assassinou a inocência. No entanto, como seria possível construir uma obra sem a consciência da obra e de si? A ocasião precisa da consciência que a colocará em fuga... Tal contradição não é uma verdadeira tragédia? Para não cair nem no silêncio estéril nem na aplicação automática das fórmulas, dever-se-ia ser um acrobata! É por isso, com efeito, que o momento precioso, que o dom divino da inspiração deve recuperar novamente o apoio sobre a linguagem: não podemos separar esse momento precioso e inconsistente do automatismo da língua que nos propõe as suas associações, as suas constelações, a muleta da sua retórica, a perenidade da sua lógica sonora. Além disso, a espécie de pudor que experimentamos ao falar de "inspiração" prova até que ponto é crítico e escabroso esse elo entre o instante frágil e a sua objetivação na obra. A divina ingenuidade da criação é ameaçada em duas frontes: por um lado, é mortificada pelas representações religiosas que fazem dela uma transcendência ou um sopro vindo do alto; por outro, é comprometida pela concepção romântica do gênio que, repudiando a diligência do ofício, gera o amadorismo. Assim se justifica, por exemplo – fato bem conhecido –, o modo provocante empregado por Valéry para falar do seu trabalho de poeta: a minha inspiração é o meu labor cotidiano, a minha inspiração é sentar-me todas as manhãs à mesa de trabalho com a minha pena, diante da folha em branco... Também Ravel dizia algo do gênero, sem dúvida em tom de desafio e com uma pitada de humor: quando alguém se extasiava com a longa frase do *Adagio* do *Concerto em Sol Maior*, maravilhosa efusão na qual é a própria continuidade da inspiração que parece cantar e se desenrolar para nós, Ravel pretendia paradoxalmente tê-la adornado como uma marchetaria. Uma marchetaria, esse canto da alma que parece brotar inteiro de um único fluxo? À parte a intenção um pouco provocativa, Ravel se apegava ao seu ofício e à sua reputação de artesão, ainda que guardasse certa afetação nessa atitude. Não há escândalo em reivindicar assim os direitos da técnica! Até mesmo Liszt encontra-se nessa situação: nós o imaginamos de bom grado ao piano, com os dedos passeando ao acaso sobre as teclas, sujeito às aflições da inspiração, à espera da graça do dom divino, muito embora também ele precisasse organizar minuciosamente o que havia começado por uma visão fugidia. A ordem viva da improvisação encontra na escrita um segundo nascimento, quase tão borbotoante quanto o primeiro, e a promessa de uma surpresa sempre renovada. A intuição não deixa de repercutir sobre as palavras, de levantar novamente o seu voo a partir de uma assonância involuntária, de uma aliteração, de um trocadilho. O caráter fortuito do jogo de palavras não é um acaso gratuito, mas, sim, algo inerente à própria matéria poética. Talvez a linguagem prosaica do cotidiano não funcione de outro modo: se tivéssemos tempo para nos ouvir falar e para compreender o que então se passa, assistiríamos a uma alternância de improvisações e de entorpecimento; veríamos que, na mesma frase e durante os mesmos minutos, brilhamos com mil luzes para, em seguida, recairmos na sonolência... Continuamos então a falar em virtude do movimento adquirido e sem pensar em nada: o discurso então prossegue por si só obedecendo à lei da inércia. No entanto, tal psitacismo do orador cansado e essa repetição da máquina recarregada devem ainda possuir um sentido, já que ninguém ri disso!

Durante os seus cursos, o senhor começa a falar suave e lentamente, olhando as suas anotações, e depois, de repente, o senhor se põe a falar com rapidez e voz forte, sem mais lançar os olhos sobre os seus papéis... Como se, na ausência do que Aleksandr Blok chamava de "espírito da música", nada pudesse de fato começar.

... Se é que seja necessário invocar o meu exemplo como professor, que é um pouco ridículo! Momentos felizes todos têm; e nesses momentos algo nos invade que se parece com a alegria. Fora desses raros e preciosos momentos, desses minutos poéticos, não há nada além de desertos de aridez e secura: e estas são – que pena! – as horas mais longas, mais numerosas. É a sessão sem verve e sem inspiração, ou melhor, é a miséria, a miséria da vida cotidiana... A secura enfada. O orador não adere mais ao seu discurso, o contato com o auditório é rompido. Todos se entediam: o professor, os alunos, o bedel, o relógio que não para de contar os minutos. Todos se achatam na prosa. Um compositor que improvisa a sós ao seu piano tem todo o tempo para titubear, para soletrar os sons sobre as teclas; ele não se apressa, recorrendo a algumas frases vazias e a alguns compassos à toa, esperando que a inspiração decida despertar. Isso se chama temporizar. No entanto, aquele que fala diante de um público não pode, nos períodos estéreis, esconder as suas hesitações, o vazio do seu pensamento, o esgotamento da sua palavra, as fórmulas mortas. Contudo, um olhar lançado sobre ele, uma reminiscência fugaz, uma palavra algumas vezes basta para fazer do orador um Lázaro ressuscitado. As palavras deixam de destilar o seu conforto e a sua lengalenga: trata-se de uma nova partida e de um novo nascimento. Nos momentos de indigência, a voz se parte, abafa-se. A afonia não é uma renúncia a toda comunicação? Quando impelida por esse "espírito da música", por essa firmeza, por essa confiança que faz parte da alegria, então a voz transmite a mensagem de maneira fluida e sonora. O pensamento recoloca-se em marcha e retomamos a direção da linguagem; graças a Deus não estamos mais a reboque: agora somos nós que, por algum tempo, comandamos o navio... Cada um, de quando em quando, inventa e cochila; o cochilo é o ímpeto que repousa, para logo jorrar de um lampejo mais claro e mais ardente. O peso das fórmulas nos é, de fato, necessário: mesmo os ciganos, músicos exilados de toda lei, apoiam-se nesses arquivos orais que recobrem talvez a música russa e representam secundariamente, à margem do imenso folclore eslavo, a tela de fundo dos seus hábitos e das suas tradições. Aqui é a ausência de tradições que é a tradição! O improvisador, se não for propriamente falando o intérprete de um canto popular e o herdeiro de um legado, emprega, no entanto, formas e fórmulas, particularidades estilísticas e instrumentais, uma escala reconhecível entre as demais. E, sobretudo, a música cigana é uma maneira de tocar, com o exagero das nuanças, os caprichos da polirritmia, o reino do *rubato*. Música nômade, música da verve fantástica e da incoerência, música dos pobres... Rimsky-Korsakov e Mussórgski escutavam avidamente essas peças inspiradas, assim como escutavam as peças dos pobres judeus tocando violino nos pátios das casas de São Petersburgo ou cantando nas sinagogas. Mussórgski, que encontrava compensações para o ofício graças ao único instinto criador, é a mais pura e surpreendente encarnação do gênio: reúne em si a ciência dos doutos (onde e quando a aprendeu?) e o dom profético de Nikolka, o inocente. Oficial de origem, pouco conhecia os *gradus ad Parnassum*[7], a disciplina e as classes dos conservatórios. Assim, constitui por si só uma sublime exceção: Mussórgski é a criação em estado puro e reduzida ao seu único recurso criativo, o gênio reconduzido à única centelha. Nele e por ele, entretanto, a improvisação é fundadora, isto é, marca época e renova toda a música. Se pudéssemos saber como a "Serenata" dos *Cantos e Danças da Morte* cantou pela primeira vez em sua alma, se pudéssemos compreender o que sucedeu na história da música no dia em que Modest

---

7. Em referência à morada mitológica das musas, a expressão *gradus ad Parnassum* diz respeito às etapas necessárias para a aquisição de uma técnica sólida e refinada, nas diferentes artes. No campo da música, a expressão foi utilizada como título da renomada coleção de estudos para piano de Muzio Clemente, à qual Debussy alude, de modo irônico, em "Doctor Gradus ad Parnassum", a primeira peça da suíte *Children's Corner*.

Petrovitch escreveu o grande monólogo de Bóris Godunov no segundo ato, então tudo saberíamos sobre o grande mistério dos princípios; então saberíamos tudo sobre o mistério da *asseidade*[8] e da espontaneidade criadora.

---

8. Característica especificamente divina que concerne à completa independência de Deus em relação a todas as coisas, seres e elementos. Em outras palavras, a divindade não deve sua existência a nenhuma causa externa, mas a contém em si mesma. Portanto, nessa passagem, o conceito apresenta-se como metonímia de Deus.

5. BALBUCIENDO

À metáfora do sopro que acentua a espontaneidade subjetiva da inspiração, o senhor prefere a metáfora da centelha, que evoca um encontro ao mesmo tempo surpreendente e harmonizado da interioridade com o mundo.

Certos instantes privilegiados são, de fato, como a centelha que fagulha de duas pedras. E esse choque pode ocorrer em qualquer momento, em qualquer lugar, ao contato com a coisa mais humilde. Talvez a genialidade seja, em alguns casos, a excepcional velocidade com a qual o homem apreende a centelha no seu próprio voo: quando se trata de surpreender a centelha, a genialidade e a celeridade tornam-se uma coisa só... No entanto, deixamos escapar a centelha da aparição a desaparecer, seja por preguiça ou negligência, seja por lentidão ou, algumas vezes, até mesmo por timidez... Aquilo que distingue o "criador" dos outros homens não é a abundância dos recursos interiores: a opulência isoladamente nos condenaria a administrar o nosso patrimônio, a acumular, a tesaurizar e, por conseguinte, a gerir e a cultuar o ter. Ora, o que importa é algo de outro, escondido não se sabe bem onde, é o impalpável da intuição veloz, sem a qual os recursos dos quais dispomos permaneceria letra morta. Também é verdade, ao revés, que essa mesma celeridade de nada serviria sem o capital das lembranças, sem os sedimentos que, secretamente, a experiência da vida e das leituras depositou em nós. Contudo, caso insistíssemos em saber o que seria mais decisivo, o ter inerte ou a velocidade das associações, teríamos de responder: não se trata da aquisição nem da matéria interior, mas, sim, do relâmpago fugidio. Remexemos essa matéria feita de lembranças eruditas como sovamos uma massa... Ora, os maiores gênios possuíam apenas uma cultura bastante parcial à sua disposição: o mundo por eles gerado era o mundo dos pobres. Sob esse aspecto, Mussórgski é tão indigente quanto os mendigos de Bóris Godunov. Mussórgski não conta com ricas tradições, nem com o denso passado impregnado de tradições que, pouco a pouco, formaram a cultura ocidental. Todos esses tesouros acumulados, todos esses aluviões da história carregam e sustentam, de modo invisível, o ímpeto da invenção. No extremo limite, somos ricos o bastante para falar unicamente por meio de citações... É tão venerável essa terra enriquecida pelas cinzas dos nossos grandes ancestrais que desejamos nos ajoelhar para beijá-la! Se não me engano, era Tchaadaiev quem se expressava assim... Mas esse fundo ou essa aquisição não é o elemento necessário e suficiente para a criação, uma vez que não é o seu princípio motor e vital. É necessária outra coisa, é necessária a centelha da intuição. Quando se trata do humor, a centelha assume a forma de uma tirada do espírito, e a acuidade dessa tirada não se deve à própria palavra, que é sempre embotada e mais ou menos espessa, mas à hora justa, isto é, novamente ao *Kairós* e ao acontecimento oportuno, ao momento em que irrompe… Momento propício ou intempestivo! Um simples nada é o suficiente para abortar a tirada mordaz: basta uma repetição desajeitada e indiscreta para que a frágil inocência do humor seja destruída, exterminada, assassinada. No entanto, é necessário que as palavras se entrechoquem para que fagulhe a centelha do trocadilho: a linguagem já deve estar presente para que possam ricochetear, numa analogia fortuita e numa feliz coincidência, os achados aéreos do jogo de palavras. Qual é a parte devida às palavras, qual é a parte devida ao instante ocasional nessa exploração da linguagem? Os frutos da ocasião dependem do *esprit de finesse*, dependem do dom dos deuses… E esse dom, do que se trata? Trata-se da celeridade, dessa relação aguçada, ofuscante e incandescente como o relâmpago entre o tempo e o espaço e entre o homem e o tempo. A velocidade é leveza: assim é a divina leveza que implica o perfeito ajuste às circunstâncias, o dom do instante, o sentido da Ocasião. De resto, os relatos e mitos que tecemos em volta do "criador genial" denunciam o desejo algo pueril de conceder um peso e uma perenidade à aparição a desaparecer. Conservamos, de modo piedoso, o porta-penas do grande escritor, meditamos interminavelmente sobre o menor dos seus rabiscos, tentamos localizar nas relíquias o segredo da sua inspiração, ler na sua escrita e nas curvas das suas maiúsculas a marca do gênio, como buscamos na mão do pianista, nos dedos dessa mão e nas falanges desses dedos o mistério de uma virtuosidade inspirada… Essas buscas supersticiosas tentam dar substância ao ímpeto impalpável: são para a invenção o que as práticas funerárias são para o sopro do instante derradeiro. Trata-se de um empreendimento de petrificação. O marmorista encerra sobre a mensagem a cobertura de um habitáculo eterno.

O senhor não encontra nem procura o caminho, o exercício ou a ascese que permitiria atingir aquilo que escapa e vigiar aquilo que falta.

É certo que o homem deve ter confiança, mas em plena inocência. A confiança inocente não é a consciência bem precavida; a consciência não é a complacência. Aquele que possui certo excesso de consciência quanto aos seus próprios recursos, que se fia a eles, dizendo: "rico como sou, com todo o meu patrimônio e saber, tenho direito a tentar a minha sorte", está fadado a experimentar uma amarga decepção e uma queda cruel. E quanto mais você contar com as próprias riquezas, mais você estará na penúria. O milionário definha, desoladamente, sobre o seu punhado de ouro. A pretensão que reivindica o seu direito substituiu a intenção que se abandona à graça. Ninguém, na verdade, tem direito a esse cintilar misterioso e imprevisível de uma luz que se ilumina apagando-se. Ninguém tem direito à centelha...

É essa a razão pela qual as palavras que norteiam a sua filosofia não pertencem ao fundo da filosofia clássica, mas antes ao registro da devoção e, até mesmo, ao repertório incandescente da mística.

Mas onde encontrar palavras para designar o que é traço inapreensível, signo equívoco, instante, brisa leve? Não seria preciso que as próprias palavras se transformassem em estrelas cadentes? Quanto a esse quase-nada que de modo invisível nos transforma e, no entanto, permanece irredutível a toda descrição, como poderíamos abordá-lo senão com a ajuda de palavras errantes? Lázaro, no admirável relato de Leonid Andreiev[1], retorna à morada dos vivos após haver passado três dias no reino dos mortos. Ele foi cuidadosamente limpo, perfumado, vestido de trajes de festa... No entanto, paira nele algo de inexplicavelmente longínquo, algo que não diz respeito nem à insistência de uma lembrança nem à perenidade de um traço impresso sobre o corpo, mas que para sempre o isola, separa-o dos demais: essa coisa indefinível é uma barreira invisível entre

---

1. Esse exemplo literário é citado pelo filósofo em *L'Irréversible et la nostalgie* (p. 91), na seção dedicada ao tema da ressurreição (cap. II, seção 3).

o ressuscitado e os vivos... Ninguém é capaz de dizer o que ela é! Vamos chamá-la de um não-sei-quê... Diferença irredutível assim como imperceptível! Essa diferença é indeterminável, não podemos nos aproximar dela senão nos mantendo na ponta da alma, balbuciando, *balbuciendo*, como diz João da Cruz[2]... Isso porque as palavras das quais se servem os místicos são também insuficientes! Seria necessário poder criar por si mesmo as palavras, modelá-las a cada vez de acordo com o matiz que pretendemos sugerir. Contudo, a filosofia não se acomoda de bom grado a essa fragilidade extrema, a esse estado de insegurança permanente. Apega-se em demasia aos conceitos tranquilizadores que propõem determinações estáveis e unívocas, aptos a congelar os matizes passageiros e caprichosos do significado. Toda intuição, pelo simples fato de se candidatar à troca e à comunicação social, já tende à existência sedentária: acreditando escapar dos hábitos do discurso filosófico, não estou aqui mesmo enrijecendo o impalpável e vendendo um novo conceito? É o próprio impalpável – suprema zombaria – que se tornou esse artigo de troca! É a aparição a desaparecer que se aburguesa! Mas poderíamos agir de outra forma? Um professor não é nem mago nem profeta, a conceptualização lhe é necessária profissionalmente, uma vez que esse é o seu ofício. Serve-se de palavras para se fazer compreendido e a pedagogia acaba desmentindo o caráter inatingível do quase-nada. Somente a música e a poesia se dão ao luxo de não ensinar...

Mas o senhor mesmo tem uma maneira bem socrática de negar que o essencial possa ser ensinado. É como se o seu ensino zombasse do próprio ensino: o senhor usa conceitos, é verdade, mas estes são ferramentas de cristal.

2. O verbo "balbuciar" é empregado por são João da Cruz na sétima canção do seu *Cântico Espiritual*. Cabe ressaltar a conexão estabelecida pelo santo carmelita entre o balbucio e a expressão "não-sei-quê" (*no-sé-qué*), um "resto" em relação à linguagem discursiva que as criaturas tocadas pelo amor de Deus só podem exprimir de modo insuficiente, como a criança antes de adquirir a fala (*in-fante*).

Isso decorre do fato de que a aparição a desaparecer não é um dado fixo e perfeitamente disponível. Pelo contrário, ela nos pega de surpresa, surge no intervalo infinitesimal que se estabelece entre a afirmação nascente e a negação *quase* imediata dessa afirmação: *mal* é afirmada, a afirmação já é infirmada! A fina ponta desse "quase" e desse "mal" deixa pouco espaço para as triturações e ruminações de um raciocínio muito ocupado a mastigar os seus conceitos. A própria intuição intervém girando pelo ar como um pensamento acrobático recolhido no instante; ou melhor dizendo, esse pensamento mínimo é, por sua vez, uma espécie de fratura entre dois pensamentos: a intuição, reduzida a um puro despontar sem dimensões, não é mais que o próprio fato de despontar. "O que sou, ainda não o sei; o que sei, ainda não o sou", escreve Angelus Silesius num dos primeiros dísticos do seu *Peregrino Querubínico*. O que sou eu não sei, portanto não posso falar a seu respeito; o que sei eu não sou, ou melhor, deixei de sê-lo e, portanto, não o posso conhecer na sua flagrante verdade. No entanto, nesse perpétuo vai e vem de um ao outro, nesse paradoxo de uma ciência-centelha que somente a coincidência inviável do positivo e do negativo torna possível, nessa impossível possibilidade na qual o obstáculo que impede é contraditoriamente o próprio órgão da possibilidade, acabamos por recolher fatias, migalhas de saber, cintilações luminosas que constituem o nosso saber mais precioso, precisamente porque não se trata de um "saber". A própria tangência da intuição com o intangível possui sequências intangíveis: é uma introdução que nada introduz, um encontro sem amanhã e sem consequências visíveis. A única mensagem que nos deixa não é um enriquecimento, mas algo de informulável, um afloramento imponderável, e tal afloramento sem estigmas visíveis terá, retrospectivamente, transformado a nossa vida.

6. A INDEFINIDA NOSTALGIA

Sem dúvida, essa recusa a armazenar – característica à sua relação com o tempo – explica a sua preferência, sobre todas as palavras, pela "reminiscência", assim como o uso tão particular que o senhor faz dela. Essa palavra implica uma relação do homem com o passado que depende da gratuidade e não da capitalização...

Reminiscência é uma palavra banal que conservou para mim uma sonoridade poética e nostálgica; muitos músicos, como Tchaikóvski e Novák, dela se servem em peças que anunciam a evocação do passado irreversível e que são inteiramente permeadas pelo encanto do tempo. E, caso precisemos distinguir o contato volumoso do toque suave, diremos: a reminiscência não possui o peso da lembrança, é antes o toque fugaz que nos roça e, com frequência, até mesmo à nossa revelia. Ao mesmo tempo que algo dela resta, nada dela resta, dela resta algo que não

105

é nada, é um rastro que não deixa rastros! Um perfume de glicínias na primavera numa rua de Paris, o cheiro da chuva em outubro sobre o ferro das sacadas, um cheiro de ervas queimadas no campo, uma mercearia de um povoado que exala odores de pimenta e naftalina... Eis que, de repente, somos invadidos por um langor inexplicável, habitados por essas presenças ínfimas e íntimas que não ousamos chamar de lembranças. Assim é o perfume do tempo. Qual relação pode haver, qual analogia, qual medida comum entre o toque leve que nos inquieta e o fato abstrato de ter sido? O meu passado constituiu-me tal como sou com o meu corpo e a minha linguagem, mas o que sou é, ao mesmo tempo, estático como um conceito e fugidio como o esquecimento. Ora, isso que paradoxalmente melhor o desperta é a reativação efêmera e instantânea das sensações mais difluentes, menos intelectuais, menos especulativas: aquelas que, tendo perdido ao longo da estrada o seu cortejo de ideias, reduzem-se ao jogo caprichoso dos matizes qualitativos. Uma simples lufada de vento, um eflúvio olfativo são suficientes para reanimar – e talvez de maneira quase alucinatória – determinada fase da vida na sua verdade vivida. Uma melancolia penetrante poetiza então o nosso presente. Aquilo que é verdadeiro para os aromas e os sabores – um perfume de lilás na noite, o gosto da *madeleine* em Proust – naturalmente ainda vale mais para a música: pois a música é temporalidade, e é na cega sucessão temporal que as cintilações da reminiscência, o tempo de um piscar de olhos nos transmitem as suas mensagens de um mundo consumado. Uma música distante que acompanhava as nossas angústias infantis e, bem menos ainda, um piano que soletra as suas escalas pela janela aberta de uma rua interiorana... Eis que nos tornamos sonhadores por todo o resto do dia. Trata-se da indefinida nostalgia! Laforgue evoca os sinos de domingo que dobram sobre a cidade e Proust, a campainha *estridente* de uma casa suburbana. Liszt intitulou *Valses oubliées* uma coletânea de três valsas nostálgicas, pois se encontram no ponto de tangência da memória e do esquecimento, a ponto de se perderem no nada. Essas três reminiscências visitam-nos como uma lembrança incerta, não identificada: como a lembrança, poderíamos dizer, de uma existência anterior. É esse reconhecimento ambíguo, ao mesmo tempo verdadeiro e falso, que Platão chamava de Anamnese... É verdade que, nas doutrinas gregas da palingenesia, os vivos convidados a renascer permaneciam separados da sua existência anterior pelo banho do esquecimento; o mergulho nas águas do rio Lete, intercalado entre as existências sucessivas, bastava para interromper a continuidade mnêmica[1]... Mesmo nesse caso pode-se imaginar uma memória fantástica, memória irreal, memória desmemoriada imperceptivelmente tangida pelo sonho de uma outra vida que teríamos levado outrora...

O que o senhor responderia a Kierkegaard se ele lhe dissesse: "Aquele que possui uma única lembrança é mais rico do que se possuísse o mundo inteiro"?[2]

Eu responderia a ele que se nos servimos das categorias do ter e da tesaurização para designar esse toque leve, este será logo convertido em patrimônio. Ora, as lembranças não formam um capital: todos os preconceitos sobre a memória se ligam, sob uma forma ou outra, a esse mito da conservação das lembranças. O homem que possui lembranças considera-se guardião de um depósito, no mesmo sentido que seria guardião das tradições e conservador dos arquivos. Se as lembranças são uma riqueza, a memória deve ser o cofre no qual são guardadas. A memória assim compreendida é o lugar dos pensamentos pesados, enquanto a reminiscência é uma aparição fugidia no céu do presente. Essa aparição atravessa como relâmpagos

---

1. Tema abordado por Platão no chamado "Mito de Er", ao fim de *A República*, livro x, 620a-621d.
2. *Étapes sur le chemin de la vie*, p. 25.

a música de Debussy, para, em seguida, inquietar-nos. Na verdade, é o homem inteiro que é, ao mesmo tempo, lembrança e esquecimento. Contudo, no momento em que é contestado no seu ser pelas decepções da vida ou pelo risco da morte, só lhe resta se abrigar no reino do ter-sido como numa praça-forte onde estaria conservado algum tesouro, ao menos refugiar-se numa verdade vaga, que é propriedade de todos. Essa verdade atmosférica é o ser passado do passado. É esse ser passado, independentemente do próprio passado, dos seus conteúdos e das suas experiências mais ou menos felizes, que nos comove até as lágrimas. Uma melancolia que tem como causa o ser passado do passado é, sem dúvida, uma melancolia imotivada. Melancolia que mais penetrante será quanto menos causas determinadas e assinaláveis tiver! Chamemos mistério esse segredo universalmente conhecido que está em oposição a todo arcano possessivamente guardado, a todo enigma, a toda adivinhação. É o mistério latente e patente do ter-sido. Ter vivido, ter amado: esse é o grande segredo de todos!

> Que tudo o que se ouve, que se vê ou se respira
> Que tudo diga: eles amaram.[3]

Se a lembrança não constitui um capital, a nostalgia se ressente disso: ela não saberia dar corpo ao que já nos escapou, aparece antes como a garantia da dúvida e o testemunho do improvável.

A nostalgia é um sentimento insaciável justamente pelo fato de o ter-sido exprimir a insatisfação e a incurável incompletude, pela impossibilidade de ser e ter sido, assim como de acumular a verdade carnal do presente e a poesia da reminiscência. A lembrança não está encaixada no tempo como uma joia no seu estojo. A nostalgia, aspiração

---

3. "Que tout ce qu'on entend, l'on voit ou l'on respire, / Tout dise: ils ont aimé." Últimos versos do poema "Le Lac", de Lamartine, citados por Jankélévitch em *La Mort*, p. 420.

infinita, opõe-se diametralmente à lamentação por uma coisa perdida, por mais preciosa que esta seja: pois, neste caso, recairíamos na gramática do ter. A nostalgia é antes o desespero diante do impossível, mas sobre o modo da ternura e da poesia; aspira a algo que sempre há de me escapar. A minha única relação com o passado irreversível é esse toque da reminiscência, essa relação enganosa e incapaz de saciar a minha sede inextinguível. Abra o seu estojo, olhe o seu álbum de lembranças e as suas flores secas, desate a fita que prende os seus maços de velhas cartas amareladas: o que está aqui presente é, em aparência, muito mais que o Passado! Você tem à sua disposição os próprios arquivos da nostalgia... Mas não! A nostalgia não possui arquivos. Possui, no máximo, relíquias. Este presente – ai de mim! – não passa de uma alma penada. Quem não o sentiria? O ter-vivido é algo totalmente diverso desse miserável ter, próprio aos colecionadores, algo diverso dessa disponibilidade abstrata da lembrança convertida em objeto ou em tesouro. O devaneio melancólico do qual essas relíquias são o pretexto não é, por si mesmo, um "ter", mas antes uma espécie de aura evasiva e fluida ao redor desse ter. O fato de ter vivido não me transforma num possuidor, não faz de mim um proprietário, mas me mantém, ao contrário, num estado de desejo que nada sacia: pois esse desejo é inerente ao fato da temporalidade em geral; para essa coisa que não é uma "coisa" a ser conservada, não existe conservatório. Um museu de lembranças não constitui uma ocasião de se rememorar outra coisa, de despertar outro passado, esse passado infinito e irreversível que sempre nos escapa por uma das suas dimensões? "Conservar" é uma palavra que deveríamos banir do nosso vocabulário, mas, se teimamos em utilizá-la, isso ocorre porque a linguagem é traçada para o uso dos entesouradores. A imagem espacial que a conservação e os conservadores evocam é, em si mesma, tranquilizadora (estabilizadora, diríamos hoje). A memória é a segurança dos colecionadores, como o cofre bancário é a segurança das famílias.

O senhor desconfia dos momentos que se apresentam como heroicos, que pretendem ser inesquecíveis e se destinam imediatamente aos trajes suntuosos da literatura.

As reminiscências serão mais fascinantes quanto mais banal e corriqueiro for o passado de onde vêm: um odor de pão assado à porta de uma padaria de um povoado, não importa de qual povoado... Humilde lembrança sem nada de notável, pobre passado que cada qual pode recordar e que, no entanto, tem o poder inexplicável de evocar uma experiência infinitamente preciosa. E, para isso, não é necessário ter vivido em Capri, entre coisas feéricas, nem ter conservado lembranças de aventuras extraordinárias nas crônicas da memória... Mais a lembrança é banal, mais característica a paradoxologia da reminiscência que evoca todo um passado a partir desse quase-nada. Esse odor de aldeia e de pão não está tão envolvido por associações de ideias, nem tão ricamente "conotado" quanto o odor dos canais de Veneza: comparado com esse célebre odor, o primeiro não é inteiramente permeado de literatura nem inteiramente repleto de ressonâncias harmônicas! No entanto, trata-se de uma qualidade sensível irredutível, de uma experiência *sui generis* que não se compara com nenhuma outra. Não, a brecha fugidia no presente não precisa, para ser reminiscência, de um cenário sublime, nem de mulheres sublimes nesse cenário sublime! A reminiscência desdenha as lembranças ilustres. É nos cartões postais, nas nossas lembranças de cinema ou nas lembranças dos turistas que a reminiscência está necessariamente associada à imagem do Rialto. Contudo, ela pode nascer, como por alusão, de uma fotografia antiga. A reminiscência implica apenas o fato de ter-sido, esse fato bem simples sobre o qual, no fundo, não há nada a se dizer e que exala uma nostalgia indefinida e inexprimível. Com frequência, a inquietação não dura mais que alguns segundos e não temos tempo de construir um reino pitoresco, um palácio encantado por esses pontos luminosos que cintilam no céu da memória. E talvez seja melhor assim, pois toda a sua profundidade reside no puro fato de estar aí ou justamente de não estar aí… Os instantes que motivam a reminiscência podem não ter, em si mesmos, nada de poéticos; mas a centelha que fazem brotar, qual estrela cadente, deixa-nos deslumbrados. Tal centelha será mais fulgurante quanto mais tais reminiscências não fizerem alusão a nada de importante, a nada de memorável, quanto menos sugiram algo de grandioso: o cheiro da chuva de outono no jardim suburbano nos remete simplesmente a algo que nunca mais voltará a ser e cujo nunca-mais constitui todo o seu valor.

7. UM SÉRIO DELEITE

Quando o ouvimos, poderíamos cair em engano e interpretá-lo indevidamente. A sua estética da reminiscência não basta para perceber a sua relação com o tempo, pois o senhor encara a inevitável oscilação e a impõe sem reserva: como uma vela submetida a dois ventos contraditórios, deveríamos servir simultaneamente a dois mestres, aquele que impele à prova da viagem e aquele que acorrenta às miragens do retorno.

Trata-se aí de dois registros da temporalidade. Aquilo que foi já foi: ninguém escapa a essa lei do irrevogável, pois essa lei não é outra senão o princípio lógico da identidade aplicada à temporalidade em geral. Isso não quer dizer que todos sejam capazes de se deter nos jardins nostálgicos do devaneio do ter-sido! E sem dúvida a palavra "capaz", nesse contexto, faz muito pouco sentido: a capacidade remete à técnica, supõe o talento e a virtuosidade.

Não, não se aprende a ansiar respirando um odor de erva queimada. Não, não há método para ter o coração atordoado! Na verdade, o que nos desvia dos perfumes e da suave ruminação sobre o passado é o futuro oferecido ao homem como uma possibilidade de exercer o seu poder. O devir é o lugar das ações *possíveis* que constituem a vocação do *poder* humano. O homem que tem pressa de empreender não tem tempo de sonhar sobre o tempo: está demasiadamente ocupado com os conteúdos desse tempo. As exigências da ação não só nos desviam do vão "deleite moroso", mas nos consolam de todas as decepções que resultam da ambivalência doce-amarga: isso porque o passado deixa sempre insatisfeitos aqueles que nele se deleitam. Essas duas maneiras de se viver o tempo, porém, não são tão impenetráveis uma à outra quanto poderíamos acreditar, compenetram-se com frequência sem que precisemos intervir. No campo entrincheirado da ação, ocorre que uma brecha apareça; ocorre que uma indolência intempestiva, uma nostalgia indefinida amoleça a nossa vigilância e, como dizia Platão sobre o modo lídio[1], abrande o fogo da nossa alma. Quando se derrubam as paredes para escapar da Gestapo, quando a nossa sobrevivência é uma questão de minutos, eis que, de repente, irrisoriamente, paradoxalmente, no perigo extremo, um desejo de vaguear nos invade, uma voz imperceptível sussurra em nossos ouvidos e nos aconselha a diminuir o passo, logo quando se deveria correr. Não é o momento de se sonhar, dirá alguém... No entanto, a ausência de razão é justamente a razão! Desafio ao destino? Confiança insensata? Continua verdadeiro que o homem livre, cuja vocação é exercer influência sobre o curso das coisas, está voltado para adiante; quando se volta ao passado, é por ociosidade e desinteresse, como os caminhantes de domingo que, sem irem a parte alguma, observam os monumentos e leem

---

1. *A República*, livro III, 398e-399a. Jankélévitch também menciona a condenação platônica ao modo lídio em *A Música e o Inefável*, p. 54.

as placas comemorativas sobre as casas. Tudo aquilo que jamais notariam quando se apressam para ir ao trabalho, os lazeres dos feriados lhes permitem descobrir. É no dia 15 de agosto, quando Paris está deserta, que se descobre o estilo da rua Lafayette. Contudo, o que complica, aguça, dramatiza a concorrência entre a ação e a inoperância é o paradoxo de uma situação violentamente contrária ao instinto de conservação, contrária tanto à nossa segurança quanto a toda finalidade: o homem perseguido, confrontado com a urgência e a iminência do perigo de morte, sente-se inexplicavelmente penetrado por uma lufada de passado – absurdamente atrasada, no espaço de um relâmpago – suscitada pelo odor da primavera. Trata-se de um jogo? Trata-se do diabo? Estamos em plena primavera, quando o perigo e a guerra vêm ao nosso encalço! Qual é esse sopro leve que, rasgando o nosso céu acinzentado, traz-nos o seu langor? É o sopro do passado. Quando se tem muito tempo diante de si e em torno de si, esses toques fulgurantes expandem-se em mantas de sonhos, em grandes poças de lembranças, como nas *Ninfeias* de Monet, nas quais a água, a luz e os olhos sonolentos das grandes flores parecem dormir por superabundância de tempo: o intervalo então transborda entre os instantes! Esses toques só guardam a sua natureza instantânea de reminiscências na medida em que fazem um corte através da concatenação e da prosa da existência séria e, ainda mais, quando são, em meio à plena tragédia, relâmpagos de um paraíso há muito perdido. O passado subitamente cintila e, em plena tormenta, acena-nos; de repente se diz: "Que belo verão!" Eis que algo de um velho verão ressurge. Eu deveria ter me dito essas palavras num dia radiante de junho de 1943... Quando, em Toulouse, encontrava-me com alguém cujo nome e endereço desconhecia e que tampouco nada sabia de mim. Sobretudo não se deveria perder esse encontro, pois teria sido impossível recuperá-lo. Quando o fio clandestino é rompido, não há mais nenhum modo de amarrá-lo de novo, e nas situações perigosas em que tudo é clandestino, o menor mal-entendido, a menor distração têm por consequência o isolamento trágico e algumas vezes definitivo. No entanto, eu deveria ter me dito, no tempo de um piscar de olhos: "Que belo verão!" E esquecer por um instante por que lá estava, o que fazia, quem esperava, apagando a tragédia e o perigo à espreita, prestes a ceder aos conselhos do vento leve, a confundir esse belo dia de junho com um dia de férias e assim vir a passear, como nos dias da vida pregressa, nos jardins do Boulingrin ali tão próximos. Que belo verão, ai de mim!

Para os homens condenados à história e intimados a agir, essa visão intempestiva, essa comoção sem porvir não são admitidas. Entretanto, o seu trabalho consiste em nomeá--las e acolhê-las, a cada vez, contra tudo e contra todos.

Demorar-se nas intromissões inexplicáveis da feliz reminiscência no inferno e na noite da ação, acolher as revelações do passado na prosa extenuada do presente e, portanto, ir atrás de coisas que não existem ou quase não existem, é talvez desperdiçar o seu tempo, o seu esforço e a sua vida... Deve-se dizer que é esta a vocação ou antes a miséria da obstinação filosófica? A consciência pesada, comecei justamente por ela! Isso se chama: escrever um livro sobre algo que não existe, no sentido ôntico do verbo "existir"; pois, com exceção de Macbeth e Bóris Godunov, todos possuem uma consciência limpa... ao menos em palavras. Ninguém jamais se arrepende de nada, nem se reconhece o mínimo erro. Quem sabe, afinal de contas, essa consciência limpa própria aos patifes camufle uma pena secreta, um mal-estar escondido que os homens não suportam? Quem sabe aqueles que conservam um bom porte não estejam bem convencidos de serem desinteressados, corajosos e sob todos os aspectos irrepreensíveis? Quem sabe a sua condescendência mascare uma ausência fundamental de certeza? Aquilo que é verdadeiro no que se refere à consciência pesada é, sem dúvida, também verdadeiro no que se refere ao arrependimento desolador... Este é rejeitado porque desencoraja a ação, porque é pernicioso e porque a vocação do homem engenheiro, pioneiro, urbanista é ir rumo ao porvir, é enfrentar, ou melhor, ficar de pé, à espreita, como uma sentinela. As "obras" da nostalgia são os poemas, é a *dumka* da reminiscência, virgem estéril. No entanto, não é a nostalgia que drena os pântanos, que escava os túneis, que edifica as barragens e regulariza os cursos d'água. Também as possibilidades de enternecimento presentes em todos os seres humanos, mesmo nos engenheiros de estradas e pontes, são deixadas sem cultivo e dissimuladamente imputadas de proibição. Os diplomados dos trabalhos públicos teriam vergonha de serem surpreendidos em tais disposições e de serem considerados portadores de uma indefinida nostalgia. Ao contrário das civilizações contemplativas, os nossos valores "prometeicos" dão as mãos ao utilitarismo das sociedades industriais contemporâneas para envergonhar os nostálgicos que se voltam para trás. A experiência da vida o confirma: muitos homens desprezam aquilo que consideram uma ruminação morosa e até mesmo declaram nunca ter experimentado esse langor pouco recomendável, nocivo à ação e indigno de uma autêntica virilidade... Por que você nos fala desse odor de erva queimada? A que propósito? Como edificar um porvir com cidadãos que enlanguescem ao pensar no odor da erva queimada do seu vilarejo e que cantam no fundo da sua memória: "Quão doce é a minha lembrança do belo lugar em que nasci"[2]...

Permanecemos estranhos ao regime do seu pensamento se nos prendemos à tradicional distinção entre ética e estética. Na verdade, a nostalgia, na sua essência mais musical, pertence já e desde sempre à ordem da exigência.

---

2. "Combien j'ai douce souvenance / Du joli lieu de ma naissance", versos iniciais de "Souvenir du pays de France", poema de Chateaubriand.

Essa fruição desprezada é séria ao menos no que diz respeito à própria essência da temporalidade. O modo de ser do homem é o devir irreversível que desemboca na morte: o irrevogável da morte coloca o selo final no irreversível da vida. A seriedade da nostalgia provém da morte que, presente na própria nostalgia, nos acena. Algo tão irremediável quanto o caráter passado do passado não pode dar origem a sentimentos frívolos. Se o homem vivesse eternamente e se tivesse consciência disso, a nostalgia não teria esse gosto amargo. No número infinito das experiências que um homem pode ter no curso de uma vida imortal, sempre guardaríamos uma oportunidade de recomeçar esta ou aquela experiência já realizada. A repetição literal, no extremo limite, tornar-se-ia possível e, finalmente, cada vez mais provável. O eterno retorno seria uma esperança infinitesimal. Ora, a vida é finita e, consequentemente, toda reiteração emerge como oportunidade inaudita e acaso miraculoso: as experiências vividas desta vida são todas elas fadadas a se tornarem, mais cedo ou mais tarde, objetos de nostalgia... Sei de antemão que nunca as viverei novamente, por mais banais que sejam. Em certo sentido, não estamos mortos antes de estarmos mortos quando morre a juventude? A nostalgia não é, portanto, uma complacência fútil, é antes uma dor gratuita, um sério deleite. Há na nostalgia um elemento ético na medida em que ela me reenvia à "semelfactividade" ou à unicidade insubstituível, incomparável e, por conseguinte, ao trágico da existência. Em verdade, estamos divididos entre duas formas de seriedade. A primeira forma consiste na seriedade da ação prosaica do trabalho que transforma a humanidade de hoje e prepara a de amanhã. Trata-se da seriedade das coisas a vir e a se fazer: assim é a seriedade humanista que preside à construção do socialismo. Após uma guerra, reerguem-se as ruínas, estabelece-se para a nação um plano de reconstrução, o passado é assumido pelo homem que decide fazer dele o canteiro de obras do ilimitado porvir. Tal seriedade é toda ela positividade afirmativa e criadora, pois é ela que faz surgir as cidades e as usinas, que eleva o nível de vida dos cidadãos e aumenta indefinidamente a sua longevidade... Sem suprimir a morte, essa seriedade não precisa de advogado! Já a segunda forma de seriedade difere metafisicamente da primeira, pois a sua esfera é aquela do *nunca mais*, do *não mais*. Um mal foi perpetrado que nunca mais pode ser reparado; vivi e vivi mal, e essa vida mal vivida não será em nenhuma circunstância reiterada; perdi a minha vida, a minha única vida em toda a eternidade. Se é séria essa visão retrospectiva do passado, não é porque o pretérito ofereça tomadas de atitudes, nem porque eu poderia um dia curar a minha ferida nostálgica. Não, essa visão é séria porque inerente ao destino. Há no destino um núcleo do irreparável que é o destino de todo destino... A destinação exprime antes a seriedade da ação transformadora; enquanto o destino, a seriedade do trágico que se exprime em relação ao futuro pela morte e em relação ao passado no irreparável. A nostalgia, sentimento de incompletude infinita, reflete essa ambiguidade do destino e da destinação; o infinito da destinação é limitado a partir de dentro por um destino que é uma morte dupla: em relação ao futuro pela morte *tout court*, em relação ao passado e a cada momento pela impossibilidade de recomeçar uma vida mal vivida ou de não ter vivido o que se viveu, logo, pelo irrevogável.

Como reconciliar esses dois rostos, o rosto evanescente do gênio maligno, que joga com as cinzas do nosso passado, e o rosto paciente de Pimen que, de modo fiel, registra no seu livro o crime de Bóris para que um dia a justiça seja feita?[3]

---

3. Personagem da ópera *Bóris Godunov*, de Modest Mussórgski, Pimen é o velho monge que escreve noite adentro, assumindo o compromisso de registrar a história da Rússia por ele testemunhada, mais precisamente, a participação da personagem-título no assassinato do tsarevich Dimitri, filho de Ivan, o terrível.

Esses dois rostos não se contradizem um ao outro, mesmo se experimentamos a sua união sob a forma da dilaceração. Há, por um lado, as cintilações ambíguas do passado e, por outro, as exigências das lembranças às quais permaneceremos fiéis ou das quais nos desviamos nos únicos limites do esquecimento imposto pela ação. A nossa relação dolorosamente instável e aparentemente frívola com o passado, acompanhada pela integração das lembranças à dignidade de uma vida moral: eis os dois rostos que compõem a nossa temporalidade. Nessa perspectiva, pode-se dizer que a memória – aquela do monge Pimen – é um protesto quase desesperado contra o dissipar do passado: o crime do tsar não será apagado, submergido pela renovação do tempo. A crônica do monge não é a esfera do não-sei-quê e do inapreensível, mas aquela da boa memória e da fidelidade. Que relação existe, que denominador comum entre a nossa existência de hoje e aquela que levávamos durante a guerra? O fluxo incessante dos anos torna essa relação cada vez mais duvidosa e quase irreal. Foi realmente comigo que todas essas coisas aconteceram? Sou realmente o mesmo homem? A memória não é nada de outro que o protesto moral do homem contra essa ambiguidade, implica uma espécie de responsabilidade ética e quase uma piedade moral que me obriga a ligar o presente tangível e carnal às coisas consumadas, ausentes e invisíveis. Assim, não serei, como diz Platão, uma ostra na praia, não recairei na pontualidade da *mens momentanea* e na cegueira do presente[4]. Sou intimado a assumir o meu passado, a declará-lo meu e indestrutível contra tudo e contra todos, a reivindicá-lo a despeito da

---

4. "Da mesma forma, desprovido de memória, é claro que não apenas não poderias recordar-te de que havias tido algum prazer, como também passaria sem deixar rasto algum o prazer do momento presente. Outrossim, carecente de opinião verdadeira, nunca poderias dizer que sentias prazer no instante em que o sentisses, e como és carecente de reflexão, não poderias calcular os prazeres que o futuro te ensejasse. Não seria vida de gente, mas de algum pulmão marinho, ou desses animais do mar provido de conchas." Filebo 21c-d, *Diálogos*, v. VIII, p. 118.

sua inverossimilhança, e isso apesar da conspiração geral dos frívolos coligados para me desviar dele. Esse *apesar de* tão acentuado traduz a função de protesto da lembrança. Contra toda evidência, contra toda razão, declaro que esse passado está presente *ainda assim*. Isso porque a ambiguidade do passado é uma oportunidade inesperada para muitos candidatos ao esquecimento que nos acusam de falar coisas sem sentido e utilizam como pretexto essa precariedade, essa irrealidade, esse caráter fantasmático do passado humano para decretá-lo inexistente. Aquilo que passou, passou... Mas, justamente, a memória é um ato de fé, um protesto sobrenatural do homem contra a realidade, em nome de outra realidade que existiu e da qual não resta aparentemente nenhum vestígio palpável sobre esta Terra na vida de hoje. Algumas vezes, descendo de uma comemoração no Monte Valérien em retorno a Paris, perguntamo-nos: "Foi um sonho?" Que relação poderia existir entre esse pequeno grupo de fiéis atrasados, que, com todas as suas forças, mantêm um passado já esquecido e esses transeuntes indiferentes com os quais cruzamos na rua? As primaveras sucedendo às primaveras terminarão por tornar o horror totalmente irreal? A todo momento temos a possibilidade de nos conscientizar intensamente da tragédia no seu horror insustentável, mas nos tornamos mais insensíveis do que somos, passamos ao largo porque se deve viver bem, porque é mais confortável assim e porque sem isso o nosso peito explodiria... Contudo, as chagas incuráveis ainda sangram. No extremo limite e com a ajuda do esquecimento, o passado é *como nada*, é *como* se nunca tivesse sido, mas somente *como se*! Ter sido não é nada. Ter ocorrido não é nada. O fato de que tais coisas ocorreram é um fato inexpiável e propriamente inexterminável. Da ferida resta apenas uma cicatriz quase invisível, algo como essa marca indelével do horror dos campos de concentração impressa sobre o braço dos deportados. Essa é a marca indelével do "Ter sido", marca que nenhuma força no mundo pode aniquilar e que há de permanecer até o fim dos tempos. Sim, a marca dos carrascos sobre o braço dos deportados afirma para sempre a realidade do irreal.

Há uma expressão de Adorno que talvez designe toda a angústia da modernidade: "Depois de Hegel e de Auschwitz"[5]... *A sua obra e a sua vida a partir de 1945 parecem inteiramente dominadas por essa presença do inominável e pela sua vontade de não converter o horror em valores pensáveis.*

Para mim que tive a oportunidade inaudita, inestimável de não ter estado em Auschwitz e de não ter os meus pais deportados, torna-se um dever sagrado testemunhar. Incansavelmente. Não há limite no tempo para a memória daquele que não viveu por si mesmo o inferno do qual presta testemunho. Jamais apertarei a mão dos carrascos. Não irei ao país deles. Recusei o seu dinheiro. Disse-lhes: guardem os seus marcos. Os seus marcos causam-me horror. Não lhes darei o prazer de aceitar uma reparação para o irreparável. Sinto-me pessoalmente ofendido pelo terrível extermínio. Não paro um minuto de pensar sobre ele. Maldigo aqueles que o organizaram, aqueles que o executaram, aqueles que fingem não acreditar nele, aqueles que fazem de conta não o notar, aqueles que não pronunciaram uma palavra a respeito desses crimes hediondos. Isso porque, embora eu tenha aberto bem os ouvidos, nunca ouvi essa única palavra: *perdão!*[6] Portanto, experimento

---

5. Embora se refira, em várias passagens, ao crítico momento "depois de Auschwitz", Adorno parece não haver reunido numa mesma expressão "depois de Hegel e de Auschwitz", como o faz a entrevistadora, provavelmente em citação aproximada.

6. Dois anos após a publicação de *Em Algum Lugar do Inacabado*, Jankélévitch recebe a famosa carta de Wiard Raveling, um professor alemão de francês de quarenta anos, na qual o filósofo identifica, finalmente, o reconhecimento pleno dos horrores causados pelo nazismo, do qual os grandes pensadores germânicos haviam se esquivado. (Os textos completos da primeira carta de Raveling e da resposta de Jankélévitch

a obrigação de prolongar em mim os sofrimentos que me foram poupados e que em nada se assemelham às feridas honoráveis, louváveis e notórias dos antigos combatentes. Os sobreviventes dos campos não têm, como esses, cicatrizes gloriosas para mostrar. Não me cabe, portanto, transmitir uma experiência, mas simplesmente comunicar o horror moral que experimento e a cólera que suscita em mim o escândalo da indiferença. De fato, o extermínio de seis milhões de judeus é a invisível consciência pesada de toda a modernidade: ela pesa como segredo opressor sobre todos os nossos contemporâneos, quer dele tenham ou não consciência e mesmo se não experimentarem frente a ele nenhum remorso. É o segredo aterrador e indizível que cada um traz, uns mais outros menos, dentro de si. Aqueles que negam a coisa sem nome ou que pretendem ostensivamente falar de outra coisa, até mesmo aqueles que se regozijam dela – se é que essa espécie existe! –, todos eles são habitados pelo inconfessável segredo.

---

podem ser encontrados em Dossiê Vladimir Jankélévitch: Philosophie, Histoire, Musique, *Magazine Littéraire*, n. 333, p. 26.) Vale acrescentar que, em nível político, o presidente alemão Frank-Walter Steinmeier dirigiu o seu pedido de perdão pela tirania nazista, reconhecendo a responsabilidade do seu país pelos crimes perpetrados contra a humanidade ao longo da Segunda Guerra Mundial, em 10 de setembro de 2019, por ocasião do 80º aniversário da invasão da Polônia.

8. O ABUSO DE CONSCIÊNCIA

A crítica da tesaurização penetra todos os âmbitos da sua obra. Assim, os seus livros sobre moral pulverizam os edifícios da moral. Cada capítulo do Tratado das Virtudes *constitui uma denúncia da permanência, da instalação na constância e se conclui com uma apologia do homem sem provisão.*

A renúncia à perenidade é comandada pela própria natureza da vida moral: isso porque a moral não está inscrita em tábuas nem prescrita em mandamentos. Nenhuma máxima definida esgota o seu conteúdo. "Deus não é virtuoso", escreve – creio eu – Charles Péguy[1]. Antes o são os doutores da consciência tranquila… A partir do momento em que desejamos agarrar a virtude, ela se torna caricatura.

1. "Mais moi qui ne suis pas vertueux / Dit Dieu" (Mas eu que não sou virtuoso / Diz Deus). Le Mystère des saints innocents, *Œuvres poétiques complètes*, p. 366.

Aquele que a encontrou perde-a, logo em seguida, novamente. Devido à sua natureza quase musical, a virtude só existe ao nos escapar. Mais uma vez, não sou eu quem o digo! Não, é o movimento infinito da insatisfação que ininterruptamente nos arrasta para além; uma exigência extenuante, inapreensível, inesgotável mantém a inquietude em nossos corações. As minhas esmolas tão meritórias, os meus próprios exercícios de sinceridade me soam retrospectivamente como uma comédia medonha. Não se trata de bater o recorde mundial nos campeonatos de sinceridade ou nos jogos olímpicos da caridade... É ao nosso ego em geral que se deveria renunciar, é toda nossa vida que se deveria sacrificar ao indigente! A moral é profundamente ambígua: além disso, é particularmente vulnerável aos sarcasmos dos espíritos fortes. A exigência que nos atormenta é irreal e não possui nenhuma relação com os nossos interesses. A lei moral não existe nem como legal, nem como legislativa, existe, porém, como legitimidade pneumática, e menos ainda! Existe unicamente em nossa consciência pesada, como fracasso e quando injuriada; manifesta-se negativamente na dor penetrante do remorso. A lei moral *quase* não existe. Assim, é grande a tentação de suprimir o "Quase" e de confundi-lo com algo que existe, por exemplo com os regulamentos da polícia afixados nas estações ou nos jardins públicos. Ora, a moral não concerne ao homem como passageiro de trem nem ao homem como caminhante, nem ao homem como isto ou aquilo, ao homem *quatenus*... Não faz acepção daquilo que o Evangelho teria chamado de prosopolepsia. Concerne ao homem essencial e total, ao homem enquanto homem, pura e simplesmente. Reduz-se ela ao aprimoramento dos costumes ou ao refinamento da civilização? À atenuação do sistema penal? À humanização dos hábitos? Ao aperfeiçoamento das técnicas? O progresso não faz necessariamente acepção das intenções morais. Impedirá porventura que haja, na sociedade mais avançada, hipócritas, vis e vaidosos? A moral não caminha com o mesmo passo que as instituições, pois não caminha com nenhum passo... E, até mesmo, não "caminha" absolutamente, se caminhar é progredir em direção a certa meta da qual a cada vez se aproximaria mais... Os estoicos tinham fortes dúvidas se esse progresso (*prokopé*) possuiria algum sentido. A ordem da pureza moral não se presta ao comparativo do "melhor" nem aos graus escalares do mais ou menos, exclui o escalonamento quantitativo. A intenção só admite a ordem qualitativa ou existencial do tudo-ou-nada. "Sinto-me melhor, comunguei um pouquinho esta manhã"[2]... Nesse chiste de Satie, não está implícito talvez o caráter ridículo de um progresso moral assimilado à melhoria da saúde ou às variações da tensão arterial?

Ao programa higiênico traçado pelos consoladores de Jó, o senhor prefere, como Kierkegaard, a obscura reviravolta...

O remorso não possui nada em comum com o arrependimento pelo qual supomos nos encaminhar rumo à salvação caminhando pouco a pouco e por etapas na via dessa salvação. O remorso na noite não nos mostra uma via: o que a palavra "via" implica – caminho, itinerário, método, avanço – aqui não tem mais valor. Sem preparativos e no desespero, o remorso inicia o culpado numa espécie de redenção que tudo lhe dá num instante... Somos confrontados, em cada âmbito da vida, a esses dois gêneros de mutação, que ao mesmo tempo se excluem e se complementam. Por um lado, encontra-se o processo e, em geral, tudo o que é susceptível de progresso escalar e se presta ao *gradus ad Parnassum*: a ginástica, a ascese, o atletismo, o treinamento, a escola de velocidade. Por outro, a conversão súbita, sobre a qual a técnica e as esperanças do progresso não exercem influência, sem a qual vinte e

---

2. "Alors, j'ai un peu communié ce matin." Frase de Erik Satie dirigida a Igor Stravínski. Segundo o compositor russo, Satie teria começado a frequentar celebrações eucarísticas católicas próximo ao fim da vida. R. Craft; I. Stravínski, *Conversas Com Igor Stravinsky*, p. 54.

cinco anos de exercícios diários permaneceriam ineficazes[3]. Conheci certa pessoa que fingia estudar piano e que cometeu ao longo de toda a sua vida os mesmos esbarros no mesmo compasso do mesmo Estudo de Chopin. Ainda os comete no outro mundo. Aparentemente, ela não foi tocada pela graça! A oposição entre o progresso contínuo e a mutação instantânea é verdadeira tanto para a aprendizagem musical quanto para a moral. Se só nos atemos às ideias musicais, à inspiração, ao encanto melódico e ao movimento da alma, a ideia de aperfeiçoamento é uma simples analogia metafórica. Em compensação, o problema das condições técnicas, o aperfeiçoamento dos instrumentos e das gravações e a busca de novos sons constituem um campo no qual a palavra "progresso" pôde conservar todo o seu sentido. Contudo, quando se trata da vida moral na qual nada conta senão o movimento do coração e o invisível sobressalto intencional, como a ideia de progresso não seria em todos os casos risível? Como a aprendizagem não seria uma pilhéria? Se me descobrisse a cada manhã um pouco mais inocente, a cada mês um pouco mais puro, hoje mais que ontem e bem menos que amanhã, não seria eu pura e simplesmente um farsante?

Aqui entra em jogo o seu pensamento mais desconcertante. Dissociar a exigência moral da exigência de aperfeiçoamento é privar os homens de pontos de referência, exilá-los de todo percurso, arrancá-los da sabedoria tradicionalmente prometida: chegamos quase a querer mal a alguém que nos fala de moral, impondo-a como uma exigência e definindo-a sempre como o improvável...

Os homens, na verdade, não querem se ver privados do pão cotidiano da ginástica, não querem renunciar ao

---

3. O contraste entre a aquisição gradual e a intuição súbita também é tratada pelo autor em *A Música e o Inefável* (p. 133), em referência ao diálogo de Diotima de Mantineia (Platão, *O Banquete*, 210e), no qual se opõem os termos gregos *ephexēs* (sucessivamente) e *exaíphnēs* (repentinamente).

exercício tranquilizador que preenche os vazios do intervalo. Caplet escreveu uma coletânea de vocalizes intitulada *O Pão Cotidiano*... A ilusão do progresso diário implica uma mitologia tranquila para a consciência comum. O aprendiz mede com satisfação a extensão do caminho percorrido, subtraindo-a ao que resta a percorrer. Ele se compraz em contar o número de etapas transpostas e calcula quantas ainda restam a transpor. *Hoje mais que ontem e bem menos que amanhã! Aquilo que está feito não está mais a fazer, aquilo que está feito está feito.* Não importa a data escolhida para medir o meu grau de adiantamento, nunca terei estado mais próximo da meta, a cada dia um pouco mais próximo! Jamais um aperfeiçoamento terá me aproximado tanto da perfeição. Ao menos no espaço é assim. Mas em moral? Em moral, o caminho ganho é quase instantaneamente perdido outra vez. Os homens comportam-se em relação à vida moral como se comportam em relação à saúde: aguardam o momento em que o médico toma o bloco e avia uma bela receita, ou melhor, aguardam o resultado da análise. Ora, o que possui um sentido na vida do organismo não possui nenhum sentido na vida moral! O mal-entendido nasce no momento em que se deseja conhecer o segredo da vida "sábia", assim como se conheceria o segredo da longevidade, e a nossa decepção vem do fato de que consideramos o mistério da pureza seja como um enigma, cuja chave seria guardada pelos teólogos definitivamente, seja como um problema, cuja solução seria dada pelos homens de ciência. Ora, para levar uma vida pura ou sábia não há nem receitas nem remédios, não há higiene nem terapêutica. No momento em que acreditamos ter descoberto a receita, tornamo-nos (e não de agora) os piores dos hipócritas, estamos mais corroídos por pensamentos egoístas que se não houvéssemos buscado qualquer remédio, estamos encerrados como uma ostra na concha da nossa salvação pessoal. É no momento de aplicar a exigência de sinceridade à minha vida como uma regra rigorosa que meço a profundidade maquiavélica e ardilosa da minha má-fé: eu só era sincero sob a condição de não fingir o ser, sob a condição de não o saber, de não me dedicar ao ensino da sinceridade. E da sinceridade recaio no sincerismo profissional, da pureza no purismo e, até mesmo, no puritanismo. Isso quer dizer que a pureza só existe nas brevíssimas distrações da inocência e nas fraturas instantâneas da consciência. Renasce quando deixo de pensar nela, como *Anima* recomeça a cantar quando *Animus* não a olha mais; um instante de desatenção lhe permite reflorescer, mas as longas horas da aridez e da consciência demasiado consciente novamente destroem seu frescor. A existência moral deixa o homem num estado de perfeita nudez; a sua liberdade é desarmada, vulnerável e não pode se beneficiar de nenhuma ajuda exterior, de nenhuma prolongação. É proibido viver de rendas ou fundado no próprio patrimônio, é proibido acomodar-se ou somente lucrar do movimento adquirido. O dom dos deuses, como o "beijo da fada" sobre o qual fala Stravínski a respeito de Tchaikóvski, só floresce pela inocência e na inocência. Basta um simples sopro, uma levíssima reflexão de consciência, para que tudo seja saqueado, perdido para sempre! O sorriso congelado não passa de uma careta medonha. Escute essa música maravilhosa... O pianista que a interpreta é, sem dúvida, genial, mas, sobretudo, não o diga, nem mesmo em voz baixa. Sobretudo, que ele não saiba disso... A consciência que tomasse do próprio gênio teria rapidamente destruído esse dom infinitamente frágil, infinitamente precioso e transformado o gênio num grosseirão. Uma única indiscrição e já é muito tarde: o rumor entusiasta e lisonjeiro atingiu os ouvidos geniais do gênio, o espelho lhe devolveu a sua imagem, a complacência o capturou nas suas redes, o grandíssimo pianista agora está a par do que se diz dele. Não é mais um pianista, é um farsista, um polichinelo disfarçado em pianista: os seus *rallentandi*, os seus *rubati*, os seus movimentos de braço tornaram-se intoleráveis... No entanto, o reconhecimento não implica a oficialização do nosso eu e a permissão de tomarmos consciência dele? Não tenho uma consciência para tomar consciência, isto é, afinal de contas, para me servir desse poder reflexivo que a inocência deixa desempregado? Ora, essa consciência que atesta a superioridade do homem é também o que me deteriora e me faz tornar a cada instante o comediante de mim mesmo. Essa contradição é uma zombaria ou uma tragédia? De fato, o que aqui se coloca em questão não é nem um pecado, seja ele original, seja o resultado de uma negligência evitável ou de uma leviandade. A deterioração da inocência pelo abuso de consciência é uma contradição constitucional, pois está implicada intrinsecamente no próprio exercício dessa consciência sem a qual o homem não seria um homem...

O senhor não é nem um sonhador do paraíso perdido nem um anunciador do paraíso que há de vir, mas antes uma sentinela à espreita desse instante que o grito de Pelléas não cessa de instaurar: "Tudo está perdido, tudo está salvo esta noite!"[4]

A questão é que lidamos com uma espécie de pulsação "dialética": no momento em que se ilumina em mim a boa vontade absoluta de ser sincero e em que me esforço para permanecer aí, sou um Tartufo, mas logo que tomo consciência da minha hipocrisia, durante um instante e nesse instante em que me envergonho de mim mesmo, uma centelha de santidade se ilumina em mim, para logo se apagar, a partir do momento em que tomei consciência dessa segunda santidade. Para hipócrita, hipócrita e meio! Trata-se aqui de uma alternância entre a consciência tranquila satisfeita e o instante de pequeno desespero ou de decepção que a segue. Tais instantes são instantes de inocência obrigatória, pois o homem não pode vigiar sem

---

4. "Tout est perdu, tout est sauvé! Tout est sauvé ce soir!" C. Debussy; M. Maeterlinck, *Pelléas et Mélisande*, ato IV, cena 4.

trégua todos os movimentos da sua alma, todas as intermitências do seu coração, todos os sobressaltos secretos da intenção. Alguns desses movimentos escapam necessariamente à nossa vigilância: são momentos de pureza. Mesmo no homem mais artificial, mais fabricado, mais cabotino, naquele que vive para os salões, escutando a musicalidade da própria voz, e cuja vida é, toda ela, uma longa representação teatral, um pequeno jardim de verdade talvez esteja preservado. A pureza só existe, de fato, no tempo de um relâmpago e na nesciência de si, por exemplo, na consciência íntima de que a nossa pureza é impura. Tal convicção esconde-se no fino fundo do nosso foro interior. Desse modo, a pureza está ligada à dor como a santidade à morte... Certamente, até mesmo numa situação de dor o homem ainda encontra uma maneira de representar um papel, de já ser o mártir e o testemunho da própria hagiografia. Sem dúvida, existem comediantes heroicos que ainda tiveram a força de representar o papel da própria morte... Mas nessa cabotinagem suprema subsistem talvez, apesar de tudo, algumas ilhas de um desespero suficientemente desesperado, suficientemente profundo, suficientemente sincero para que ainda palpite nesses homens afetados o precioso minuto de inocência. A complacência é cada vez mais sutil, a inocência cada vez mais impalpável... É um lance sobre outro ao infinito!

9. O CULPADO-INOCENTE

O senhor trata de forma desconcertante o velho tema judaico-cristão da inocência. O senhor utiliza o relato do livro do Gênesis, com todo o seu peso doloroso, mas para desviá-lo da sua função tradicional, para arrancá-lo do seu desdobramento e rastrear um instante único e quase inapreensível.

Mas o que nos conta o livro do *Gênesis*? Conta a maldição que pesa sobre a consciência de si, sobre um "pecado" infinitesimal, microscópico, no qual ainda não há o "ter feito"... Tais textos do *Gênesis* foram um pouco abafados sob o peso dos comentários cristãos relativos à inocência original e à culpabilidade, ambas compreendidas no sentido do antropomorfismo moral e judiciário. Culpa, sanção. De que coisa, afinal de contas, esse infeliz primeiro homem é culpado? Ele nem sequer mentiu, mas simplesmente desobedeceu... Tudo parece disposto de tal maneira no relato do *Gênesis* para que a infração de

Adão pareça insignificante e venial. Adão nada fez, este inconsequente é uma espécie de culpado-inocente. Ele fez mal em deixar-se influenciar pela sua mulher, que, por sua vez, fez mal em deixar-se deslumbrar pelas promessas de uma serpente que fazia resplandecer diante dela as perspectivas mais atraentes. De todo modo, trata-se de uma culpabilidade indireta, de um pecadilho... A culpa de Caim é, ao contrário, perfeitamente clara e nenhum equívoco, nenhuma circunstância atenuante é capaz, neste caso, de tornar o crime desculpável. Todavia, a "culpa" de Adão é metafísica. Adão tornou-se culpado em virtude da tomada de consciência, e isso com a meia conivência de Deus! Afinal, Deus não era obrigado a chamar a atenção da sua criatura ao fruto proibido. Bastava que um único fruto fosse proibido para que Adão o desejasse, e Deus bem sabia que, ao chamar a atenção do inocente, suscitava uma tentação. Adão teria podido se alimentar de bananas e maçãs que pendiam de outras árvores... Para um fruto proibido, quantos frutos permitidos, saborosos, recomendáveis! Sim, tudo poderia prosseguir eternamente no jardim das delícias. Em que consiste, portanto, essa maquinação? Infelizmente, estava escrito que essa enfadonha felicidade não haveria de durar... Ou na linguagem de Schelling: todos os possíveis deviam ocorrer. Se Adão tivesse resistido à tentação de provar do fruto do conhecimento e à curiosidade que nele urgia para aprender a distinção – pressentida – do bem e do mal (*dignoscentia*), ele teria permanecido nesse jardim onde a beatitude é toda plana, onde nenhum evento jamais vem quebrar a uniformidade e a serenidade imutável da felicidade sem nuvens. Contudo, como a consciência é feita para tomar consciência, essa consciência privada de aplicação, essa consciência atrofiada cairia mais cedo ou mais tarde na serenidade do enfado e do enfado no desespero: com a consciência preocupada e curiosa, com a previsão e a memória, acaba o eterno belo imóvel. O possível não é, de fato, um estado permanente, nem uma maneira de ser profissional, mas, sim, um começar que advém para ser negado, ultrapassado e, no sentido hegeliano do termo, suprimido. A consciência pretende utilizar-se de todos os seus poderes, ir até o fim da sua vocação de consciência: não basta *ser*, no sentido em que existem os vegetais, é necessário que o existente se olhe enquanto existe e, em seguida, olhe esse olhar e assim ao infinito. Ele quer reunir em si os dois papéis separados do ator e do espectador; trata-se para a consciência de sentir-se simultaneamente eu e tu, ter e ser, possuidor e possuído... A consciência, provando o alcance do seu poder, traça os contornos de um obstáculo, ou melhor, de uma contradição intrínseca que não é outra coisa senão o seu destino. Satã será esse obstáculo bem-vindo.

Santo Agostinho, evocando no início das Confissões *os desejos violentos da primeira infância, pergunta a Deus: "Onde e quando fui inocente?"*[1] *O senhor não poderia formular tal questão, pois o senhor interroga não as trevas de uma inocência impossível de ser encontrada, mas o enigma de uma inocência fadada inexoravelmente à deterioração. Assim, o senhor faz da infância um momento suspenso, que, longe de servir de repouso à nostalgia, encadeia-nos à mais pura, à mais dolorosa das precariedades.*

Tal deterioração aparece como a primeira impureza no límpido cristal da inocência, como a primeira ruga de preocupação sobre a fronte lisa da ausência de preocupação. Graças ao dobramento reflexivo, o ser diáfano inflecte sobre si mesmo e torna-se opaco; o ser simples desdobra-se e torna-se complexo. Assim começa a perda da ingenuidade. Percebemos nos olhos da criança essa primeira sombra, como o cineasta espanhol Carlos Saura a surpreende no olhar e no rosto de Ana, a neta, testemunha grave, muda e aparentemente impassível das tragédias familiares que

---

[1]. Confissões, livro I, capítulo 7, *Santo Agostinho* (Os Pensadores), p. 31.

se desenrolam no lar[2]. A neta começa a compreender, compreende sem compreender. Como Mélisande, já compreende aquilo que não compreende. Assim é a consciência nascente, espectadora da desventura. O adulto é incapaz de preservar essa pureza já contaminada, esse paraíso já perdido, mesmo fechando todas as saídas, mesmo engrossando ao infinito o invólucro do colchão de penas no qual conserva a inocência. A precariedade da inocência é o fundamento da nossa relação com uma criança que vai crescer, que vai mentir, que compreenderá, que partirá. Por isso a amamos de um apego passional, febril e doloroso: não porque nos sentiríamos os proprietários da inocente e porque reivindicaríamos sobre ela o nosso direito de propriedade, ou porque ela seria portadora de uma joia preciosa. Tal joia é infinitamente preciosa, ou melhor, é um tesouro de valor inestimável, um bem "primúltimo" que ocorre uma única vez em toda a eternidade, uma única vez e, em seguida, nunca mais: ele se chama infância. O nosso mal não é, portanto, aquele do possessor espoliado, como se diz hoje em termos tão vulgares, o nosso mal é o mal do irreversível. Em todas as provas que assaltam a continuação da nossa existência, podemos esperar ao infinito uma revanche, uma compensação ou uma consolação, e isso em qualquer momento do tempo. Inesgotável é a reserva das ocasiões e dos possíveis, pois sempre haverá um *Mais tarde*... Com exceção, porém, do instante supremo no qual é a vida inteira que se torna irreversível, irreversível como o olhar inocente da criança. Mas quanto à criança como tal, estamos destinados a perdê-la por definição, pois ela só é criança porque o cessará de ser: já a estamos perdendo, ela se vai, não cessa de partir, já partiu. Não é essa a miséria do amor? Tal embaciamento irrevogável da inocência que nos aperta o coração dia após dia é a experiência mais enigmática,

2. Referência à personagem de *Cria Corvos* (1976), longa-metragem de Carlos Saura.

porque nos fere da ferida mais incurável e inconsolável. Uma ironia incompreensível pede-nos para aceitar esse mistério da dilacerante separação *por amor à criança*.

"Essa personagem adiposa que obstrui, que se coloca no meio da estrada, que diz Eu, Meu, Nós, que intercepta o Sol e o canto das andorinhas é o egoísta." Assim escreveu o senhor no Traité des vertus. *O egoísta, isto é, o contrário do inocente... Perde-se a inocência assim que se deixa de virar as costas para si mesmo. A inocência – como o senhor a pensa – liberta-nos da oposição constantemente ressaltada pelos filósofos entre a consciência e a vida, o Para-si e o Em-si. Se tal inocência pudesse se acomodar a uma imagem, seria aquela de um barco reduzido à sua única proa, inteiramente concentrado para diante e soldado à abertura infinita do mar.*

O sujeito não está constituído originalmente para retornar sobre si mesmo: tal retorno sobre si é contra a natureza. O meu olhar é feito para olhar diante de mim, para olhar o céu, para olhar os outros e não para olhar a mim mesmo. "O outro eu mesmo", *allos autos*, do qual fala o livro sobre a Amizade de Aristóteles[3], é de fato uma criatura da morosidade consciente, pois o outro não pode ser o mesmo! Trata-se de outro em relação a mim... Em outros termos, o Alter Ego, nascido do desdobramento do Ego, é um fantasma fabricado, inchado, entretido pelo "autismo". Falso diálogo, falso plural, falsa alteridade, pseudorrelação, falsa exterioridade, falso horizonte, tudo aqui é *pseudo* e *simili*: tais são, no entanto, as ilusões de óptica das quais se envolve o homem egotista, preocupado, condenado à solidão, ao solilóquio e ao solipsismo. Ora, não seria melhor deixar a consciência e os órgãos dirigidos à sua verdadeira vocação que não é o redobrar-se maníaco sobre si, mas o

---

3. Ver *Ética a Nicômaco*, IX, 1166a, p. 27-32. A expressão já havia sido utilizada por Aristóteles na *Ética a Eudemo*, VII, 1245a-1245b, também no contexto de uma discussão sobre a amizade.

dom de si e a extroversão aventurosa? A serenidade não se encontra confinada na consciência, mas no impulso da intenção transitiva. Chegado ao ponto do não retorno e ao extremo limite da perdição, o êxtase amoroso torna-se novamente inocência. Assim é o puro amor desinteressado que é esquecimento de si. Tal esquecimento não é uma graça? Somente o Absoluto, por definição, poderia pensar em si mesmo sem cair na complacência. Somente ele tem o direito de admirar as próprias obras. Ao cair da noite do sétimo dia, o Criador diz: "isto é belo", contemplando a sua criação, sem que tal contentamento seja uma estúpida vaidade de autor, sem que a satisfação de ter criado tal obra-prima lhe suba à cabeça. No entanto, ele é o Criador, enquanto não passamos de pequenos demiurgos mesquinhos, sempre ameaçados pelo amor-próprio. Não é, enfim, esse saber circular e satisfeito o verdadeiro fruto proibido? O mais grave sacrilégio, quando se é humano, não seria ter querido imitar o Absoluto? Isso porque o Absoluto, sendo o todo e o único por definição, implica *a priori* a alteridade em si mesmo, pois foi ele quem a criou. Pensando as coisas da criação, ele deve necessariamente pensar em si mesmo; amando as criaturas, deve necessariamente amar-se na sua criatura. Mas o homem, a despeito das promessas da serpente, não pode arremedar o seu Criador. Deparamo-nos aí com uma alternativa que é aparentemente impossível de eludir até mesmo para o próprio Deus (para o Deus desse velho mito). A alternativa é um mecanismo engenhosamente agenciado e, de tal maneira, que a criatura, em todos os casos, permanecerá sendo uma criatura. Deus fez uma criatura que pode permanecer (e isso sob certas condições) semidivina, portanto, "quase" divina. Tudo repousa nesse *quase* que Deus preserva de modo ciumento, pois representa a diferença irredutível entre o Criador e a criatura. A criatura, antes de ter provado o fruto da consciência, era quase como Deus, mas somente quase, quase divina, isto é, não totalmente. Se tivesse a imortalidade e a felicidade conservadas pelos frutos da árvore da vida, faltar-lhe-ia a consciência, dom perigoso prometido pela árvore da discriminação do Bem e do Mal. O homem, seduzido por essa perigosa promessa, é tentado a girar a alternativa acumulando as duas vantagens: a imortal plenitude de vida e consciência, sem pagar o preço... Ai de mim! Ele não poderá acumular: substitui somente à sua antiga semidivindade (a felicidade e imortalidade, mas na nesciência) a semidivindade inversa, isto é, a nossa: a consciência na miséria, com a morte ao fim. Assim foi a aposta, admitindo que essa palavra tenha aqui algum sentido. O homem escolheu (sem escolher expressamente as consequências dessa escolha) a mais austera das duas desventuras. Terá preferido – sem ter total consciência disso e apenas de modo retrospectivo – a desventura que comporta a maldição do trabalho, o sofrimento e a morte. Ele terá preferido a dignidade da miséria às delícias do Éden e do imortal embrutecimento. Mas, de qualquer maneira, permanecerá sendo um semideus... Assim, deixemos os arrependimentos!

Não há no senhor qualquer tentativa para escapar à finitude. Aquilo que constitui o seu terreno é o consentimento à miséria e não a nostalgia da origem.

O homem experimentará a plenitude ditosa somente na alegria-relâmpago de um instante, não num suposto retorno a uma inocência perdida. De acordo com a continuação, o homem não terá simultaneamente a consciência e a plenitude do ser: não se pode ao mesmo tempo conhecer o segredo da felicidade e permanecer feliz. O "pecado" (se assim podemos dizer) consistia em permanecer imortal e saber-se, sentir-se imortal: os dois juntos. É justamente tal impossibilidade que a consciência despida de ingenuidade fabula para o seu próprio uso, ao recontar o mito de uma punição. O homem deverá viver sob a lei da alternativa: comerá um pão amargo, caminhará dolorosamente no vale de lágrimas, com a sua resolução pela miséria, assaltado pelos lobos da aflição e os corvos da angústia. O seu ser será um ser lacunar, limitado no tempo, exposto às doenças, para, finalmente, retornar ao pó. No entanto, tal inacabamento, tal insuficiência constituem todo o preço da vida... Pascal expressou esse ponto com palavras inesquecíveis. O homem morrerá, mas ele sabe que morre. Nisso, pelo menos, é mais forte do que a morte, mesmo se tal consciência não o impede de morrer. Em nome dessa vantagem inefável, em nome dessa superioridade inestimável, a consciência-de-morrer com a morte como preço, que caracteriza a nossa atual semidivindade, é ainda aquilo que escolheríamos se nos coubesse escolher. O homem mais infeliz confirma-o e repete-o no seu coração: outra vez o faria, se fosse chamado a fazê-lo.

10. NO OLHAR AUSENTE DA INOCÊNCIA

O senhor se liberta da tradição filosófica referindo-se a modelos provenientes de outro âmbito: não mais Narciso, não mais o Cogito, mas o gaguejar do profeta e a complacência premonitória do Inocente em Bóris Godunov...

Não escolhi "modelos". Encontrei o Inocente. Ele chorava, sentado numa pedra. Nikolka chorava, abandonado por todos, pensando no infortúnio do povo russo. Era o fim de *Bóris Godunov*... Chore, povo russo, povo faminto. A inocência está aninhada no centro da cultura russa e foi o grande tormento, a inaplacável nostalgia de Tolstói. Este exprimiu tal nostalgia por meio da princesa Marie Bolkonskaia de *Guerra e Paz*, que recebe os peregrinos e os "homens de Deus" na sua casa. Sem dúvida, tal inquietude enraíza-se na religiosidade russa, menos deteriorada pela imensidão do saber, pela espessura e pela rigidez do dogma, pelas imponentes arquiteturas de conceitos que

139

caracteriza a teologia católica romana. Assim se explica o lugar tão importante que os místicos marginais, ao mesmo tempo ascetas e taumaturgos, ocupam nos confins entre a Igreja ortodoxa oriental e a heresia. O Padre Zósima, em *Os Irmãos Karamázov*, é um *starets*, não um prelado, nem um alto dignitário da hierarquia eclesiástica, nem mesmo o hegúmeno de um mosteiro, mas um simples monge, um contemplativo cuja sabedoria e até mesmo santidade agem sobre os homens pela única presença antes que pelo ensinamento. O *starets*, nesse sentido, encontra-se bem próximo do santo e do herói bergsonianos: neles, o encanto não irradia nem dos seus escritos, nem das suas palavras, nem mesmo do "fazer", mas do ser em pessoa. A mensagem não está nos livros, muito menos na doutrina: é a própria pessoa, é a ipseidade da pessoa que se apresenta como a mensagem. Os *Relatos de um Peregrino Russo*, por exemplo, não são um texto didático, transmitem em termos ingênuos uma tradição oral que extrai sua fonte dos "Hesicastas" da *Filocalia*. Do mesmo modo, Nikolka, o Inocente, esse sublime ingênuo a quem Mussórgski deixa a última palavra em *Bóris Godunov*, é a consciência profética da Rússia, mas tal consciência é, em si mesma, inconsciente de si. Eis por que o futuro da Rússia pode ser lido por meio de um humilde lamento: nada obstrui essa transparência, nem o peso de uma reflexão, nem qualquer opacidade vêm se interpor entre objeto e sujeito na perfeita inconsciência dessa consciência, que é transparente no espaço, anunciação no tempo pessoal, profecia no tempo histórico. O próprio Jesus, que se dirige às crianças e aos simples, era menos inocente, pois possui plena consciência da sua missão e repete que é o Filho de Deus... O inocente, por sua vez, é tão translúcido, tão inconsciente da própria mensagem que poderia ser considerado quase inexistente: mantém-se na fina extrema ponta do ser, ninguém sabe como. Assim é a inconsistente e misteriosa Mélisande. Nikolka, o anônimo, Nikolka, o incógnito é alguém que não é ninguém.

Como Mélisande, ele dirá de bom grado: "Não sei o que sou, não compreendo o que digo..." O inocente não possui um "Si" reflexivo, não se repete num "si mesmo"!

Pode parecer paradoxal que numa filosofia para a qual a inocência surge gratuitamente e num breve instante, um lugar seja reservado à figura do inocente...

Se pretendo aprisionar o inocente numa definição dogmática, a inocência desse inocente me escapa e se converte em tolice. Se tento me parecer com o inocente, no sentido em que o cristão "imita" Jesus Cristo, a minha imitação se torna um arremedo. E se o próprio inocente começa a *bancar o inocente*, ele não é mais que um espertalhão, como os inocentes profissionais, os falsos ingênuos e os pintores de domingo especializados no infantilismo. A inocência não é uma vivência psicológica, mas, à maneira da intuição, um *limite*. O inocente é miraculosamente o que os homens da vida mediana são por lampejos e no instante de um equilíbrio acrobático. Decerto, uma maneira de ser inocente é difícil de se conceber, e logo estamos prontos a ver nela uma anomalia: é assim que uma espécie de ambiguidade recobre a personalidade do príncipe Míchkin, o "idiota" de Dostoiévski. A inocência não é a ignorância: nem a ignorância em geral, que é negatividade e simples não saber, nem a ignorância que é um vazio partitivo, uma interrupção ou solução de continuidade nos conhecimentos, pois o buraco é um elemento lacunoso assim como o esquecimento. Esse buraco é uma distração passageira, uma pequena privação de cultura sem uma verdadeira repercussão sobre a cultura. Quanto à ignorância que é inocente, antes a chamaríamos nesciência: pode fazer companhia a uma ciência profunda. É, então, uma espécie de gnose, algo como a douta ignorância dos místicos. O inocente pode ter uma intuição do mistério ou uma entrevisão da realidade sem possuir a ciência infusa nem os dons divinatórios que algumas vezes lhe atribuímos e que antes são uma especialidade charlatã. A entrevisão não é a visão dos visionários e dos videntes! Somente a verdadeira inocência, esta que é um regime espiritual de toda a alma, merece o nome de simplicidade. Isso porque a inocência é simples, no sentido que a simplicidade exclui o desdobrar-se e o redobrar-se da consciência sobre si mesma: é a feliz transparência de uma alma que se esquece de si mesma no seu objeto. O inocente está perfeitamente liberto de si mesmo, ignora esses retornos morosos do interesse próprio que tornam toda consciência clandestina, maldosa e vaidosa; a secundariedade reflexiva que Bergson e Fénelon perseguiam sem trégua, nem ao menos aflora. Não há pensamentos ocultos atrás dessa fronte lisa ou nuvens sobre esse candor. O inocente coincide com o seu objeto num grande movimento de simpatia extralúcida. Esse é o caso da espécie de êxtase que Bergson denomina percepção pura. A castidade e o frescor da entrevisão no pintor não são um êxtase à sua maneira? Nenhuma sobrecarga – lembranças banais, associações de ideias, conceitos verbais, estereótipos sociais, esquemas espaciais – vêm obstruir nem interceptar o olhar do douto ignorante. Mas a consciência de si habituada aos conceitos manipuláveis ignora o movimento expansivo da inocência. Por um movimento de retroversão preocupada, ela vira para trás, isto é, para si, um impulso que deveria nos projetar em direção ao futuro ou nos identificar com o espetáculo do mundo... O inocente não só vê através do opaco de uma vista que parece radioscópica, mas é ele mesmo transparente para os outros; não só vê o verdadeiro, mas é, por sua vez, a própria verdade. Ele que não se serve de intermediário, estando em contato imediato com a realidade, é, por sua vez, o nosso intermediário junto a ela, é em pessoa o médium da mediação; é, portanto, de algum modo o porta-voz da verdade e o vetor das forças cósmicas. É a verdade em carne e osso, como teria dito Unamuno, que fala pela sua boca. Narciso, a quem o espelho reenvia a sua própria imagem, se toma de amores absurdamente, circularmente, por um reflexo de si mesmo: decepcionado pela falsa alteridade, por esse outro que é ele mesmo, por esse amado que é o amante, Narciso se afunda sempre mais na viscosidade da sua preocupação. O seu *alter ego* é sempre *ego*! O inocente concede ao amor a sua vocação transitiva, ao eu, o esquecimento de si liberador. E nós, que não somos inocentes, mas preocupados, lemos no olhar ausente da inocência a presença total do mundo. Sim, é a total presença do mundo que, nesses olhos de criança, nos olha com o seu olhar sereno e límpido.

A música não é a única via deixada aos homens, capaz de abolir a agitação reflexiva e discursiva? Espaço aberto no homem por onde ele pode enfim se lançar fora de si mesmo?

A música, à diferença da linguagem, não está estorvada pela comunicação do sentido preexistente que já abarrota as palavras; também pode tocar diretamente o corpo e inquietá-lo, provocar a dança e o canto, arrancar magicamente o homem de si mesmo. As rugas e os vincos da preocupação apagam-se de uma só vez assim que cantam os primeiros compassos da sonata ou da sinfonia. As frontes enrugadas voltam a ser lisas e compactas como a fronte de uma criancinha. A música faz esquecer o tempo vazio e torna igualmente insensível o tempo da morosidade introspectiva: é o remédio miraculoso para os homens doentes de enfado. Uma espécie de exaltação eleva algumas vezes o ouvinte e parece transfigurá-lo, arrancá-lo momentaneamente do peso, tornando-o, todo ele, impulso e levitação. Ouvinte e criador participam, cada um à sua maneira, desse impulso comum. Uma sublime evidência de repente irrompe quando o tempo maldito, hesitante, laborioso, o tempo da impaciência e da expectativa é tocado pela graça da musicalidade encantada. Contudo, a música também encerra armadilhas, a impureza a espreita: a voz do cantor faz renascer a consciência de si no cantor, e o cantor começa a se escutar enquanto o ouvinte o observa cantar. Uma superfície reflexionante está sempre pronta a se interpor entre o ouvinte e a música, a interceptar o influxo eferente que nos leva até ela. Essa superfície reflexionante talvez seja o próprio intérprete. Nada é menos transparente nem, ai de mim!, menos inocente em certas circunstâncias que a cabotinagem de uma cantora enlouquecida pela sua laringe. Longe de se fazer esquecer e de conduzir o impulso anagógico para além de si mesmos, os arrulhos da cantora bloqueiam esse impulso ao nível de uma importuna presença. O canto, que deveria ser o médium natural da música, tornou-se mau condutor, não vela para mostrar melhor, como faria o pudor da lítotes, mas simplesmente oculta o que deveria mostrar, como uma tela opaca. Esse reino do vocalize em si, essa complacência indiscreta por si mesmo, é o que chamamos por antífrase de *bel canto*! Eis um grave mal-entendido: este diz respeito à própria função da música. Aos cantores vociferantes que cobrem as maravilhosas harmonias de Bizet ou de Tchaikóvski, gostaríamos de gritar: calem-se para que nós possamos ouvir a *música*. A cantora afugentou a música, não há mais inocência. Na diva tão admirada, o que admiramos exatamente? O metal da sua voz, o seu dó agudo, as suas performances, a sua presença, enfim? No entanto, tudo isso não concerne nada além da materialidade e das circunstâncias do evento musical. Pode-se apreciar tudo isso sem se ter o menor interesse pela essência da própria música. Seria necessário que os cantores consentissem em fazer soar a sua voz como um instrumento, instrumento sem dúvida privilegiado, mas sempre a serviço da efusão musical. O retorno sobre si mesmo de um cantor ocupado em escutar a sua própria voz, assim como o retorno sobre si de Narciso ridiculamente absorvido na contemplação da própria imagem: eis o que deteriora a inocência absorvendo a música para o único benefício do intérprete. Se o milagre da humildade não se produz, então se deve fechar a todo custo a boca do intérprete. Faça-o calar. Amordace-o. Sufoque-o. Vale mais sufocar o cantor que a música, não é mesmo? Os repertórios russo e francês foram, ao menos no que concerne ao canto, especialmente dotados para a inocência. Como Debussy, Mussórgski não conheceu a bravura da ópera senão para zombar dela: não poupa a divina Patti, Patti, a divina![1] Em *Bóris Godunov*, *Khovanchtchina*, *A Feira de Sorotchintsy*, há sobretudo humildes, inocentes, judeus e ciganos, coros de vagabundos e peregrinos... e, sobretudo, há o povo russo, mas não há, por assim dizer, a figura da *prima donna*. Certamente, a escola russa de piano fez algumas concessões às heroicas execuções solo e ao espírito de concerto, mas as óperas de Mussórgski quiseram transcrever a verdade imediata, a verdade "a queima roupa", a verdade da *base*, sem estilização nem retoques. Essa verdade adere à multidão, aos seus mendigos, aos seus mujiques esfarrapados. A voz da multidão é acolhida na sua aspereza. Como não há órgãos nas igrejas russas, buscam-se os baixos nos vilarejos para substituir o instrumento: as vozes da profundeza integram-se à coletividade, dissolvem-se na massa coral de que são o fundamento anônimo. Em oposição a essas vozes graves que se elevam das profundezas e onde exala diretamente a alma ingênua da multidão, escute, no extremo oposto, a voz do tenor: ela passeia sobre a cornija, faz cambalhotas para os curiosos e atrai todos os olhares... É no agudo que o tenor em evidência faz o seu grande número de circo, que o tenor Sopranelli, no filme de René Clair[2], ensaia os seus floreados e trinados... No entanto, tal oposição entre o solista e as vozes anônimas das profundezas parece factícia quando se escuta a *Sinfonia Fausto*, de Liszt. Ao fim dessa imensa sinfonia, a orquestra, com as suas

---

1. Referência à obra *Rayok* (teatro de marionetes ou *peep show*) para canto e piano, de Mussórgski, peça satírica que ridicularizava músicos da época do compositor, como a soprano Adelina Patti, arremedada nos cacoetes próprios ao *bel canto* italiano.
2. Referência a *Le Million* (1931), comédia musical francesa.

mil vozes, a voz mística do órgão, o coro dos homens e o tenor solista unem-se numa humildade comum e inquietante para uma comum e sublime celebração. Nenhum dos quatro registros desse grande edifício sonoro sonha em destituir os três outros. O tenor não faz um número, não reserva nada para si. Canta, simplesmente, o humilde tema da inocência de Margarida, que desenrolava a sua linha virginal no segundo movimento da *Sinfonia Fausto* e que os sarcasmos de Mefistófeles, no terceiro, não puderam decompor. Trata-se do ápice de toda música. Jamais a música desvelou em termos tão tocantes e profundos o incomparável mistério do amor.

> O não-dizível
> Culmina aqui.
> O Eterno-Feminino
> Acena, céu-acima.[3]

---

3. "O perecível / É apenas símile. / O imperfectível / Perfaz-se enfim. / O não-dizível / Culmina aqui. / O Eterno-Feminino / Acena, céu-acima." J.W. von Goethe, Chorus Mysticus, Fausto, parte II, ato V, em *Deus e o Diabo no Fausto de Goethe*, p. 65.

11. O NÃO-SEI-QUÊ E O TUDO-OU-NADA

Essa consciência que traz consigo uma fenda congênita, que só acidentalmente pode descobrir a pureza, o senhor a descreve sem complacência, pois o senhor a quer, além disso, solicitada a cada instante pela exigência moral.

O devir é uma série de ocasiões continuadas: tais aparições-a-desaparecer reaparecem a todo momento, sem que haja progresso escalar, sem que nos aproximemos de um objetivo fixado de antemão. Por um lado, no espaço, o objetivo não muda de lugar, por outro, no tempo, desloca-se enquanto me arrasta na sua companhia. O número infinito das ocasiões reconstitui, no extremo limite, uma continuidade no descontínuo, um fluxo através das fluxões sucessivas. A todo momento, uma ocasião mínima pode se desligar da trama. Dito de outro modo (se ainda me for permitido variar as imagens), uma ocasião pode emergir do rosário de instantes que constituem o devir.

Os milhares de milhares de eventos infinitesimais inscrevem-se sem nenhuma interrupção e geralmente sem o sabermos no devir, mas nem todos serão "ocasiões". Deve-se distinguir entre a iminência e a urgência: por um lado, a ocorrência que advém de fora da nossa iniciativa e nos deixa passivos porque não depende de nós; por outro, a ocasião que depende da nossa decisão moral, da nossa liberdade, da nossa vigilância, do sacrifício que consentimos fazer. Não realizei o gesto que deveria ter realizado em tais ou tais circunstâncias? Alguém me responderá: "Não faz mal, realize agora tal gesto! Crie você mesmo tal ocasião! Ajude a ocasião! Portanto, não se desespere! Ainda é tempo, é tempo a todo o momento..." Encerrados entre a gnose permanente e as trevas da nesciência, a meio caminho dos extremos, somos reduzidos às cintilações de uma luz que se apaga a todo momento, mas que a todo momento pode voltar a se iluminar. O instante ocasional não dura mais que um instante, mas teremos decerto outras ocasiões! Cada nova primavera trará consigo as suas. Somos os seres medianos de um mundo mediano, ancorados na intermediariedade por nosso corpo: esse corpo não é um acidente, nem um simples obstáculo, é antes o órgão-obstáculo. Na medida em que faz uma tela e, por sua espessura, intercepta a luz, ele nos impede de ver; na medida em que é órgão, canaliza essa luz e permite a visão. Bergson revelou de modo genial tal tensão, destrinchou esse debate da negatividade positiva: é justamente o *apesar de* que é um *porquê*! A visão só é "vidente" por ser limitada no seu campo e no seu alcance. De modo semelhante, o conhecimento só é cognoscente pelas formas que o circunscrevem e, por conseguinte, o negam; aquilo que o impede é irrisoriamente aquilo que condiciona o seu êxito. E indo até o extremo limite: o conhecimento só terá acesso à verdade "absoluta" na estreiteza da brevíssima cintilação intuitiva. Logo, o obstáculo faz parte do enigma a se decifrar, e esse enigma constitui ao mesmo tempo uma esperança... A finitude humana ilustra bem o irritante paradoxo. Quimera por quimera, a crença na ressurreição do ser psicossomático, isto é, da pessoa inteira, talvez seja, em certo sentido, mais filosófica que a crença na sobrevivência da alma imortal. A primeira crença rende maior honra à seriedade do corpo, leva mais em conta essa relação contraditória em virtude da qual o homem só acede à luz embaraçado pela mediação dos meios... Não é a existência finita uma espécie de paradoxologia continuada? É essa relação invivível que é a vida! Essa relação faz do homem um ser atraído-repelido e, consequentemente, dilacerado, esquartejado, passional. Pelo efeito da relação ambivalente que a alma mantém com o órgão-obstáculo do corpo, a existência será uma continuação aventurosa, ameaçada sem cessar, reconduzida sem cessar de perigo em perigo, ricocheteando sem cessar de instante em instante. No entanto, essa continuação indecisa, desconfortável e tão perigosa forma, afinal de contas, uma existência viável! A continuação da existência se mantém graças ao movimento, isto é, lança-se adiante, como o ciclista. Não se trata, portanto, de uma continuação tranquila! Seja como for, nem bem nem mal, o vivente preserva o seu instável equilíbrio entre os contraditórios. Isso se chama *Vida*! Morte continuada que é uma vida continuada, salva do nada a cada minuto e isso *in extremis*: assim é a vida do homem, dividida entre a lengalenga das repetições que a exaurem e esses instantes abençoados que a impulsionam por sacudidelas e fugidiamente a reanimam, para em seguida abandoná-la ao seu torpor. Contudo, tais instantes são indefinidamente reiteráveis, e nos é lícito solicitá-los. Esse clarão enganador depois do qual recaímos na sordidez e na mesquinharia, essa chance oportuna, enfim, nunca nos são recusados. O imprevisto trazido a cada minuto pode ser subtraído pelo instante seguinte, mas a instantaneidade perpétua e inesgotável da ocasião é um convite para ir sempre mais longe, além de nós mesmos, para reinventar sem trégua uma verdade que escapa. Esse instante-relâmpago de pureza não tem tempo de desabrochar à luz, nem o poder de iluminar a vida: pois uma centelha não ilumina o caminho, uma centelha não é uma luminária... Todavia, é possível fundar uma ética sobre a centelha. Paradoxalmente, a ponta aguda pode ser um fundamento! Isso porque a descontinuidade da existência que proíbe domiciliar e gerenciar o instante é o penhor de uma continuidade extenuante, perigosa, sem dúvida, e aleatória, mas infinitamente apaixonada. Assim é a continuidade intensa que assume a nossa liberdade: liberdade de começar e recomeçar a todo momento, liberdade de decidir, apesar do princípio de identidade, que a coisa feita não está feita. Por um lado, aquilo que fiz não o fiz; mas, por outro, como aquilo que está feito ainda fica por fazer e não será jamais feito, devo fazê-lo a todo momento, imediatamente, nesse mesmo instante. Fazê-lo e refazê-lo infatigavelmente.

O senhor evoca a possibilidade de fundar uma ética sobre a centelha. No entanto, a prática da investigação psicológica – quase inquisitorial – que caracteriza o seu método e que se inscreve na linhagem de um Fénelon, de um Gracián, de um La Rochefoucauld, chega necessariamente a pulverizar todo instante constituinte e, logo, a recusar-nos a responsabilidade e o benefício do mérito.

O caráter suspeito, evanescente, inconsistente, inapreensível por essência de todo o bom movimento (podemos até mesmo nos perguntar se algo do gênero alguma vez existiu de fato) não significa que todo o mau movimento também deva aspirar à quase-inexistência! Seria demasiado belo, demasiado cômodo! De acordo: a intenção virtuosa que atribuo a mim tem algo de ilusório, de ambíguo e de efêmero, algumas vezes até mesmo de burlesco. Contudo, essa não é uma razão para extrapolar e para estender tal ambiguidade ao egoísmo, à mesquinharia e à vaidade. Isso talvez seja injusto e severo, mas o homem deve aceitar essa injustiça escandalosa, essa dissimetria revoltante à sua custa como um fardo que lhe cabe e que é, com a condição de não prevalecer, o verso oculto da sua dignidade. Por um lado, a perenidade por tudo o que é má vontade, má-fé, má intenção; por outro, a inconsistência por tudo o que é bom movimento. Ele assumirá aquelas sem poder reivindicar este como um mérito e *a fortiori* como um título de glória, sem que o bom movimento lhe dê o direito ao que quer que seja. Todo mundo tem direitos, exceto eu! Nunca tenho uma desculpa e não posso me valer de nenhuma circunstância atenuante, nem pretender a mínima indulgência! Não se trata de um paradoxo hiperbólico? Aceito a responsabilidade do demérito e recuso aquela do mérito! Não farei que esta sirva para compensar ou contrabalançar aquela. A lei moral, no seu rigor, não está encarregada de defender os nossos interesses, o nosso conforto e as nossas rendas. O perigo que sempre nos espreita é explorar a inconsistência do instante revestindo de vaporosidade a duração e embaralhando as cartas. A favor da cortina de fumaça, invertemos os termos no sentido mais lisonjeiro e favorável para nós: aos movimentos fugidios do coração que surgem no tempo, concedemos certa cronicidade virtuosa; à maldade inextirpável que se eterniza na duração, atribuímos a fugacidade da aparição a desaparecer. O objetivo maquiavélico dessa tendência à confusão é estabelecer que não há más intenções e que toda intenção é fundamentalmente boa: os colaboracionistas eram ao seu modo patriotas; os traidores, heróis; todos desejavam o bem à Pátria! Ora, a polaridade da boa e da má intenção permanece unívoca e não ambígua justamente em razão da sua dissimetria. Aquilo que me é vetado é o direito de julgar a mim mesmo, de me fazer espectador de mim mesmo, de me atribuir o bom movimento como um mérito permanente e crônico. Se não é inocente, o bom movimento é imediatamente transformado em vaidade presunçosa. O herói corre o risco de se tornar um pavão. Além disso, e sob uma óptica objetiva, a tragédia da guerra demonstrou com evidência: um resistente permanece um resistente, um colaboracionista permanece um colaboracionista. O rigor moral nega tanto as aproximações da tendência à confusão estetizante quanto as brumas propícias da má-fé e da desordem. Antes o maniqueísmo que o maquiavelismo!

"Tenhamos a coragem de ser grosseiros", escreveu Nizan, *"sacrifiquemos o* esprit de finesse.*"*[1]

Ou seja: chega de *finesse*, chega de nuanças além do necessário! Mas é urgente acrescentar o seguinte: impossível pronunciar uma única palavra que não seja essencialmente ética; todos os nossos julgamentos são mais ou menos julgamentos de valor e só têm sentido para uma vida moral, tanto para os partidários da moral tradicional quanto para os seus adversários. O que significam, por favor, as palavras exploração, injustiça, hipocrisia burguesa? Trata-se de julgamentos de valor da consciência moral, se não me engano, e só têm valor em relação a ela! Por que a exploração do homem é um mal? E por que o respeito à dignidade pessoal considerada como um fim em si é melhor que a exploração descarada dos assalariados? Sem um *cogito* moral onipresente, não haveria nenhuma razão de condenar a injustiça social ou de denunciar a hipocrisia burguesa. *A fortiori* não haveria nenhuma razão para sair às ruas com o intuito de fazer a revolução! A indignação moral é o único motor que nos permite passar da constatação nocional à efetividade e do espetáculo platônico da desigualdade à recusa insurrecional do escândalo. A cólera não está analiticamente contida

---

[1]. "Um banqueiro, um empregado, enfim, são os derradeiros símbolos elementares que se levantam por trás de um horizonte enfumaçado, iluminado pelas luzes de Paris. Toda a realidade desse mundo se transforma numa caricatura do Pravda. [...] Os poetas, os políticos, os filósofos consideram que essa visão seja simples e grosseira, necessitada de um refinamento. Façamos de nós mesmos um ser grosseiro: que o espírito de fineza possa divertir as bandeiras e os grandes senhores da guerra nos coletores de esgoto." *Aden, Arábia*, p. 156.

no espetáculo da exploração. É esse "a mais" que apanhou tão de surpresa a socialdemocracia reformista. Esta esperava, ao preço de algumas reforminhas, adiar a revolução violenta por algum tempo ainda, pelo máximo de tempo possível, isto é, ganhar tempo até o fim do tempo... A pesagem do imponderável sobre as nossas balanças de precisão não nos dispensa de decisões brutais e urgentes que talvez o escândalo intolerável nos impõe. Usar como pretexto os motivos infinitesimais para adiar a decisão é uma forma pérfida de maquiavelismo ou pelo menos uma forma adocicada da má vontade. Em suma, o trabalho moral implica duas tarefas aparentemente contraditórias, contudo, complementares. A primeira é a oposição categórica, a decisão sem nuanças; no perigo extremo, o engajamento não nos deixa outra escolha senão a alternativa simplista do bem e do mal, da vida e da morte, do tudo ou do nada, do sim e do não. Essa opção vertiginosa entre dois contraditórios exclui as transições e os intermediários que a escolha estética comporta. A segunda tarefa, rica em refinamento psicológico, consiste em denunciar as minúsculas segundas intenções escondidas atrás de um gesto nobre, a recensear os motivos inconfessáveis ocultos sob essa máscara, a inventariar os cálculos sórdidos que recobrem essa careta... Tarefa infinita, coextensiva à continuação dos dias! Exige vigilância incansável, mas só ela honra o caráter indemarcável do instante puro e, simultaneamente, a seriedade do intervalo: os dois juntos! Ela exalta o clarão frágil e duvidoso da centelha, enquanto, ao mesmo tempo, aprofunda a espessura da noite.

12. A FILOSOFIA ESTRANGULADA

Vivemos uma crise muito grave da filosofia e presenciamos um tempo no qual as ameaças mais sombrias pesam sobre o seu ensino. Nessa conjuntura, o senhor faz questão de travar um combate essencial, pois milita decididamente em prol de uma disciplina incriminada, enquanto também faz questão de reforçar a ideia de que a filosofia, na medida em que possui por objeto privilegiado o tempo, escolhe viver em regiões inexpugnáveis, no reino da decepção. Desse modo, o senhor acabou agravando a ausência de estatuto própria à filosofia. Tal contradição parece-me extremamente característica ao seu modo de refletir: decretar o estado de urgência, é certo, mas continuar pacientemente pesando o imponderável.

Se a filosofia é essencialmente controversa, sempre precária e contestada, posta incessantemente em questão, isso se deve sem dúvida à natureza particularmente fluida, evasiva e fugidia desses objetos que não são objetos. Objetos difusos e difluentes entre todos os demais! Há algo de noturno no "objeto" filosófico. O tempo e o filósofo do tempo são irmãos em desventura! Confessando o caráter insolúvel do seu problema infinito, a filosofia torna-se, por sua vez, mais vulnerável... A filosofia não faz "progresso", à diferença do que ocorre com os saberes técnicos e, especialmente, com as técnicas que se relacionam com os instrumentos, veículos e vetores da mobilidade humana. A cada ano aparece um novo guia ferroviário, anunciando as novidades da estação: aperfeiçoamentos sensacionais, velocidades mais altas, redes mais numerosas, maiores ofertas de horários. A técnica presta-se a um aperfeiçoamento infinito, promete-nos um progresso sem limites. No entanto, a filosofia não nos faz promessas e mesmo se as fizesse, não as manteria: assim, é necessário que a cada vez justifique os seus títulos para assegurar a sua existência. Decerto, se nos colocamos sobre o terreno das finalidades utilitárias, a filosofia de nada *serve*... Mas não estaria aí, paradoxalmente, a sua razão de ser? E se, por acaso, viver perigosamente fosse desde sempre a sua razão de ser? A sua perigosa e gratuita vocação? Uma vez mais parafraseemos Pascal: que não repreendamos a filosofia pela natureza inapreensível do seu problema, uma vez que faz dele justamente a sua profissão. A história da filosofia não cessou de nos oferecer esse duplo espetáculo: o de uma disciplina em busca do seu problema e o de uma disciplina dividida consigo mesma. Quanto ao segundo ponto: a acuidade das contradições que opõem as diferentes correntes filosóficas fornece armas aos misólogos de todas as proveniências. Num panfleto intitulado *Leilão dos Filósofos*, Luciano de Samósata se diverte em ridicularizar as escolas cínica, estoica, epicurista e cética, revelando ao leitor, assim, o risível espetáculo desses filósofos que não cessam de se rebaixar uns aos outros e que, no fim das contas, nem sequer sabem que problema examinam... A repreensão de Aristófanes a Sócrates e em geral à filosofia, na sua comédia *As Nuvens*, não se deve ao fato de ela se achar rainha de um reino que se mostra incapaz de definir? Quanto ao primeiro ponto: a filosofia passou o seu tempo a colocar-se em questão, eis o mais fundamental e o mais claro dentre os seus problemas. A filosofia coloca o problema do seu problema: mal começou a filosofar e já se pergunta se existe de verdade, por que existe e com que propósito. Isso porque não está segura de existir! E passa o tempo a apalpar-se, a definir--se! Toda a filosofia já se encontra aí, nesse espanto de existir. Platão, antes de Schopenhauer, falava sobre esse espanto absurdo que abala a obviedade das evidências habituais. O filósofo espanta-se com aquilo que é menos espantoso... A filosofia começa por ela mesma. Como o amor. Isto é, no mesmo instante, imediatamente... Sim, a filosofia passa o tempo a se buscar, mas essa pesquisa inicial já é filosófica! O que digo? Ela é toda a filosofia. Nesse mesmo momento em que buscamos o que é a filosofia, fazemos filosofia! A filosofia já começou. Como o tempo, ela já estava aí, ocupada em definir-se! Pode-se perguntar por que não há teoria do conhecimento em Bergson: isso ocorre, no entanto, porque Bergson entra de imediato na filosofia, sem preliminares nem prolegômenos de qualquer espécie. Não há gnoseologia, nem metodologia, nem criteriologia. O bergsonismo é comparável, nesse sentido, a uma ópera sem abertura (ou quase!): *Pelléas e Mélisande*, por exemplo, ou até mesmo *Bóris Godunov*, que possui, sim, um "prólogo", mas quase não possui um "prelúdio". Nesse prólogo, vale ressaltar, já somos lançados ao coração do drama: a ação histórica já começou, as multidões já estão em movimento! Bergson embarca com o meio de transporte em movimento: começa de uma vez pelo problema do tempo e pelo problema da liberdade, ou seja, mais uma vez pela própria filosofia! Assim como um filme "permanente" para sempre já começado, em qualquer momento em que chegássemos... É verdade que se pode dizer à vontade (pois, afinal, vem a ser a mesma coisa): a filosofia não possui preâmbulo, a filosofia é toda ela preâmbulo, do começo ao fim. A filosofia é perpétua introdução: introduz o espírito a algo de outro e, assim, ao infinito. Adoraríamos dizer que a filosofia, começo incessantemente recomeçado, é uma continuação permanente que é permanente *iniciação*. Sempre inicial, sempre terminal, mas também sem fim nem começo. Assim como a canção perpétua do "Vent dans la plaine" de Claude Debussy[1], aberta para o horizonte longínquo... A filosofia não se parece com os discursos da retórica, enquadrados entre exórdio e conclusão; não é tampouco um jardim fechado do qual o filósofo seria o jardineiro. Kierkegaard diria que ela está em oposição a todo "sistema". Também aqui a filosofia remete a *Pelléas e Mélisande* que, não tendo começo, tampouco tem conclusão, e que expira num sopro, num pianíssimo imperceptível. Também aqui ela nos faz pensar em *Bóris Godunov* que não termina na fermata de uma apoteose, mas com o lamento solitário do Inocente. Como o Vento na Planície, cuja canção imemorial jamais começou, cuja canção perpétua jamais acabará. Tudo o que a interrogação filosófica interrogou é mais ou menos envolvido por uma aura de inacabamento: sob o efeito da questão radical colocada, os contornos do problema se esfumam, e o problema se torna algo atmosférico e pneumático. A interrogação filosófica é a consciência das ciências, o seu *cogito* e, por assim dizer, o seu foro íntimo. A mineralogia pode se colocar questões circunstanciais sobre os seus próprios limites, sobre o seu objeto, sobre as relações que estabelece com as ciências vizinhas, como a geologia, por exemplo. Contudo, a mineralogia, como tal, não precisa justificar a sua

1. "O Vento na Planície", sugestão poética do *Prelúdio N.3 (Livro 1)*, de Debussy. As sugestões oferecidas pelo compositor ao fim da partitura (e não como títulos colocados no cabeçalho) encontram-se em plena sintonia com a compreensão jankélévitchiana do "sentido" musical. Este, devido à sua inerente abertura, não se define de antemão, mas admite, como a própria vida, múltiplas possibilidades recolhidas pelo ouvinte ao longo ou mesmo ao término da execução.

própria existência; a mineralogia não se interroga sobre a razão de ser da mineralogia: é a filosofia que se interroga no seu lugar e questiona a mineralogia. O *ser ou não ser* da mineralogia não é um problema para a própria mineralogia: é um problema filosófico. Epiteto, respondendo a um interlocutor que lhe coloca uma questão sobre a sabedoria, diz o seguinte: "Se você me perguntar como se deve jogar gamão, responderei: 'eis as regras do jogo, deve-se jogar de tal ou qual maneira...' No entanto, se você me perguntar: 'deve-se, em geral, jogar gamão?', não será o gamão que responderá a essa questão; é a filosofia que nos dirá *se* se deve ou não jogar o gamão e é ainda a filosofia que nos dirá *se* se deve filosofar."[2] Deixando para os saberes técnicos as respostas circunstanciais ou categoriais, a filosofia concede uma resposta categórica à questão radical, responde com um imperativo incondicional, responde que *se deve* filosofar.

Parece-me que aí reside justamente o nó da questão. Como lutar pela defesa de algo que não se deixa definir, cuja existência é incerta e que faz profissão da sua precariedade? Na situação de urgência em que se deve defender imediatamente e a todo preço a filosofia, um perigo está à sua espreita: aquele da necessidade de lhe dar um contorno e um conteúdo e, portanto, de ser infiel à sua fragilidade...

De tanto tomar a defesa da filosofia, corre-se certamente o risco de transformar-se num profissional da vocação aberta... Deve-se, porém, assumir esse risco. Isso porque não basta dizer que a filosofia coloca a si mesma em questão, que se nutre dessa interrogação perpétua e que essa é a sua única tarefa. Chegou o tempo em que se deve desconfiar dessa dialética demasiado engenhosa que

2. Também encontramos reflexão semelhante em Schopenhauer, mais precisamente no Apêndice ("Crítica da Filosofia Kantiana") do seu *opus magnum*. A. Schopenhauer, *O Mundo Como Vontade e Como Representação*, t. 1, p. 596.

serve para nos tranquilizar: contestar a filosofia, dizem-nos, é ainda e mais que nunca filosofar, e, da mesma maneira, a negação da moral é ainda uma atitude moral e quão rigorista algumas vezes! Tudo é filosófico, a começar pela antifilosofia... Eis os nossos adversários aprisionados no círculo mágico, alistados na filosofia a contragosto! Os nossos inimigos são obrigatoriamente os nossos amigos. Teremos, assim, resposta para tudo... Mas isso talvez seja tranquilizar-se com muita facilidade. Certamente a filosofia digere a própria negação, pois possui um estômago elástico; em outros termos, é capaz de incorporar o que a contradiz. No entanto, a supressão legal do ensino filosófico não é aqui a antítese, momento inteligível e integrável num ritmo histórico: é, antes, o estrangulamento puro e simples da filosofia. Diante disso, é cômodo fazer de conta que a atitude de se colocar em questão a filosofia seja ela mesma filosófica... A filosofia, em confronto com a má-fé e com o terrorismo, não é simplesmente colocada em questão, está ameaçada de aniquilamento. Não é, portanto, o momento de se desmobilizar! Os métodos de sufocamento estão bastante aperfeiçoados hoje em dia; por outro lado, os imperativos de rentabilidade tomaram o lugar das outras exigências. Já é vergonhoso ter que defender a filosofia contra os paladinos do computador. Para que esperar a síntese conciliatória que, ao que parece, sucederá um dia à antítese? Quando se tem de haver com a má-fé e a má vontade e quando se tem a obrigação de defender o que não deveria ter necessidade de ser defendido, só resta uma solução drástica e irracional: combater. É isso que se faz quando está em questão o tudo-ou-nada da existência.

Aquilo que o senhor recusa – e uma vez mais esta recusa me parece exemplar – é confundir a morte filosófica da filosofia, perigo que a faz viver e que não a cessa de nutrir, com uma morte arbitrariamente organizada por um regime que utiliza contra ela o que antes se deve chamar de violência legal.

De fato, não se pode confundir um debate que é interior à filosofia com uma agressão exterior: a astúcia tática daqueles que têm por objetivo final a extinção da filosofia não está desprovida de habilidade. Reduz-se a filosofia à sua mais simples expressão no ensino secundário, em seguida basta aguardar a sua morte por degeneração atrófica nas universidades. Junto às campanhas que hoje visam a ridicularizar e a desacreditar a filosofia, as fogueiras dos livros organizados pela inquisição hitleriana aparecem como uma espécie de trabalho artesanal. Queimar livros no pátio da Universidade de Friburgo jamais impediu a difusão do marxismo. A técnica do terrorismo contemporâneo é de outro modo eficaz: obtém, sem fogueiras, o definhamento mortal da filosofia. A filosofia não vive do ar do tempo, num mundo abstrato: depende de meios empíricos de difusão. Para se propagar de uma pessoa a outra, precisa de um vetor concreto, homens e mulheres de carne e osso. Posto que a perseguição se torna sempre mais refinada, sutil e sorrateira, a réplica por sua vez deveria ser sempre mais agressiva, acossar os perseguidores "onde quer que eles estejam", como diz Beate Klarsfeld[3], e confundir os mentirosos.

O seu combate pela filosofia permaneceu solitário: nem todos os seus colegas o seguiram ou o acompanharam nessa mobilização impaciente e nessa certeza de que a crítica da instituição ainda se adiaria por muito tempo.

Foi um combate extremamente solitário de fato. Sem dúvida, recebi muito apoio entre os nossos colegas dos

3. Ativista franco-alemã, nascida em 1939, que, juntamente com o marido, Serge Klarsfeld, dedicou a sua vida à identificação, no pós-guerra, de criminosos e colaboradores nazistas, em busca da justiça e da preservação da memória das vítimas do Holocausto. Além de condecorada, na França, com a Legião de Honra e a Ordem Nacional do Mérito e na Alemanha com a Ordem Federal do Mérito, Beate foi nomeada, ao lado de Serge, embaixadora da Unesco para a prevenção do genocídio.

liceus, muitas cartas tocantes e encorajamentos preciosos. No entanto, o capital de simpatia não bastava para compensar uma solidão essencial. Adoraríamos ter inimigos somente à direita, entre os chefões da indústria têxtil e do concreto. Ai de mim! Algumas vezes eram mais virulentos no extremo oposto. Entre uns e outros, entre os nossos inimigos naturais e aqueles que nos acusam de propagar a ideologia da classe dominante, a margem de manobra era muito estreita. Desconsideremos a inimizade dos nossos inimigos naturais: ela nos é devida, é a amizade deles que nos chocaria. Contudo, a hostilidade dos nossos amigos é dura de suportar. Ela nos torna infelizes. Mantemo-nos em equilíbrio, só Deus sabe a preço de quais acrobacias, sobre um perigoso precipício. A situação daquele que pretende hoje defender a filosofia é extremamente instável e desconfortável. Sempre o esporadismo, sempre a dispersão dos valores, a impossibilidade de agrupar tudo o que respeitamos no mesmo campo e, portanto, de estar plenamente de acordo com os seus próprios amigos, sem restrição, sem reticências, sem reserva mental. Deve-se, também aí, render-se à evidência: os nossos amigos políticos não são todos necessariamente amigos da filosofia e as nossas relações com eles só se perpetuam à custa de numerosos pensamentos dissimulados, sob a condição de não falar nem de Plotino, nem de Bergson, nem do mistério e de evitar palavras tabus... Mesmo os programas oficiais, para não pronunciar a palavra *Moral*, empregam circunlocuções ridículas. Como se a palavra fosse obscena. Isso pode ser chamado de vida? Não, não é uma vida e, no entanto, é a nossa, a vida invivível e, no entanto, viável que vivemos até a morte, e esse caminho é o caminho que bem ou mal percorremos e, geralmente, mais mal do que bem. É a miséria do esporadismo que gerou a miséria do mal-entendido. Quando um acordo "objetivo" (como se diz hoje) se estabelece entre os homens sobre um desacordo essencial, as condições estão reunidas para uma luta comum. Contudo, o mal-entendido

161

envolvido nas profundezas do silêncio permite entrever algumas vezes uma surda inquietude: mesmo combate, mesma recusa, mesma tática, mesmos meios, mas fins divergentes e intenções opostas. Era este um pouco o caso na Resistência, mas o inimigo comum, nessa guerra mortal, era tão diabólico, o perigo tão grande, a necessidade de vencer tão imperiosa e vital, que o acordo negativo era, no entanto, sólido e durável. Não ocorre o mesmo no combate pela filosofia: o acordo com os nossos aliados objetivos é um acordo factício e precário... E, contudo, quem sabe? O perigo que ameaça a filosofia talvez seja um perigo tão mortal quanto o hitlerismo.

"A filosofia", escreve Thomas Mann, "partilha a sorte da democracia. Ela é forçada a ser militante, é simplesmente o instinto de conservação que a impulsiona nessa direção."[4]

A necessidade de lutar pela filosofia é talvez quase tão vital quanto o combate de um tempo pela liberdade. A antifilosofia corre o risco, pela esterilização e pelo esgotamento da fonte, de fabricar uma geração de brutos manipuláveis e perfeitamente dóceis, incapazes não somente de reagir, mas também de compreender o que está em jogo. Eles nem sequer saberão o que se deve preservar. E o que se deve preservar é a consciência da filosofia, que é a consciência *tout court* e, consequentemente, a filosofia *tout court*. De fato, a consciência da filosofia e a filosofia não passam de uma única e mesma coisa.

O senhor sempre atribuiu uma grande importância ao que a universidade denomina "curso público"; talvez esse fosse o seu curso por excelência... Parece-me que o senhor aprecia particularmente falar de filosofia diante de uma assistência composta de amadores – mas isso seria dizer muito pouco

---

4. Passagem extraída do artigo "Denken und Leben", publicado por *The Virginia Quarterly Review*, v. 17, n. 3, no verão de 1941.

para designar esse público que frequentava o seu curso às segundas-feiras, essa comovente mistura de pessoas idosas, de estudantes velhos e novos, músicos, militantes, solitários, dentre os quais às vezes se incluíam alguns mendigos... Esse gosto de falar para um público sem etiquetas e mesmo para desconhecidos (uma vez que o seu curso de segunda-feira era retransmitido pelo rádio) expressa o valor e a modernidade do combate travado pelo senhor em prol da filosofia.

É verdade que, por instinto, mais que por preferência expressa, sempre me dirigi não a pessoas especializadas na profissão filosófica, mas àquelas que não estão enredadas por uma problemática conceitual, por uma técnica verbal ou por autores das ementas das disciplinas. Vinte e cinco anos de cursos retransmitidos pela Rádio Sorbonne convenceram-me dessa dupla verdade: a pergunta filosófica permaneceu muito forte entre o público, e isso não só entre as pessoas simples, mas em geral naqueles que não são do ofício: médicos, juristas, matemáticos... Além disso, a curiosidade especulativa, o gosto pelas ideias, a análise e a discussão são sempre bastante acaloradas nos franceses. Profanos, empregados, estudantes desinteressados: são esses os verdadeiros defensores da filosofia, são eles que salvarão a filosofia contra a coalisão dos sabotadores e dos pedantes, dos caducos e dos terroristas. Esse auditório talvez invisível, com o qual por assim dizer dialoguei durante um quarto de século, restituiu-me um pouco de segurança e muita confiança.

13. UM DEBATE INFINITO

O intervalo é esse lugar da duração no qual o tempo da história e da política irrompem, eis por que o senhor concede uma seriedade ao intervalo. Contudo, tal seriedade não é reduzida pelo senhor à urgência de ações pontuais, pois constitui o momento da contradição que não se pode nem escamotear nem ultrapassar.

Estamos continuamente errando o alvo, incapazes de aderir – sem segundas intenções nem escrúpulos, com um coração simples e sem divisões – a qualquer causa ou doutrina que seja. Tal dilaceramento agravou-se bastante em nossos dias, mas seria fácil e perigoso considerá-lo como fatal e irredutível em todos os casos. O esporadismo talvez seja o reflexo de um destino metafísico, mas ele não autoriza, por esse motivo, contudo, o ceticismo político. Tais contradições infelizes e particularmente aguçadas derivam simplesmente de uma contingência histórica ou, com mais frequência ainda, dependem de uma visão superficial e aproximativa das coisas. Certamente, na perspectiva humana, não se distingue como tais contradições poderiam ser resolvidas... Ainda se deve considerar que elas não são necessariamente ontológicas ou axiológicas. Antes de falar de uma desconexão irremediável dos valores, tomamos o cuidado de verificar se tais conjunções de teses que nos coabitam, só Deus sabe como, e que juram se encontrar juntas, não são conjunções fictícias e fortuitas, conjunções arbitrárias cujas peças discordantes são soldadas simplesmente pelas convenções ou pela força do conformismo bem pensante? Certos arranjos de ideias, certos acoplamentos de conceitos são monstros aos quais a leitura dos jornais nos habitua e dos quais sofremos influência como de uma hereditariedade perniciosa. Esse é o caso, por exemplo, do antissemitismo de esquerda. Não se trata, ai de mim, de uma simples curiosidade teratológica. Trata-se de um ódio virulento e, além disso, um dos mais tradicionais, uma vez que acompanha, ao longo do século XIX, o nascimento do capitalismo financeiro. Victor Hugo, visionário e profeta de um amanhã feliz ("Aonde vai esse navio? Ele vai vestido de dias, / Rumo a um porvir divino e puro [...]"[1]), o Victor Hugo da Paris popular e revolucionária e da imagem democrática denuncia, em *Os Castigos*, "o judeu odioso escondido na sombra". Temos vergonha ao ler isso, vergonha de repetir e até mesmo de pensar nisso, e mais vergonha ainda ao saber que Fourier e Proudhon adotaram tal linguagem de ódio. Tudo isso é triste, dilacerante, desolador! Contudo, mais desolador que desesperador... De fato, a desconexão axiológica não tem nada a ver com essa contradição. Esta se deve à espessura dos preconceitos seculares depositados no inconsciente coletivo. O antissemitismo de Dostoiévski, ao contrário, não tem nada

---

1. *Où va-t-il ce navire? Il va de jours vêtu, / Ver l'avenir divin et pur*; V. Hugo, Plein ciel, *La Légende des siècles*, v. II, capítulo XIV, 2, Première série (1859); disponível em: <https://fr.wikisource.org>.

de dilacerante. Dostoiévski era um retrógrado partidário do trono e do altar, um doutrinário da autocracia, um pan-eslavista de direita. Assim, não há por que se espantar. Tudo está dentro da ordem. Entre os defensores do tsar (com exceção talvez de Katkov e de uma pequena minoria), o antissemitismo não devia provocar nenhuma perturbação de consciência. A *intelligentsia*, por sua vez, mas num sentido radicalmente oposto, nunca conheceu o menor dilaceramento nem o menor quiasma: todos aqueles que eram valorizados à época, Korolenko, Andreiev, Górki, todos aqueles que tinham um nome rejeitavam o discurso antissemita com desgosto, e é toda a literatura russa, ao menos a literatura digna desse nome, que veio testemunhar em Kiev a favor do judeu Beilis, acusado de assassinato ritual. Os monstruosos amálgamas do social-racismo eram, àquela altura, desconhecidos do progressismo russo. Será a *Stalinchtchina* a responsável pela reinvenção do amálgama entre o discurso socialista e o discurso antissemita. As misturas mais suspeitas e mais diabólicas foram concebidas, em seguida exploradas, pelos laboratórios e nas retortas do social-fascismo europeu, especialistas na arte de combinar teses contraditórias e de jogar com a ambiguidade que deriva de tal reagrupamento. A própria impostura está inscrita no nome que a doutrina dos nazistas se concedeu: nacional-socialismo. Não devemos nos esquecer de que Mussolini era um leitor de Georges Sorel, do qual pretendia ser discípulo. Sabemos bem em que tais sofismas maquiavélicos, em que tal demagogia imunda resultou. O antissemitismo de Maurras farejava, desde muito, em Proudhon um aliado e um cúmplice clandestino: faltava-lhe um elo essencial... Após a publicação dos *Carnets* de Proudhon, essa insólita simpatia encontra-se retrospectivamente justificada. Proudhon era mesmo um precursor da exterminação maciça. Decididamente, os demagogos têm um instinto aflorado! Acabam sempre se reconhecendo. Nas águas inquietas da confusão, o social-fascismo fez uma descoberta milagrosa, uma descoberta que é também um ganho inesperado: tal descoberta se chama o Banco judaico. Como se o fato de ser judeu fosse para a instituição bancária uma circunstância agravante... Os bancos cristãos têm o direito de ser virtuosos. Não há mal algum em fazer comércio de dinheiro, desde que tal comércio seja cristão. A usura, neste caso, torna-se moral. A "finança judaica internacional" foi inventada no momento oportuno para satisfazer a boa consciência socialista do fascismo.

Além desses amálgamas premeditados e oficialmente declarados, não haveria também equívocos secretos e involuntários, misturas ruins cujos elementos podem ser dificilmente isolados pela análise?

Os estudos clarividentes de Jean-Pierre Faye coincidem nesse ponto com as intuições de Jules Isaac. No escorregar clandestino de um discurso a outro, é o inconsciente coletivo que opera. Tarefa duvidosa! A linguagem remexe em camadas profundas e sedimentos nauseabundos nos quais dormitam as palavras do ódio religioso e os preconceitos imemoriais. Tal ódio estava adormecido nas dobras e nos aluviões da História. Ao falar, despertamos estereótipos caídos em letargia e reativamos o seu veneno: os disparates acumulados tornam-se outra vez virulentos. O reitor novamente desencadeia uma mecânica feita de associações, de constelações verbais e de ideias preconcebidas. A linguagem, obedecendo às afinidades e às ressonâncias que se criam entre as palavras, não cessa de veicular posicionamentos oriundos de priscas eras. Assim, ninguém está protegido desses deslizes: as palavras acabam por se reunir entre si de modo quase autônomo, como se a linguagem possuísse uma história independente da nossa. E nem sempre possuímos a vontade necessária para opor à tentação das associações a ascese das dissociações, nem a força de resistir a tal sedução das palavras que andam em grupos de duas, de três, de quatro... Trata-se aqui mais que de uma linguagem, de recitações. Não é um homem que fala, é um disco que roda. Já ouvimos bastante essas máquinas falantes! O deslize termina em geral nas ondas da eloquência passional, pois esse verbalismo está enraizado não em nossas ocupações da semana passada, mas nas profundidades abissais e veneráveis que formam as camadas geológicas da consciência humana. A vida cotidiana poderia nos oferecer numerosos exemplos disso. Aquele militante revolucionário, sem mesmo se dar conta, descarrila e, por um desvio insensível, escorrega no discurso pétainista[2] porque outrora o ouviu à mesa do pai. Assim, sem perceber, misturará os dois discursos. Não obstante, uma vez mais, trata-se sobretudo de maus hábitos: ainda que inerradicáveis, ainda que inveteráveis, não possuem qualquer estatuto metafísico, não merecem ser tomados como signos da finitude.

Aquele que toma consciência de uma vez por todas dos automatismos da língua possui os meios de se guardar das tentações espontaneístas e das armadilhas do imediatismo. É talvez pela sua recusa da magia, por esse reconhecimento das mediações, que se compreende a sua desconfiança em relação ao purismo da liberdade.

Estamos a reboque da linguagem enquanto acreditamos conduzi-la. Ao tomar consciência desse fato, tornamo-nos capazes de frustrar a constante ameaça de deslize. Saber que, ao falar, obedecemos, querendo ou não, às camadas profundas do inconsciente, já significa não ser completamente uma presa fácil das palavras das quais nos servimos... Talvez o pensamento livre seja um pensamento que, como Jacó com o Anjo, luta continuamente contra o peso da História, mas permanece imanente a esse peso. Isso porque podemos permanecer no campo do peso mesmo tomando

---

2. Adjetivo construído em referência ao Marechal Pétain, chefe de Estado da França de Vichy (1940-1944), alinhada à Alemanha nazista.

consciência disso... É assim que, tomando consciência da morte, não nos tornamos menos mortais. Nesse sentido, todo espírito livre é um pouco poeta, pois também o poeta luta contra os estereótipos e as imagens mortas da linguagem para reavivar o esplendor dela. Como a poesia, a liberdade é uma vitória sobre a inércia dos hábitos... Aquele que é chamado de libertário e que se deveria talvez chamar de "liberista" acredita ser o campeão extremista da liberdade imediata, mas aniquila a liberdade suprimindo o obstáculo que é a sua condição dialética. Ele extingue de maneira mágica a resistência e a negação sem as quais a liberdade se esvairia miseravelmente no vazio. Ele menospreza a realidade viva e complexa que não cessamos de modelar, que tornamos cada vez mais dócil e que permanece para sempre infinitamente indócil. Ele se obstina a se fazer de anjo simplificando a situação do ser anfíbio e ambíguo, retido na zona mista da existência. Em combate com o equívoco da liberdade, o "liberismo" unívoco leva em conta de modo unilateral somente o fator positivo. Ele se dá uma liberdade absoluta, uma liberdade que, privada da sua relatividade vital, é puro e simples nada (*néant*). De resto, todas essas exigências de pureza que poderiam ser chamadas de *sinceransmo, verismo, liberismo* ordenam-se sob uma ideia mais geral que abarca a todos esses conceitos e que chamamos de *purismo*. A liberdade a todo custo! Aí está o sofisma maquiavélico dos puristas: estes desafiam a liberdade a nunca tirar férias, porque sabem que, assim, a liberdade perecerá. Ora, é precisamente isso que desejam. Querer a liberdade absoluta para querê-la impossível: não é essa a astúcia ordinária do rigorismo que deixa a lei demonstrar, por si mesma, o seu próprio caráter absurdo, contradizer-se, indo até os extremos? Não é essa a obra-prima da má-fé? Não é essa também a astúcia habitual do tirano? Este, mais democrata que a democracia, deseja persuadir a liberdade a renunciar, pelo amor da liberdade, à sua legítima defesa. Essa é a economia irônica sobre a qual o extremismo funda toda a sua esperança, a sua inconfessável esperança. Ora, o nosso verdadeiro combate tem como palco não o firmamento, mas a zona militante da ação: a ação que transforma a matéria e a prática que transforma a sociedade são naturalmente impuras, pois os problemas a serem resolvidos são infinitamente complexos e se colocam ao nível da zona mediana, que é aquela da nossa intermediariedade. A intermediariedade é a zona dos mistos, do concreto, da aproximação, das ligas impuras, não um meio asséptico. Todos os militantes sabem que, em certas circunstâncias, deverão apertar mãos duvidosas e se resignar à incoerência do mundo dos valores. Essa desconexão, na época em que vivemos, gera vertigem: confronta-nos, a cada instante, com dilemas terríveis. Assim, quando nos pedem a nossa assinatura para um "texto", como se diz hoje (na medida em que assinar também é uma forma de ação; um pouco atrofiada, é verdade, um engajamento nascente e de algum modo raquítico), devemos começar por soletrar um por um os nomes daqueles com os quais assinamos. De fato, os nomes dos signatários decidem a força e a eficácia de um texto, pois basta este ou aquele nome indesejável para neutralizar e até mesmo para desacreditar. Portanto, somos obrigados, a cada passo, a verificar quem dá esse passo conosco... A todo momento, institui-se um debate que tem como origem a miséria da existência e as contingências desordenadas e irrisórias da práxis. Os políticos e os panfletários são mestres em ressaltar essas inevitáveis dissonâncias; enfim, eles só servem para isso! A ação expõe-se a essas críticas porque é aproximativa e também porque o seu objetivo não é atingir o ideal de não sei qual coerência lógica ou formal, mas obter certo resultado maciço. Eis aqui, de fato, o primeiro de todos os conflitos entre os deveres: preferimos ser impuros com os puristas profissionais ou puros com aqueles que aceitam a impureza e a aproximação? A resposta, porém, está na pergunta, caso se trate verdadeiramente de moral e de ação. Preferimos a impureza da coragem e da vontade apaixonada e deixamos a pureza maquiavélica aos fariseus e gramáticos que esquadrinham as deficiências, os solecismos e os erros de ortografia. Se quiséssemos permanecer puros e assépticos, enfaixar-nos no papel da bela intransigência, ornamentar-nos na beleza de uma atitude ou na correção exemplar de um comportamento, nenhuma ação seria possível: pois a ação é suja! Devemos permitir que a justiça e a verdade escondam provisoriamente os seus rostos se esta for a condição para que sobrevivam. Que a sinceridade permaneça relativa neste mundo de compromissos e de concessões, se a veridicidade literal deve ser homicida! Que a verdade seja, no fim das contas, a mais forte, mesmo que ao preço de uma mentira! O liberista é o sabotador da liberdade, assim como o verista é o sabotador da verdade. O extremismo farsante pretende prestar honra à rigorosa justiça e não tem outro objetivo a não ser ridicularizar e caricaturar a justiça. Há uma "desonestidade" vital que nos autoriza a fazer "como se". Ela não se deixa entravar por uma probidade demasiado meticulosa e concede um estatuto ético às pequenas irregularidades desculpáveis que são a condição da mais excelsa justiça. *Summum jus summa injuria!* (Suma justiça, suma injustiça!) A verdadeira hipocrisia é aquela do angelismo que volatiliza o obstáculo. E, portanto, a única ideia de que possa haver um "caso de consciência" já é maquiavélica. Por desejar o fim apaixonadamente, sinceramente, a boa vontade é capaz de querer esse fim suspenso e momentaneamente negado nos seus meios, como os pais que aceitam a partida do seu filho se esta lhe assegurar a felicidade. Aceitam perdê-lo... para salvá-lo. A aceitação corajosa dessa impureza vital que frustra a tentação da diabólica perfeição e explica o mecanismo da meditação chama-se, bem simplesmente, *seriedade*.

A sua vontade de resignar-se com a mencionada desonestidade vital e o seu consentimento aos milhares de pequenas traições que essa não deixa de implicar não chega, no entanto, a fazê-lo aderir a uma organização política. É como se o senhor permanecesse acima, inteiramente fiel ao esporadismo, à desconexão da existência engajada.

Tudo está em saber a que nível se situa a desconexão irracional do engajamento. Dado que a ação militante na clausura de um partido organizado é de todas a mais eficaz, a aceitação dessa ação comum, com as concessões e as aproximações inevitáveis que a solidariedade de partido nos impõe, é o reconhecimento de um mal necessário. Aqui, o mal menor se chama irracionalidade da ação política. Contudo, não se deve tornar a impureza mais necessária do que é, nem "aumentá-la" gratuitamente e, por assim dizer, alegremente, por diletantismo. O purismo que pretende desejar o fim sem os meios é certamente a doutrina da má vontade maquiavélica e da má-fé. Por outro lado, uma vontade que atrasa um pouco demais no reino dos meios e que toma gosto nessa demora, chegando a esquecer o fim do qual esses meios são os meios, também essa vontade é suspeita, ainda que ao revés: trata-se de uma espécie de má vontade não mais maquiavélica, mas cínica. Fazer mais concessões do que é verdadeiramente necessário, ainda é má-fé! Eis por que não posso me engajar com antecedência em fazer minhas todas as máximas de um partido político, a totalidade da sua plataforma de ação e os seus posicionamentos. Não posso adotar em bloco todo o programa de um partido, como se se tratasse de tomar ou deixar. Por outro lado, sou incapaz de me definir por um feixe de teses que não combinam necessariamente umas com as outras, mas que são arbitrariamente obrigadas a coexistir em nome da conjuntura, pois o realismo e o pragmatismo político assim o querem. O ato de obediência a um partido é o credo pelo qual se engaja globalmente a aceitar, pareçam elas boas ou más, todas as diretivas desse partido como se formassem um sistema coerente, enquanto são ligadas apenas pelas exigências da ação, pelos caprichos cotidianos da tática e as previsões distantes da estratégia. As teses às quais me fizeram subscrever hoje não serão negadas na semana que vem pelo "escritório político" que as ditou para mim? *Já vimos isso!* Não se pode submeter a tais exigências senão em circunstâncias excepcionais e dramáticas, quando a tensão é apaixonada e a crise, aguda. Decide-se espontaneamente fazer "como se" e colocar provisoriamente em surdina os desacordos. Como aconteceu, por exemplo, durante a Resistência. Contudo, a fidelidade a um partido "não importa o que aconteça" é uma fidelidade mecânica e formal, a fidelidade preguiçosa de um sedentário preso à mesma terra não pelos homens, mas pelos lugares. A fidelidade não é uma aposta que seria importante conservar pelo máximo de tempo possível, nem um esporte que nos condenaria a bater todos os recordes de tempo. Stravínski não nos pede para refazer *o que fez*, mas para fazer *como fez*. Ser fiel a Stravínski não é ser "stravinskista"... O importante não é a letra da sua mensagem, que se trataria supersticiosamente de reproduzir, mas a relação revolucionária que ele mantinha com o conformismo dos seus contemporâneos. A verdadeira fidelidade é sempre infidelidade por fidelidade... Assim se deve colocar esta questão: a eficácia política exige do militante a rígida fidelidade rotineira, a fidelidade a qualquer preço, a fidelidade a despeito do absurdo e mesmo do escândalo? Alguns dirão: toda ação política é condenada, para ser eficaz, a um pragmatismo totalitário inspirado pela vontade cínica dos meios, o único que liga a ladainha das teses desconexas. Ora, a vontade apaixonada pelo fim não implica absolutamente a escamotagem do esporadismo: o respeito às diferenças é perfeitamente compatível com uma prática sistemática. A contradição resolve-se indo adiante e no movimento. Dizíamos da continuação vivida, ao mesmo tempo movida e freada pelo órgão-obstáculo, que se parece com o ciclista: ela mantém-se em equilíbrio porque gira e cai para a direita ou para a esquerda quando para. A ação cai para adiante e a sua solução evoca a imagem de uma queda continuamente adiada. Na aventura da ação, cumpre-se a todo momento o milagre continuado: de perigo em perigo e de instante em instante, a queda é incessantemente postergada, o início incessantemente reconduzido. A ação é a retomada ininterrupta de uma aventura sempre inicial, de uma iniciação sempre aventurosa, e a vivemos como um belo perigo... pois ela não é outra coisa senão o mistério do *recomeço*. Se eu tirasse do meu bolso uma solução preparada para tal contradição, como o prestidigitador tira do bolso uma pomba, recairíamos na fidelidade literal e na petrificação burocrática. Tal vigilância perpétua nos deixa com a respiração suspensa, pois a criação é fatigante! Deve-se, a cada momento, reinventar o milagre da vida. De tragédia em tragédia, de cena em cena e de crise em crise, o insolúvel resolve-se passavelmente sem cessar de ser insolúvel: os incompatíveis sofrem juntos, esperam juntos, riem juntos; continuam o seu diálogo infinito e completam o seu percurso vital ao longo do caminho do tempo... Dessa contradição irracionalmente vivida, desse impossível-necessário, desse insolúvel incessantemente resolvido e incessantemente colocado em questão, cada um de nós poderia de novo dizer aquilo que Heinrich Heine dizia da sua dolorosa vida: "E, contudo, eu a vivi... Mas não me pergunte como."[3]

---

3. "A princípio eu estava quase desistindo, / Pensei que jamais conseguiria suportar; / Mas, apesar de tudo, suportei; / Só não me pergunte como." H. Heine, *Buch der Lieder* (Livro das Canções), Junge Leiden, Lieder 8 ("Anfangs wollt ich fast verzagen"). Esse poema foi musicado por diversos compositores, dentre eles Robert Schumann (*Liederkreis von Heinrich Heine*, Opus 24, n. 8) e Franz Liszt (*Anfangs wollt ich fast verzagen*, S. 311).

14. ALGUMAS NOTAS ERRADAS

Algumas pessoas consideram que há um fosso entre o seu pensamento filosófico e os seus engajamentos militantes: como o pensador do "não-sei-quê" é também esse incansável militante de esquerda?

Vivemos atolados na confusão e na desordem vertiginosas das declamações e das arengas políticas. Quem é o nosso amigo? Quem é o nosso inimigo? Não se sabe exatamente... Não se pode mais fazer uma distinção. Como não seríamos desamparados, isolados, tomados com frequência pelo desespero, feridos em nossas convicções mais íntimas e justamente naquelas que pensávamos mais incontestáveis? Assim, a distribuição que se opera sobre o tabuleiro de xadrez social entre as opiniões e as pertenças políticas, por um lado, e as afinidades filosóficas, por outro, é terrivelmente atrapalhada; a linha divisória complica-se com interferências, nós e ziguezagues. Não ter nenhum parentesco filosófico com os seus amigos políticos, nenhuma conivência política com os filósofos que talvez partilhem o nosso ideal filosófico: eis o nosso triste destino. Bem, eis o meu destino. Não é preciso dizer que se trata de um grande fator de isolamento. No estado gregário no qual hoje se exerce a função filosófica, aquele que não escolheu o seu público e o seu rebanho é condenado à solidão. Não carrega o seu cartaz nas costas, não é identificável, não possui família, portanto, não existe. É um apátrida filosófico. Ora, essas classificações respondem a critérios simplistas e refletem correspondências arbitrárias. Por que o bergsonismo deveria ser "reacionário" senão porque foi abandonado à "reação"? Bergson é, ao contrário, o filósofo moderníssimo por excelência, o representante do realismo mais revolucionário. Não vejo nessas classificações nenhuma necessidade interna; nessa fraseologia a serviço dos profissionais da classificação filosófica, não há outra coisa senão clichês e conveniências repetidas. Não há nada senão o conformismo imperante. Assim ocorre que, por razões sociológicas e, além disso, totalmente conjecturais, os defensores das humanidades sejam sempre inseridos entre os "reacionários", mas a defesa do progressismo técnico e a assim chamada abertura da universidade ao "mundo moderno" não caracterizam hoje na França a política do patronato? Não é essa toda a filosofia dos príncipes do concreto e do setor imobiliário? É mais progressista honrar a cultura desinteressada que professar a religião do lucro! Os estudantes de 1968 devem ter se dado conta da sua imprudência! O quiasma está, de fato, por toda a parte. Na Rússia tsarista, os ministros sucessivos da instrução pública nunca estavam de acordo entre si quanto ao problema das humanidades clássicas e passavam todo o tempo desmentindo-se uns aos outros. Elas são boas? Elas são más? Um grupo perseguia os partidários das humanidades porque os autores antigos falam muito bem da liberdade e muito mal dos tiranos. Eles pensavam, assim, que os moralistas gregos teriam renegado o despotismo autocrático. Já o outro grupo perseguia os partidários de uma educação científica, porque estes eram considerados como herdeiros da Enciclopédia e dos perigosos progressistas... Daí vem a perplexidade desses ministros: o que ameaçará de modo mais permanente a ordem estabelecida? A fecundidade do princípio revolucionário que habita esta ou aquela obra é diversamente apreciada de acordo com as épocas, é recuperada por uns, negada por outros. A polícia do tsar prendia os estudantes em cujas casas eram descobertas obras de Spinoza, a *Ética* ou o *Tratado Teológico-Político*. Assim, a ambiguidade é soberana. Os professores de grego eram mais indiferentes à Resistência que os professores de matemática (ou seria o contrário)? Já foi provado que os matemáticos se afinavam mais com o espírito cívico e o militantismo? Também nesse caso não há nenhuma necessidade interna: nada mais que associações contingentes variáveis de acordo com a camada social considerada e relativas à época em que se vive. Eis por que eu propunha de bom grado essa regra de vida, regra que é uma sopa: deve-se deixar viver as contradições e quando se tiver algo de importante a fazer, deve-se antes fazê-lo, mesmo com a impressão de se contradizer. Não é isso precisamente o que Thomas Mann compreendeu? Não foi isso que compreenderam os membros da Resistência ao fazerem o gesto louco de dizer não aos nazistas? O ato irracional pelo qual se diz "não" se parece com uma machadada: tal ato é uma paixão, uma violência cortante que nem sempre se organiza harmoniosamente com o nosso passado e o nosso contexto sociocultural. A recusa desarruma a bela pirâmide dos valores. Digamos que a recusa é um *gesto górdio*, como o gesto de Alexandre, o Grande... É verdade que Alexandre era um militar! A recusa é a espada que corta de um único golpe as argúcias e os sofismas promissores ao opor-lhes o monossílabo *Não*. Há certas coisas que nunca devem ser aceitas, em nenhum caso, sob nenhuma forma, em nenhuma circunstância: mesmo se os policiais nos permitirem, mesmo que a nossa filosofia nos autorize e encontre para isso argumentos bastante razoáveis. Cabe à nossa filosofia arranjar-se, incomodar-se, ajustar-se para dar lugar, na bela marchetaria dos seus conceitos, à cruel dissonância da recusa. Da recusa absoluta. Quando certa oferta que nos é feita parece abominável, respondemos à injuriosa alternativa pela resposta de Epiteto: "Quanto a mim, não me coloco a questão." Como uma conversão, a recusa consuma a ruptura. A solução górdia não se preocupa quase nada em relação à sua solidariedade arquitetônica com os conceitos do nosso sistema pessoal. Para além dos imperativos da arquitetura, a solidariedade do *Fiat* que nos surpreende com o conjunto da nossa vida aparecerá um dia mais total e mais essencial. Era isso, no fundo, o viver de acordo consigo mesmo! À primeira vista, não tenho a filosofia do meu engajamento político, nem o engajamento político da minha filosofia. É possível que, considerado segundo normas estetizantes, um curso sobre o *Tratado da Contemplação*[1] não combine com o fato de marchar em cortejo da República à Bastilha com brados de cólera e esperança. Mas o gesto que realizamos encontra a sua justificativa em si mesmo, e somente para um olhar superficial parece destoar em relação à nossa filosofia. Chegará o dia em que compreenderemos que o sentido da nossa vida estava todo concentrado nessas notas erradas. Logo, não devemos nos repreender por nossas incoerências passionais nem pela ambivalência das nossas opções: é a desconexão miserável e a desconexão dos valores que nos obrigam a endossar, cínica e escandalosamente, a túnica dilacerada da contradição.

Ocorre que, para o senhor, a solidariedade histórica sempre leva vantagem sobre as afinidades eletivas. Se o senhor tivesse de escolher entre um debussysta de extrema direita e um socialista surdo...

---

1. Referência ao tratado "Sobre a Natureza, a Contemplação e o Uno", *Enéada* III. 8 [30], de Plotino.

Eu escolheria o surdo, é claro! Pior para Debussy, infelizmente! Mas espero, de fato, nunca precisar fazer uma escolha tão ridícula e, ao mesmo tempo, tão calamitosa... Há, sem dúvida, razões superiores, não formuladas, razões morais em virtude das quais prefiro algumas vezes me solidarizar com aqueles que professam uma filosofia completamente diferente da minha. Isso não significa se desmentir nem se renegar. Atrás desse esporadismo paradoxal, esse feixe de adesões contraditórias e dissociadas pela ação – pois a ação se insere nas fissuras da realidade para transformá-la –, uma nova tábua de valores reconstitui-se; por baixo dessa fragmentação um fio secreto, em seguida fios incontáveis se reatam; um mundo novo se trama, um mundo do qual não se diz o nome, mas que, ainda assim, existe. E tal mundo é mais precioso que todos os mundos. As razões pelas quais escolhi lecionar na universidade onde leciono e onde me encontro deslocado ultrapassam em importância aquelas que teriam me impulsionado a ir para outra universidade onde são oferecidos o grego e as humanidades, mas na qual não tenho amigos políticos. Isso teria sido trocar o isolamento pedagógico pelo isolamento moral. Isso teria sido, para viver melhor, perder as razões de viver. O ideal seria evidentemente viver bem guardando as próprias razões de viver. No entanto, como a miséria da alternativa nos proíbe, para a nossa desventura, toda a acumulação, e como não se pode gozar de duas vantagens ao mesmo tempo, parece-me melhor viver passavelmente, bastante mal ou tão bem quanto mal, guardando as suas razões de viver do que viver bem perdendo-as. Ai de mim! Essas três sílabas que não são uma verdadeira expressão, mas antes um suspiro, não constituem a interjeição na qual se formula a nossa insolúvel miséria assim como a nossa sábia resignação diante da impossibilidade de resolver a alternativa?

O senhor considera o esporadismo uma infelicidade, mas ao mesmo tempo o senhor desconfia desse desejo de uma harmonia sem falhas que corre sempre o risco de construir superficialmente a unidade, de escamotear as diferenças, de aspirar à turva pureza do idêntico. Aquele que não consente à incoerência, à fragmentação, à multiplicidade, aos emaranhados acaba um dia ou outro parecendo-se àquele nazista, horrorizado pela aliança, que julgava monstruosa, de Schumann e de Heine, em Dichterliebe, *e que propôs, para reparar tal desordem, poemas da sua lavra...*[2]

A condição do homem na modernidade é a dissonância. Não podemos reunir tudo aquilo que amamos e respeitamos numa mesma cabeça, num único campo e sob uma mesma bandeira. Somente nos livros da Biblioteca Rosa[3] juntam-se todas as verdades e todos os valores do mesmo lado, para oferecer-nos o exemplo de paladinos extraordinários, aos quais nenhuma excelência falta. O céu dos valores é um céu rasgado, e a nossa vida esquartejada é feita à imagem desse céu rasgado. Schopenhauer tocou os sinos fúnebres da Harmonia leibniziana. E, de fato, como a harmonia range, arranha e destoa cruelmente! Entre os carrilhões harmoniosos, Baudelaire ouviu o "sino rachado de infelicidade"[4]... Alguns confessam a dissonância, outros a camuflam e a travestem, arredondam os cantos, costuram mais uma vez, pacientemente, o rasgado com raciocínios que justificam. Eis por que, nesse mundo descosturado, a figura de Béla Bartók é para nós exemplar, duas vezes preciosa e verdadeiramente excepcional. Nesse mundo onde o quiasma de valores faz as vezes da harmonia, a pureza de Bartók consola as nossas decepções. A sua coragem cívica foi equivalente ao seu gênio

---

2. A recusa, por parte do sujeito nazista, do texto de Heine como base para o célebre ciclo de canções de Robert Schumann deve-se, provavelmente, à origem judaica do poeta.

3. Coleção de livros infantis, criada por Louis Hachette em 1852 e ainda existente, que editou clássicos do gênero da Condessa de Ségur, de Enid Blyton e de Georges Chaulet.

4. Provável referência ao soneto "La Cloche fêlée" (O Sino Rachado), de *Les Fleurs du mal* (As Flores do Mal), de Baudelaire.

criador: nesse homem admirável, o espírito de justiça e o gênio musical trocam as suas virtudes e se nutrem de uma mesma substância. De fato, o mais difícil e o mais raro é permanecer fiel às suas opções políticas sem nada sacrificar da sua arte e, inversamente, permanecer fiel ao caráter secreto, infinitamente complexo de toda a pesquisa especulativa sem desconhecer nem renegar os engajamentos políticos e os sacrifícios que uma vontade de justiça apaixonadamente sincera comporta.

O senhor é constituído por uma dupla recusa: por um lado, exclui toda a forma de pensamento que tenderia a nivelar, a sacrificar as diferenças, por outro, também exclui a circularidade lúdica do tempo que funda as concepções pluralistas e estetizantes do mundo.

Girem, girem, caros cavalos de madeira... Tudo aquilo que gira é convite à alegria e à dança. Os homens experimentam uma satisfação profunda em retornar sem cessar ao seu ponto de partida: encontram nisso uma fonte inesgotável de diversão. O movimento circular é, com efeito, um esquema lúdico. A roda, o *kolo* iugoslavo, são movimentos feitos num mesmo lugar que encerram a mobilidade na imobilidade. Trata-se de um jogo. Só aparentemente supero a irreversibilidade do tempo: movo-me e, no entanto, permaneço no mesmo lugar. Permaneço no mesmo lugar, mas no tempo continuo a devir e a envelhecer, pois os giros se sucedem. O primeiro giro influencia invisivelmente o segundo; e se é verdade que os giros se repetem "de modo idêntico", cada giro, em certa medida, experimenta a influência dos precedentes. A roda talvez seja divertida porque a imobilidade do giro traça secretamente uma espiral... A temporalidade torna completamente relativa a oposição do movimento retilíneo e do movimento giratório. A espiral é um progresso que se arrasta: em lugar de avançar em linha reta, pelo caminho mais curto, avança preguiçosamente, descrevendo órbitas e espirais. Assim,

O *Bolero* de Ravel morde o próprio rabo, renasce mil e uma vezes das suas cinzas até a modulação final em Mi; mas a hipnose e em seguida a vertigem que tal monotonia provoca repousam sobre a progressão mágica do movimento estacionário. A exaltação nascida dessa repetição esconde uma espécie de crescendo reprimido, um crescendo contido e retido que sobe irresistivelmente, como uma maré, no interior do movimento uniforme, permanecendo ainda assim no mesmo lugar. É isso o que torna fascinante a imobilidade obsessiva do *Bolero*... ou das *Gnossiennes* de Erik Satie. Ocorre que a circularidade do tempo se presta particularmente bem à exploração estética e lúdica: ela brinca com o equívoco de um progresso repetitivo. O jogo é a antítese risível da seriedade ética. Isso porque, em primeiro lugar, ele dança a roda, roda leve e delicada; porque ele gira em roda sem ir para nenhum lugar; porque, não tendo objetivo, tem a sua finalidade em si mesmo; a repetição, neutralizando a novidade, expulsa com graça o irremediável e, em geral, tudo aquilo que faz obstáculo às delícias do rodopio. Em segundo lugar, porque implica a distância, um domínio frívolo das coisas, dos homens e das situações; porque as situações, os homens e as coisas são os seus brinquedos; faz malabarismos com os falsos dramas e as guerras com o intuito de rir. E, enfim, porque o *scherzo* e o *capriccio* lúdicos esmigalham o pesado passado de uma história irreversível: a burla se dispersa em tiradas espirituosas e "gracejos"...

Há uma cumplicidade suspeita, sob um ponto de vista político e moral, entre essa complacência às acrobacias do jogo e aquilo que se poderia chamar de dissociação das virtudes. Aqueles que atribuem a Hitler uma espécie de coragem, que realçam no joio nazista alguns grãos favoráveis, opõem-se para sempre àqueles que o senso comum trata como maniqueístas porque, para eles, Hitler deve permanecer monoliticamente como o mal a ser abatido: há nisso uma linha divisória que o seu trabalho não se cansa de tornar irrevogável.

O campo da estética é aquele da policromia, da anedota, da variedade divertida e pitoresca; o diletante e o amador brincam com o mostruário das virtudes como outros com as cores do arco-íris. Oferece-se a nós, inesgotavelmente, a possibilidade de construir todas as espécies de constelações diferentes. Entre essas incontáveis combinações, só nos cabe escolher. A cada qual de acordo com o seu gosto! A escolha possui algo de desenvolta, de despreocupada e de fútil. O caráter secundário e mercantil da escolha abraça todo o leque, toda a paleta, toda a escala: qual partido tomar, qual solução escolher, qual insígnia ostentar, tais são os divertidos problemas que a nossa escolha deve resolver. Escolha o seu emblema! É a opção que se caracteriza como moral e séria, pois priva-nos da escolha. Tira-nos o nosso brinquedo favorito, a nossa pequena distração cotidiana de amadores ou de colecionadores. O plural da escolha deve responder às mil e uma categorias circunstanciais. Quanto, Como etc., e essa escolha já é, por si mesma, um jogo. Contudo, o duelo austero da opção não nos deixa nenhuma escolha: sim ou não, essa alternativa é um ultimátum escarpado que nada tem de lúdico. Ser ou não ser: esse dilema exclui toda a diversão da escolha. A vertigem do tudo-ou-nada coloca em questão não a plumagem ou a penugem, mas as próprias raízes do ser; não o ser superficial, mas o ser na sua nudez. Vamos mais longe: é em geral a disjunção estética das qualidades que se apresenta como a negação impertinente e desenvolta da seriedade ética. E dizemos ainda mais: o vício é a virtude dissociada ou isolada de outras virtudes. Talvez encontremos aí a origem do mais profundo paradoxo da escola estoica: aquele que possui uma virtude possui todas; aquele que possui todas as virtudes exceto uma não possui nenhuma. Que diríamos, por exemplo, de um homem justo que não fosse corajoso? De um homem corajoso que não fosse sincero? Antes a devassidão que uma virtude como essa! Não existe, no fundo, um vício caracterizado, localizado, determinável e demarcável; não

183

existe um vício intrinsecamente vicioso nem perversidade que se possa apontar. Por exemplo, a hipocrisia hipócrita entre todas é a sinceridade profissional, a *sinceridade sincerista*, desvinculada do amor: eis a sinceridade diabólica, a veracidade maquiavélica daquele que revela à polícia a presença de um membro da Resistência escondido no celeiro, simplesmente porque isso é verdadeiro. E, assim, mentir ao tirano é dizer a verdade; mentir a um nazista – sem causar desgosto a Kant – é o mais sagrado dos deveres, pois deve-se preferir a verdade mais geral, mais profunda, mais humana, a verdade do porvir na exatidão pontual do minuto presente à exatidão mesquinha dos delatores e dos serviços de informações. Não devemos a verdade a um delator: devemos a ele a mentira e o desprezo. A verdade não é feita para os velhacos. Essa miserável veracidade que não se surpreende jamais em flagrante delito de inexatidão chama-se má-fé. Pode-se confundir um mentiroso, arrancar a máscara de um hipócrita, mas como provar que a fé da má-fé é maldosa? Como desmanchar a malevolência da má vontade? Quem pegará em flagrante a veridicidade escrupulosa e invulnerável do mal-intencionado? O homem de má-fé organiza-se para estar com a razão, o seu raciocínio não tem falhas, a sua lógica é impecável... Não defende ele valores? Podemos repreendê-lo por ser aparentemente verídico, corajoso, desinteressado? Temos o direito de fazê-lo? No entanto, a sua veracidade está envenenada e a sua justiça irrepreensivelmente jurídica e gramática revela-se o cúmulo da injustiça, *summa injuria*; o seu desinteresse é, ademais, uma hipocrisia! As suas virtudes são piores que os vícios, porque estão separadas do que as fundamenta e as une umas às outras: o amor, que é a sua própria vida e sem a qual a generosidade não seria mais que vício glorioso e címbalo retumbante. O amor não é mais verdadeiro que a verdade e mais justo que a justiça?

15. AMOR AMANTE, AMOR AMADO

Esse amor que funda as virtudes não constitui para o senhor uma margem imutável, uma grandiosa síntese; ele não escapa às leis da precariedade: o que deve ser a exigência última também é o mais ameaçado.

O amor é mais forte que o mal, o mal é mais forte que o amor, e assim infinitamente. Essa contradição nunca poderá ser resolvida, o dilaceramento nunca poderá ser recosturado. Há nisso uma espécie de dialética da qual nada se pode concluir e que faz do perdão um problema insolúvel. O perdão ou não tem sentido ou consiste precisamente em perdoar o mal, isto é, o que é inexcusável e sem circunstâncias atenuantes: ele é feito para isso, esse é o seu ofício de perdão. Ao infinitamente imperdoável, o perdão infinito! Portanto, é antes o "imperdoável" que não tem sentido! Sendo o perdão infinito por essência, irracional e todo-poderoso, temos o direito de dizer, numa

185

linguagem contraditória e de qualquer modo hiperbólica: o perdão pode e deve perdoar justamente o imperdoável. O perdão perdoa de modo absurdo, sobrenatural e injusto ao indesculpável e ao imperdoável, que é o limite do indesculpável. Esse é o milagre. Se o mal fosse desculpável, se houvesse circunstâncias atenuantes, portanto, se o mal não fosse o mal, o perdão seria supérfluo, a indulgência fundada na razão bastaria. O perdão só assume toda a sua significação redentora se o experimentamos como um ato incompreensível, irracional e dolorosamente injusto. De fato, é próprio à essência do perdão ser escandaloso, e esse *escândalo* se deve à sua função sobrenatural. Contudo, ao mesmo tempo, o mal sempre retoma o poder; o mal é mais forte que o perdão, em virtude do caráter incurável, inapreensível e infinito da maldade. Então o que fazer? Perdoar ou maldizer? Pela própria definição, não vemos saída para o dilema trágico, como não vemos saída para a situação de um amor sem reciprocidade. O perdão é infinito como o mal. O amor é infinito e inesgotável como o perdão? Pode o amante, deve o amante amar aquele que não o ama? Amar aquele que o odeia? Não temamos dizer: não há verdadeiro amor sem reciprocidade. Certamente deve-se dizer de início e no sentido inverso que o amor por excelência é o amor desinteressado, pois este não é mercenário e não espera do outro um eco de si mesmo como a sua recompensa: é, portanto, de algum modo, milagroso. É justamente esse amor que Fénelon denomina o "puro amor" e que o mínimo sentimento de si, a mais leve reflexão da consciência e a mais imperceptível complacência tornam suspeito. O cuidado cheio de inquietação pelo desinteresse faz de Fénelon um delator extraordinariamente vigilante e desconfiado na arte de rastrear os motivos infinitesimais do comportamento mercenário. Fénelon diz, com frequência, que se deve amar *para o amado* e não *para amar*. Aquele que ama sem sonhar em ser amado terá conhecido o que o amor encerra de mais divino: o transporte em sentido único, o esquecimento de si, o desinteresse. O desinteresse de Fénelon, a boa vontade de Kant, a pureza de coração segundo Kierkegaard são três modos de exprimir essa imperatividade de um amor que só pode exigir um grau, o máximo, e uma porção, a alma inteira. Tal amor não impõe condições, exclui toda reserva e toda escapatória, desdenha as desculpas, os pretextos e os sofismas. Tende em direção ao absoluto e é passional nesse aspecto: pois a pureza diáfana e totalitária do amor aparece não só na visão indivisível que esse se dá do amado e no valor infinito que lhe atribui, mas também em seu desejo de envolvê-lo totalmente por seu amor. O amor-paixão, ou o puro amor, ama o amado exclusivamente; ele é, portanto, de algum modo o reflexo especular do Deus ciumento que expulsa do Olimpo a pluralidade politeísta dos deuses pagãos para ser amado só ele e à exclusão de todos. Mais que isso: ele ama seu amado cegamente, extaticamente, sem restrições nem repartição e, por conseguinte, sem medida (pois o excesso não o assusta), sem nele distinguir o bom e o mau, o bom que amaria, o mau que rejeitaria. Por um lado, o amador, saboreando um fruto, retém isto e cospe aquilo, recorta e suprime a parte nociva. Por outro lado, o amante ama seu amado por inteiro, incluindo os defeitos; ama-o como ele é, com os seus vícios, apesar dos seus vícios... Chegaríamos até mesmo a dizer: por causa dos seus vícios. Talvez seja melhor não dizer assim, pois "por causa de" teria sido ainda justificar o amor por uma razão, uma razão paradoxal e cínica, uma razão maligna que é uma contrarrazão, mas ainda assim uma razão. Ora, o amor louco ama loucamente, logo, sem razões. É injustificado porque é, por sua vez, justificante!

"O valor do amado" – como escreveu o senhor – "não é a razão suficiente do amor, nem é uma qualidade preexistente que o amor constataria antes de amar, como se verificam os documentos de identidade de um visitante antes de admiti-lo."[1]

---

1. Citação adaptada de V. Jankélévitch, *Traité des vertus*, v. III, p. 1180.

Com efeito, o amor não submete o amado a um exame antes de escolhê-lo; o amor coloca o valor amando, como o criador torna possível o poema *fazendo-o*, no milagre drástico da poesia. O amor sem razão de amar encontra no seu próprio caráter absurdo uma causa necessária e suficiente! Além disso, a sua razão absurda, a mais eloquente, no entanto, a mais irresistível, a mais persuasiva lhe vem *a posteriori* (como diz Pascal), retrospectivamente. Esse amor na noite, amor indigente, amor não correspondido, que não é pago de volta, deveria ser incompleto, pois falta-lhe o calor do amor repercutido, falta-lhe o influxo envolvente da ida e da volta... No entanto, ele desafia, no seu infortúnio, o radiante conforto da mutualidade e da simetria. Não acabará ele, no extremo limite, por amar escandalosamente, contraditoriamente aqueles que de alguma maneira não se pode amar e que nos humilharam até mesmo por meio dos nossos mortos? Aqueles só terão direito ao nosso ódio inexpiável... Eu também deveria amá-los? É precisamente esse esforço sobrenatural que me é escandalosamente pedido! Esse puro amor fénéloniano chega até o limite extremo da gratuidade cariosa. A Igreja, assustada pela sua passagem à radicalidade do amor hiperbólico e pelo recurso às "suposições impossíveis" e blasfematórias, por pouco não condenou Fénelon por heresia. De fato, nos textos de Fénelon sobre o "puro amor", não se trata somente de amar aquele que nos odeia e amá-lo com um amor unilateral e assimétrico, mas de amar a Deus, mesmo se ele me abandona e me reprova, mesmo se ele consagra minha alma ao nada, em virtude de uma onipotência arbitrária e insondável que nada constrange e que não deve nenhuma recompensa aos méritos do homem. Uma vez que morrerei de corpo e alma, não é evidente que devo amar a Deus só por ele mesmo, sem esperar nenhuma recompensa do meu amor, renunciando a toda compensação, a toda promessa, a toda esperança de beatitude? O último instante da minha vida que será seguido por um eterno aniquilamento deve ser, necessariamente, preenchido por um ato de amor puro, infinito e desinteressado. Quando a injustiça aparente de Deus chega ao seu paroxismo, culminando no ápice do escândalo mais revoltante, o Abraão de Kierkegaard recebe, enfim, a recompensa da sua fé, o preço do seu desinteresse e a consolação devida à sua paciência: mas isso sob a condição de não o ter previsto[2]. Nós, testemunhas póstumas, sabemos *a posteriori* como a prova há de terminar: mas Abraão, no momento crucial, não o sabe. Se não fosse assim, a prova de Abraão seria pura comédia, o heroísmo de Abraão seria simples trapaça. Interferindo nessa situação, o anjo detém *in extremis* o braço do pai: *in extremis*, isto é, no último segundo do último minuto, quando elevado o cutelo, a prova atinge o limite extremo da sua mais dramática tensão. A última hora da vida é a hora da sinceridade absoluta. Então será possível ver claramente se você ama o outro por você mesmo ou pelo outro. Esse caso extremo não possui, evidentemente, nenhuma realidade psicológica ou vivida, nenhuma verdade histórica, nenhuma racionalidade teológica, mas é o limite normativo de uma vocação moral que demonstra a sua sinceridade na tangência com o desespero. O perdão aos carrascos nazistas dependeria dessa tangência sobrenatural, pois se trata de perdoar aqueles que nunca pediram perdão, que nem mesmo compreendem o sentido dessa palavra e nunca se arrependeram pelas suas perversidades abomináveis. Esta é, de fato, a prova mais difícil de todas... O que estou dizendo? Eis a impossibilidade por excelência: perdoar a maldade absoluta. Deveria eu conceder o perdão ao miserável que cometeu o crime mais inexpiável de todos, que torturou e assassinou crianças, deveria o perdão a Tifão e aos seus concorrentes modernos? Não deveria aqui seguir o exemplo da águia de bronze?

---

2. A reflexão sobre a prova de Abraão, tecida por Kierkegaard em *Temor e Tremor*, é retomada por Jankélévitch em *Le Je-ne-sais-quoi et le Presque-rien*, v. II, p. 129-132.

> Eu vos dou testemunho de que este homem é malvado!
> E, dito isto, assim como um cavador escava um campo,
> Assim como com o seu machado um pastor corta um carvalho,
> Pôs-se a bater com bicadas Tifão
> Furou-lhe os olhos; esmagou-lhe os dentes...[3]

Não basta dizer que o maldoso não merece o perdão, pois o perdoamos, à custa de um esforço sobre-humano, justamente porque ele não merece. Se merecesse, recairíamos nas categorias racionais da indulgência e da desculpa compensadora. Ora, quando estamos prestes a perdoar, algo nos retém que não é um sobressalto de rancor, mas uma tragédia metafísica: o peso dessa relação lancinante, irracional, ofegante entre o amor e o mal nos faz oscilar sem cessar do perdão ao rancor e do rancor ao perdão. Onde parar? Como demarcar um termo a essa dialética infinita? Qual deles terá a última palavra: o amor ou o mal? Ai de mim! Não há última palavra... Cada qual será eternamente a penúltima, a penúltima palavra de uma eterna oscilação. O mal e o amor estarão em conflito até o fim do mundo: é por isso que, segundo Pascal, não se deve dormir durante esse tempo. Sim, essa insônia e essa agonia durarão enquanto houver mundo; pois é uma agonia no próprio sentido conferido ao termo por Miguel de Unamuno: uma agonia, isto é, um combate. A solução está, como sempre, lá longe, no horizonte.

Se o senhor privilegia o puro amor eternamente noturno, isso talvez se dê justamente pelo fato de ele agravar ao infinito esse combate e não o diluir no repouso das reconciliações.

Esse puro amor é um amor escandaloso que não culmina em abraços e sínteses fraternais; falta-lhe essa paz que

---

3. "Je vous prends à témoin que cet homme est méchant! / Et, cela dit, ainsi qu'un piocheur fouille un champ / Comme avec sa cognée un pâtre brise un chêne, / Il se mit à frapper à coups de bec Tiphaine, / Il lui creva les yeux; il lui broya les dents", V. Hugo, *De L'Aigle du casque*, *La Légende des siècles*, v. IX, capítulo IV, Nouvelle série (1877).

acompanha a síntese dos contraditórios definitivamente digeridos pelo amor. O amor eclético no qual se dissipam as inimizades e que desemboca, com serenidade, na fraternidade universal é uma simpatia verbal e suspeita. A contradição infinita do amor e da maldade não é jamais resolvida senão no lampejo do instante: a noite do insolúvel se reforma logo em seguida, mais negra do que nunca. Essa solução-centelha supõe um ato de amor doloroso e insensato, não quer saber da indulgência que tudo esfuma e do sonho amoroso dos utopistas. A angústia insone é o quinhão desse amor. Assim, não acredita muito nos abraços dados pelos contraditórios duravelmente reconciliados na Filadélfia universal e no enternecimento geral. À loucura do mal, responde-se pela loucura de um amor-limite ou pela austeridade extenuante de um combate que nunca terminou de extirpar a podridão da malevolência. É somente nos ícones que São Jorge mata o dragão de uma vez por todas e para sempre: São Jorge, com a lança em riste, é imobilizado no hieratismo de uma vitória eterna. Mas a vida não é um ícone... O dragão renasce a cada dia. Sem dúvida, a existência judaica é, à sua maneira, o testemunho privilegiado do insolúvel, intrinsecamente dilacerada e acima de tudo incapaz de resolver por uma única escolha o dilema insolúvel da assimilação e da diferença: deseja simultaneamente os contraditórios. Por outro lado, assediada pela maldade incurável, pelo ódio inextinguível de um mundo de inimigos, testemunha no próprio ser a ferida jamais cicatrizada e a síntese impossível.

No entanto, talvez haja outra via para suprimir o dilaceramento; pois ao escândalo do puro amor, o senhor não se cansa de opor as delícias do amor mútuo cantado por Raimundo Lúlio[4]...

4. Jankélévitch discorre especificamente sobre o amor em Lúlio no prefácio da obra *La Philosophie de l'amour dans l'œuvre de Raymond Lulle* (Paris: Mouton, 1974), versão publicada da tese de doutorado de

191

É verdade que a plenitude na mutualidade amorosa é tão potente quanto o desinteresse; pois o que Lúlio opõe ao amor extático não é o amor captativo e possessivo, mas o amor recíproco. O puro amor é fusão com o amado e mais ainda: perdição no amado; quanto ao amor captativo, amor glutão, este devora o amado para fazer dele o seu alimento. O amor feliz, o amor luminoso, por sua vez, cumpre-se na plenitude da reciprocidade. Aqui, o amante e o amado não se confundem... De fato, essa é a correlação de mutualidade: tudo ocorre como se o amor do qual sou o amado fosse um ingrediente do amor pelo qual eu a amo. O verdadeiro amor "partilhado" é aquele em que o amor amante e o amor amado, em que o ativo e o passivo se reforçam e, rivalizando-se, se exaltam um ao outro. O amor, graças a essa mutualidade, sente-se, ao mesmo tempo, amante e amado, eferente e aferente, e, por isso mesmo, sente-se viver. Quando a dupla corrente da mutualidade não passa mais nos dois sentidos, o amor amante se definha no deserto da sua solidão destituída de um par e morre de inanição. Há entre o amor amante e o amor amado uma troca ativa, uma tensão que nos protege do definhamento. Tal tensão opõe-se por completo à digestão do amor possessivo e ao abismo tenebroso da perdição amorosa. Tal tensão, em Lúlio, é sem angústia nem tragédia: além de não reter o amante no mutismo do silêncio, ela solicita discursos desenvoltos e mobiliza palavras ágeis; enche o homem de entusiasmo, torna-o loquaz, músico, poeta, o faz dançar, rir, cantar e saltar; ela é a própria vida! O amor mais ardente é aquele que ama não algo inerte, mas outro amor, que se nutre de uma secreta conivência e se ilumina no cruzamento de dois olhares... Aqui a palavra "encontro" assume todo o seu sentido aventuroso e apaixonante: de fato, não há verdadeiro encontro quando o amor é a perdição amorosa de

Louis Sala-Molins, preparada sob a orientação do nosso filósofo. Tal prefácio encontra-se incluído na publicação *Primeiras e Últimas Páginas*, p. 289-299.

um amante totalmente derramado no seu amado. Esse tipo de amante não encontra ninguém, antes teria muito medo de tropeçar num ser de carne e osso capaz de remetê-lo a si e de despertar nesse choque o evento sensível. Mais que sentir e ressentir, ele prefere perder-se ao infinito. O amor absorvido no outro suprime o diálogo, assim como também o suprime o amor antropófago... Então como conciliar esse amor eloquente, cantor e flautista com a solidão muda do puro amor? Os cochichos de amor dos quais Francisco de Sales percebeu a misteriosa confidência[5] e os rouxinóis de amor cujos trinados e vocalizes foram ouvidos por Raimundo Lúlio não falarão de um mesmo e único amor? Sim, eles falam do mesmo amor! E por que o amor gratuito não seria reaquecido, exaltado, iluminado pela mutualidade, desde que não tenha reivindicado expressamente essa mutualidade como pagamento? Essa oscilação entre os dois polos do amor mútuo e do amor não mútuo, cada um de nós a sente no seu coração, mas isso não significa que se deva absolutamente escolher entre uma das duas modalidades de amor: aquela que nos retém no silêncio sem promessa e na espera sem recompensa, por um lado, e aquela que nos faz rir e cantar de amor, por outro. O amor não tem a pretensão de ser coerente, a coerência não tem no amor mais sentido do que tem na música! O próprio amor é dilacerado, também a lógica passional se acomoda à ambivalência. O que estou dizendo? A contradição é com mais frequência um alimento paradoxal do amor que um impedimento para amar... De fato, essas duas faces do amor entre as quais não cessamos de hesitar são como sístole e diástole; é a sua alternância que regula a pulsação vital, é ao seu ritmo que bate o nosso coração.

---

5. Ver citação completa da passagem em questão de são Francisco de Sales infra, p. xx.

16. O QUASE SEMELHANTE

Klee define o gênio como um erro no sistema. Do mesmo modo, parece-me que o senhor nomeia o ser judeu como a ferida irredutível, a diferença inassimilável, a incompletude... Qual é esse grão de areia que obstrui a síntese?

Em primeiro lugar, é uma complicação, uma dificuldade de ser; a dificuldade de ser é sempre preciosa, porque problematiza a vida. Quando a continuação da existência não flui naturalmente, a sonolência é impossível. Em algumas pessoas, encontram-se talvez várias camadas superpostas: por baixo da pertença francesa, ao mesmo tempo patente e latente, ao mesmo tempo tão visível e tão profunda, há ainda outra coisa... um segredo ainda mais secreto. Por exemplo, pode haver, em primeiro grau, a origem russa, o "russismo" que provoca uma reação grosseira, elementar, mas ainda muito abstrata, nomeada xenofobia; e, no interior dessa fobia, há outra mais sutil e mais bem escondida que se chama judeufobia. São com frequência as circunstâncias que fazem aflorar à superfície as camadas profundas: a chegada dos judeus da Europa Central despertou nos judeus franceses uma inquietação adormecida, remeteu-lhes a um passado esquecido – também eles não passavam, portanto, de "metecos"…? Foi o infortúnio comum que aproximou os judeus uns dos outros, foi em conjunto que descobriram a precariedade invisível da sua condição. Depois houve a guerra durante a qual se intimou os judeus a voltarem a ser inteiramente o que eram, o que se julgava que fossem… Mas o que exatamente? Quem poderia dizê-lo? A qual passado imemorial se fazia referência? Caberia bruscamente começar a falar, a viver como os hebreus? Tais perguntas nenhum daqueles que decidiram o estatuto dos judeus teria podido responder… Os judeus, rejeitados uns sobre os outros pela desconfiança de quem os cercava, permanecem ancorados nessa hinterlândia ameaçadora que sobrecarrega com uma dificuldade suplementar as dificuldades existenciais comuns a todos os homens. A condição judaica acrescenta à dificuldade de existir em geral uma dificuldade especialmente angustiante por ser inconfessável e particular a um grupo irrisoriamente minoritário. Ela reforça o infortúnio comum acrescentando um infortúnio suplementar. Carregar um sobrenome estrangeiro no país em que se habita, por exemplo, é uma complicação de primeiro grau, uma complicação relativamente simples, pois não desemboca no abismo das origens. Para aqueles cujo nome é simultaneamente estrangeiro e judeu, a complicação é de ordem absolutamente distinta: eles passaram a vida soletrando o próprio sobrenome… mas sabendo que tal sobrenome nomeava por trás deles outra coisa, um defeito obscuro e sempre prestes a surgir da sombra, a cada instante, nas circunstâncias mais imprevistas. "É um judeu." Tais palavras surgem das profundezas da História; como os vulcões extintos, dormem e podem despertar amanhã, depois de amanhã ou dentro de um século. Sempre chegará um momento na vida em que você ouvirá tais palavras, brutalmente despertadas, logo sepultadas nos eufemismos pudicos. É todo o nosso ser que está ferido, o nosso passado por inteiro que é posto em acusação. Um protestante não se sente pessoalmente atingido quando se fala do banco protestante, mas um judeu se sente imediatamente, ansiosamente afetado assim que se fala do banco judeu, mesmo que, sem nunca ter tido uma conta no banco, venda kvass e waffles nas ruas. O pobre camelô sente-se vagamente culpado; diríamos que as palavras ressuscitam nele uma maldição ancestral, ligada ao terror e à lembrança dos *pogroms*. A avareza do auvernês é um pecadilho anedótico e quase pitoresco sem alcance metafísico. Contudo, a avareza de um judeu desencadeia os boatos de Orleans, os cochichos de Chalon-sur-Saône, o diz-que-diz de Pont-à-Mousson... e os aterrorizantes pesadelos que habitaram a nossa infância. Um boato que corre de mercearia em mercearia talvez anuncie um *pogrom*. Alexandre Kuprin descreveu o desconforto que se apoderou de Odessa na véspera de um evento desse gênero. Quando um trapaceiro é católico ou protestante, esse caso não passará jamais de uma notícia isolada sem consequência nem repercussão, mas se, por azar, o trapaceiro for judeu, a trapaça fatal terá ressonâncias profundas, consequências infinitas e se alastrará. Ela confirmará os juízos de valor que condenam a espécie inteira; já que esse povo é "deicida", culpado de um pecado hereditário, toda responsabilidade implica necessariamente também a solidariedade na culpa, confirma o estatuto do povo maldito e imprime a marca de infâmia sobre a coletividade. Acrescenta, enfim, uma nova pedra ao monstruoso monumento do antissemitismo.

Quem, senão o filósofo do não-sei-quê e do quase-nada, poderia realçar com intransigência e comentar com minúcia essa diferença, essa nuança que a sociologia e a política querem com frequência ignorar?

Antissemitismo e racismo, a meu ver, são duas formas de ódio que se distinguem quanto à natureza. Ambas são – deve ficar claro – igualmente repugnantes; não falamos aqui senão da heterogeneidade qualitativa de uma e de outra. Os antirracistas geralmente recusam distinguir racismo e antissemitismo, não desejam privilegiar o ódio antissemita que, segundo eles, é um simples caso particular do ódio racial. Respondamos a essa posição desse modo: "privilegiar" o antissemitismo (triste privilégio), não é considerar o antissemitismo como um ódio mais eminente, mas, sim, obrigar a separar espécies diferentes quanto à natureza em casos nos quais o senso comum, sempre aproximativo, é levado a confundi-los. O começo da filosofia é descobrir que nada nunca é o caso particular de nada. O pensamento filosófico é um pensamento *diferencial*. Confessemos: classificar as espécies num gênero é próprio de um discurso abstrato, sumário e aproximativo, que gera hábitos apaziguadores. É tranquilizante poder dizer que o antissemitismo é um caso particular de racismo. Os judeus apreciam a inserção à generalidade porque ela lhes permite sentirem-se menos sós no exílio e na derrelição. A partir do momento em que partilham a sua sorte com outras categorias de alógenos, não são mais considerados como as vítimas de uma maldição especial, sentem-se de algum modo enquadrados na ignomínia: a ideologia de classe tudo explica, o antissemitismo é simplesmente uma invenção do capitalismo em situação de desespero. Durante a guerra, o discurso comunista que minimiza, banaliza e dilui o antissemitismo subsumindo-o sob o conceito geral de racismo me fazia muito bem: o otimismo dos nossos camaradas comunistas me ajudava a viver, a sobreviver. Mantenho em relação a eles um fiel reconhecimento. Eu pensava como eles e com eles, falava como eles. Quisera Deus que estivessem com a verdade! No entanto, não tinham razão, lamentavelmente! As camuflagens atuais do antissemitismo provam-no de modo suficiente. A menos que…

ajudar os outros a viver no período da grande miséria, mesmo sob o preço de uma ilusão, seja ainda uma maneira de ter um pouco de razão... Aliás, conheci duas revogações, uma após outra: a primeira, no mês de julho de 1940 (estava ferido, ainda no hospital), como filho de estrangeiros, uma vez que os meus pais eram expatriados russos; a segunda, no mês de novembro, em virtude do "estatuto dos judeus", mas a primeira tornava a segunda inútil... Isso porque não se pode matar um morto! Entre essas duas maneiras de ser revogado, a primeira era, se assim podemos dizer, a mais confessável, a mais honrosa. Era o destino comum de todos os exilados, de todos aqueles que não tiveram a oportunidade e o privilégio de possuir a nacionalidade francesa "a título originário". Não era ainda a categoria maldita, aquela dos sub-humanos e dos párias, seres inclassificáveis e, propriamente falando, inexistentes, oprimidos por um defeito inconfessável.

Considerar o antissemitismo como um racismo entre outros permite integrar mais serenamente Auschwitz à História. Ora, a perseguição aos judeus não pode ser assimilada a nenhuma outra perseguição – e não é suficiente dizer que ultrapassa todas as outras em horror; deve-se ainda analisar as modalidades de uma prática sem precedentes. É assim que a perseguição aos judeus alemães permanece para nós emblemática, pois trata-se de judeus que eram reconhecidos como os mais alemães, aqueles que ignoravam a sua origem judaica ou que a quiseram esquecer, foram eles as vítimas selecionadas das primeiras perseguições na Alemanha. Eram judeus por uma espécie de desvio minúsculo, de ínfimo lapso que os nazistas se encarregaram de exumar.

O racismo é, em primeiro lugar, um complexo de superioridade estúpido (em particular do Branco em relação ao Negro) e, em seguida, o ódio simplista que se experimenta pelo outro em todos os casos nos quais esse outro é notoriamente outro, nos quais a sua alteridade é visível desde o primeiro olhar. O antissemitismo dirige-se a um outro imperceptivelmente outro, exprime a inquietude que o não judeu experimenta diante desse outro quase indiscernível dele mesmo, o mal-estar do semelhante frente ao quase semelhante. A proximidade distante na qual evolui para nós aquele que não é "nem completamente o mesmo, nem completamente outro"[1] é a zona de fronteira mais escabrosa, a zona da tensão passional por excelência, onde coabitam os povos irmãos e os irmãos inimigos. O judeu é o irmão inimigo. Daí resulta a natureza ambivalente dos sentimentos que inspira: o judeu é diferente, mas por pouco, e se quer mal a ele duplamente em razão desse equívoco. Quando a diferença se torna patente, o antissemitismo tende a se confundir com o racismo. Consequentemente, a modalidade mais específica do antissemitismo é aquela cujas vítimas são os judeus europeus das grandes cidades, porque esse ódio em questão é o mais complexo, porque o seu veneno é o mais insidioso. Tal modalidade persegue infinitamente esse outro ligeiramente outro cuja alteridade para sempre lhe escapa, esse descarado semelhante-diferente que se permite parecer aos "arianos"! Freud, no seu livro *Moisés e o Monoteísmo*, analisa sutilmente esse ódio pelo quase semelhante. É ao judaísmo, à religião mãe, que os cristãos reservaram o seu ódio mais profundo, não ao islamismo contra o qual organizaram, no entanto, as suas cruzadas, do qual desprezaram os santos e escarneceram os dogmas. É de fato a alteridade mínima que engendra os ódios mais inexpiáveis, alimenta os rancores mais tenazes. Reservamos o ódio inexpiável àquele que parece ser como nós e que se assemelha a nós, mas permanece eterna, irredutível, incuravelmente outro. Como o culpado-inocente, o semelhante-diferente pertence à ordem controversa da ambiguidade.

---

1. Referência ao poema "Mon rêve familier", de Paul Verlaine.

No entanto, essa diferença não localizável foi assinalada, caracterizada, delineada pelos antissemitas. Como o infinitesimal pode ter se tornado objeto de caricatura?

O antissemita decifra, desconfia e desaloja, é por excelência aquele que desmonta o segredo... No entanto, possui, apesar de tudo, consciência do caráter fugidio, contestável, indeterminável dessa diferença da qual ele se outorga como o delator fanático e maníaco. Portanto, os nazistas pediram apoio ao racismo, porque o racismo, com a sua pseudocientificidade, parece conceder ao antissemitismo um fundamento, uma espécie de armadura irrisória e primária: os espias à espreita do judeu camuflado na sombra julgavam-se, assim, mais bem armados no plano teórico. Sob a ocupação, vendiam-se nas livrarias hitlerianas pequenos manuais para o uso dos aprendizes perseguidores. Os autores desses manuais professavam como axioma de base que sempre se "reconhece" um judeu. Justamente porque eles não estavam seguros. Tinham a intenção de reconhecer aquele que se crê irreconhecível, de desmascarar o suspeito e o impuro e, sobretudo, de revelar as marcas distintivas, localizáveis e unívocas, os critérios inambíguos que permitiriam a autenticação... E isso precisamente porque tais critérios não existem! Em suma, era necessário *a priori* que se pudesse identificar, em todos os casos, o defeito inapagável, os estigmas indeléveis da degeneração. Para suspender toda ambiguidade a esse respeito e para que o ser-judeu não pudesse recusar a falsa evidência, os carrascos imprimirão a marca de infâmia sobre o braço dos deportados. Uma estrela amarela, uma tatuagem vergonhosa: eis como desmontar o semelhante-diferente, como desmascarar o diferente que ousou – supremo sacrilégio! – parecer semelhante... Os doutores do "arianismo" estão, portanto, em busca do minúsculo sinal revelador que a assimilação teria esquecido: a asa desse nariz, o lóbulo dessa orelha! Ora, a marca discriminante que buscavam os "experts" (havia "experts", infelizmente! Um desses patifes chegava a "ensinar" – se assim podemos dizer – na Sorbonne) é uma marca evasiva e infinitamente duvidosa! Talvez ela repouse sobre aquilo que na linguagem do cálculo diferencial se chamaria de fluxão. Se você quiser tocar com o dedo essa diferença infinitesimal, não a encontrará, do mesmo modo como não poderia tocar com o dedo a liberdade ou a vitalidade da vida. Prefiro chamar essa diferença de "diáfora" para distingui-la do que se compreende em geral por diferença, para nos sugerir a ideia do seu caráter atmosférico. O fato de ser judeu não repousa sobre nenhum sinal em particular, mas em todas as coisas em geral: repousa sobre algo que não é nada e que permanece irredutível à análise.

Alguns pensam que é perigoso manter simultaneamente a dissonância imperceptível e a qualidade de "francês com plenos direitos". Já o senhor parece considerar essa dificuldade como um falso problema.

Ainda que seja precário, tal equilíbrio pode ser vivido sem a mínima consciência de um conflito profundo. A ausência de qualquer educação religiosa contribui para tornar a contradição menos pronunciada e, em certa medida, a eludir as incoerências da "dupla fidelidade". Com efeito, é o discurso do outro que fabrica a dualidade precária do "judeu francês". É o outro que pretende classificar, definir, etiquetar as existências; e é o ultimato do outro que encurrala a existência num dilema sem saída. Daí vem o conceito um pouco racista de "judeu assimilado". A assimilação é um termo injurioso que consagra a impossibilidade para o "assimilado" de jamais escapar da fatalidade originária... Tal classificação nos diz de modo bastante claro: não se canse fazendo-se de francês, desempenhando o papel de francês, o senhor está condenado, não importa o que faça, a não passar jamais de um "judeu russo assimilado". Imaginamos facilmente um antissemita bem-intencionado dizendo a Bergson: "Veja só! O senhor fala francês sem sotaque!" De que deriva tal discurso? Ele repousa sobre a obsessão categorizante de um racismo incapaz de perceber os matizes impalpáveis e as diferenças pneumáticas senão na linguagem da contradição e da incompatibilidade. Assim é a psicologia dos fichários, empregada nos serviços antropométricos da polícia. O psicólogo suspeita, o sociólogo denuncia, psicanalistas e sociólogos se frustram rivalizando-se uns após o outros. Trata-se de um jogo infinito no qual cada um se furta do englobamento, englobando, por sua vez, aquele que o englobava... A denúncia do suspeito inscreve-se na empresa totalitária de um purista que sabe sempre mais coisas de nós do que nós mesmos. Recusemos, portanto, essa alternativa que soa bastante como um dilema ou um ultimato: por um lado, aqueles que nos intimam a ser cem por cento franceses, a menosprezar a diferença secreta, a renegar uma tradição; por outro, e de fato no mesmo campo, aqueles que, por razões opostas, nos desafiam a provar que somos puros celtas. Não é possível reivindicar, ao mesmo tempo, a diferença imponderável e a integração sincera à comunidade nacional? Para além da alternativa do tudo-ou-nada, a verdade diferencial recusa toda intimação.

Essa manutenção da diferença não é suspeita? Certos judeus, engajados na política, evitam falar sobre o eterno antissemitismo e desconfiam da complacência baseada na dor...

De fato, os judeus, de tanto serem perseguidos, terminaram por saborear, nessa perseguição e nessa solidão, um amargo deleite inconfessável. Deve-se acreditar que é um privilégio invejável ser perseguido: pois muitas pessoas que nunca o foram fingem ter sido. Bem que queriam ter tido, também elas, o seu Auschwitz e a sua Treblinka; têm ciúmes dos nossos infortúnios! A complacência baseada na dor é natural, é desculpável. Mais que isso, essa atitude é justificada pelo belo espetáculo que nos oferece o mundo contemporâneo: no ano três mil, quando a república socialista universal reinar sobre todo o planeta, quando o racismo contra o negro aparecer como uma lembrança odiosa e quase inacreditável, ainda se dirá "porco judeu" num bonde. Confessemos que esse discurso possui certo ar de um discurso teológico. Mas como chamar uma maldição que resiste à evolução histórica, um infortúnio hereditário que o progresso não curou, uma discriminação fatal que sobrevive à desaparição das classes sociais, um defeito inapagável que a própria conversão não é suficiente para apagar...? Isso não se chama maldição? A teologia sanguinária de certos cristãos oferece-se como explicação de tudo isso: o povo deicida será punido até o século dos séculos pelo suplício infligido ao Messias sobre o Gólgota. Você diz que não é assim. Você protesta. Todo mundo protesta. Não, não é possível, ninguém admite um absurdo tão monstruoso! Então, explique-nos por que, sessenta anos depois da maior revolução conhecida pelo planeta, depois de uma reviravolta econômica sem precedentes, num novo mundo que recusa com horror a ideia de um mal incurável, por que ainda se pode dizer "porco judeu" num bonde?

A existência do Estado de Israel pode aparecer como a resposta, feita de uma vez por todas, a essa questão imemorial, como a resolução do eterno enigma. No entanto, assiste-se a algo de absolutamente imprevisível: a esquerda europeia, que tem a sua razão de ser na luta contra todas as formas de racismo e em prol do direito dos povos de se autogovernar, tornou-se antissionista.

O antissionismo é o achado miraculoso, a ocasião providencial que reconcilia a esquerda anti-imperialista e a direita antissemita. O antissionismo dá a permissão de ser democraticamente antissemita. Veja que maravilha! De agora em diante é possível odiar os judeus sob o nome do progressismo! Há motivos para se ter vertigem. Essa bem-vinda mudança e essa inaudita inversão só podem isolar Israel numa nova solidão. Realmente, o fato de que a direita tenha sempre odiado e perseguido os judeus é algo normal e quase pacífico, posto que, de algum modo, ela nasceu para isso. É a sua vocação e a sua profissão. Logo, tudo está dentro da ordem. No entanto, ter perdido o apoio da esquerda, isso parece um castigo metafísico! Sim, é extremamente difícil suportar essa ironia cruel da inversão: dever mendigar apoios e alianças junto àqueles que sempre detestaram os judeus e que hoje encontram uma vantagem tática para sustentar Israel: eis a ironia trágica por excelência. Por que ela deveria ser reservada aos sobreviventes de Auschwitz?

17. A ARMADILHA
DA CONSCIÊNCIA TRANQUILA

Que lugar o senhor, homem da nostalgia, que tão bem descreveu o olhar ausente de Ulisses ao reencontrar Ítaca, dá ao reencontro dos judeus com Israel?

O dilema é o seguinte: ou Israel deve se tornar um Estado como os outros, com a sua bandeira, o seu hino nacional, a sua moeda, as suas fronteiras e os seus guardas, uma nação que figura no *Gota*[1] das nações respeitáveis, ou então deve permanecer como o povo místico cuja existência nacional é infinitamente adiada: até o fim da História, até a vinda do Messias. Eis uma contradição insolúvel...

---

1. Provavelmente o entrevistado aqui se refere ao *Almanaque de Gota*, uma espécie de diretório que, publicado entre os anos de 1763 e 1944, reunia informações e estatísticas sobre países, governos, Estados, integrantes das forças armadas, corpos diplomáticos, genealogia da nobreza europeia e temas correlatos.

Mas também se pode dizer: é a insolubilidade da existência em geral que se representa na existência de Israel. Certamente, tal contradição pode ser considerada como um fantasma da nostalgia... Para a juventude israelense, o primeiro problema de Israel é aquele da sobrevivência e da edificação econômica, da segurança e da prosperidade: as tarefas de Israel estão situadas no presente e se chamam irrigação, dessalinização da água marinha, reflorestamento... Os dilemas teológicos, os casos de consciência metafísica e os escrúpulos da consciência infeliz não figuram entre as preocupações dessa juventude nem nos planos quinquenais dos seus dirigentes. Israel é uma necessidade política, nacional e social, seja a terra de Israel uma terra "santa", seja ela uma terra profana. Mas, afinal de contas, não é toda a terra que é santa? A diferença judaica é um fato, certamente. Contudo, a necessidade política e nacional de Israel é de tal modo primordial que subsistiria ainda no seu rigor mesmo se a natureza exata da especificidade judaica fosse controversa.

Tal necessidade não é uma razão para considerar como inoportuno o apego à diferença judaica que persevera no seio das nações. É difícil admitir que Israel não tenha a força para deixar viver um exilado de tantos séculos. E não renegam Israel, até certo ponto, aqueles que consideram essa nação como o processo de assimilação da diáspora, isto é, como um sistema destinado a um desfecho?

Razões táticas, preocupações militantes obrigam-nos, sem dúvida, a colocar o problema da existência de Israel em termos de algum modo esquemáticos e simplistas. Elas nos persuadem a deixar na sombra uma verdade mais profunda e a afastar por ora um debate doloroso que, como grande parte dos debates referentes aos judeus, oferece essa particularidade de ser insolúvel e de não ter fim. Pode-se formular a alternativa nos seguintes termos: se você se prende por demais na sua diferença, não fique surpreso por causar desconfiança; se você quiser ser considerado francês com plenos direitos e passar desapercebido, ser cem por cento compatriota dos seus compatriotas, pois bem, renuncie à sua preciosa diferença e não justifique você mesmo uma discriminação da qual com razão você se queixa. Ora, os judeus permanecem eternamente hesitantes, desejam duas vantagens ao mesmo tempo: por um lado, serem inteiramente eles mesmos, por outro, não se distinguirem dos outros. Pretendem acumular, trapacear a alternativa, escamotear a obrigação da escolha. A quadratura do círculo é um problema bem simples ao lado desse! Isso porque ele deixa o homem cindido internamente. Mas não se trata de um problema humano em geral? Problema particularmente agudo e escabroso no tocante aos judeus, porque concerne nesse caso a uma minoria essencialmente vulnerável e também porque os judeus da diáspora estão, desde o nascimento, num equilíbrio instável, ou melhor, numa falsa situação, geradora de mal-entendidos. Os homens não sabem o que querem ou antes querem coisas contraditórias, querendo-as uma e outra ao mesmo tempo e as duas com a mesma intensidade, com igual fervor. Por um lado, sentem-se felizes quando se dissolvem deliciosamente na massa dos outros, quando, indiscerníveis desses outros, tornam-se "como todo mundo". Por outro lado, sentem-se felizes e orgulhosos por serem minoritários, desejando preservar e talvez exibir a sua originalidade como um privilégio, como uma insígnia. Os membros de uma minoria logo chegam a se considerar como os representantes de uma elite, como os espécimes de uma humanidade mais rara e, por conseguinte, mais preciosa. Reação natural do fraco contra a própria fraqueza! Isso porque o minoritário está, por toda parte, em posição frágil. As maiorias, os musculosos, os fortes, estes são a consciência tranquila, não têm nada a ser repreendido... Em síntese: assemelhar-se e distinguir-se, essas são as duas tendências profundas que se dividem no coração do homem e que não cessam de

207

se combater. Mesmo Israel experimenta tal complicação existencial. Os judeus da diáspora precisam da existência de Israel para impor ao mundo a sua dignidade, enquanto Israel, por sua vez, quer queira ou não, precisa da diáspora como um fermento, como um outro lugar que afirma a ubiquidade da sua presença disseminada entre as nações. Certamente, sabemos o que esse outro lugar significa para os antissemitas: a prova irrefutável do complô judaico e das tenebrosas artimanhas das quais se acusa o povo maldito. De fato, há uma alusão a algo de outro na existência judaica, que nos interroga nos seguintes termos: deve-se renegar uma parte do que somos em nossa profundidade? Ou se deve consentir à condição de ser uma nacionalidade a mais? A pergunta permanecerá para sempre sem resposta. Algo de secreto resiste obstinadamente à assimilação triunfante, à assimilação inevitável, algo de vago, de precário, o elemento duvidoso e controverso sem o qual a existência judaica não seria o que é. Contudo, inversamente, há algo que não se deixa reduzir a tal existência fechada, um elemento sem o qual a existência judaica não seria o que é.

O senhor odeia as maiorias. O senhor sempre toma a defesa dos povos oprimidos: os curdos, o povo do Biafra, os bengalis, os haitianos... É aos marginalizados do sentido da História que se dirige a sua preferência.

Pertenço ao partido daqueles que são frágeis, desarmados, abandonados, *minoritários*. Estou do lado daqueles que todo mundo esquece ou renega, que ninguém defende e por quem ninguém se compadece. O meu coração bate em uníssono com o coração de Ulisses quando Ulisses aparece como mendigo na sua casa. Ulisses só se torna antipático a partir do momento em que ergue o arco e se mostra indubitavelmente o mais forte: então ele não é mais que um proprietário seguro do seu direito. Quando massacra os pretendentes, somos tomados por uma espécie de simpatia e, até mesmo, por uma piedade risível dessa miserável turba... Devo confessar, não tenho grande interesse pelas causas triunfantes, apoiadas pelos clamores da multidão e pelas bajulações dos desprezíveis. Os musculosos, os fortes, os "robustos", aqueles que Max Jacob chamava de "rugidores", aos quais se deve acrescentar as cantoras vociferantes, os virtuoses em delírios e os regentes gloriosos: esse campo triunfal não é o nosso. Quando menino, eu me via como aliado de Heitor e não de Aquiles no momento em que os troianos estavam prestes a sucumbir. Depois disso fui parar no campo de Aníbal, contra Cipião e as suas legiões romanas, quando a sorte das armas abandonou Cartago. Na ponte Mílvia, combatia com Magêncio contra Constantino. Então detestava Constantino, o grande, o grandíssimo Constantino, esse Constantino, o forte, tão seguro da sua força. A Igreja romana de Pedro, a glória militar dos Campos Cataláunicos que enchiam Liszt de admiração deixam uma impressão de mal-estar. Desejei a derrota do cristianismo quando se tornou majoritário e triunfal, quando o sentimento de superioridade desfigurou o seu rosto e quando se pôs, por sua vez, a perseguir os pagãos. Os heróis com elmos sucederam os mártires. *Christus vincit, Christus regnat, Christus imperat in saecula saeculorum* (Cristo vence! Cristo reina! Cristo impera pelos séculos dos séculos). Que gritos, meu Deus! Que clamores belicosos! A guerra santa dos muçulmanos não é menos monstruosa que as cruzadas dos cristãos. Não, nenhuma guerra é santa. Elie Wiesel disse, em termos admiráveis, que a guerra nunca deve ser glorificada nem santificada e que essa aberração mental é estranha ao judaísmo. Vergonha aos vencedores! Honra aos vencidos! Seria este um paradoxo romântico? Uma forma um pouco irritante do espírito de contradição? Absolutamente! Os fortes não precisam de ninguém, defendem-se por si mesmos. Felizmente, algumas vezes devoram-se uns aos outros. Contudo, também com frequência os ogros são solidários com os ogros, solidários em "ogroria". A eles os bilhões, a consciência tranquila, a segurança natural que a sua musculatura propicia aos atletas e, por acréscimo, certos cuidados pseudofilosóficos. Por que esses rugidos contra a moral? Justamente porque a moral é o que incomoda os cavaleiros da força triunfante. Nesse ponto em que uma estratégia política fundada sobre as relações de força e sobre a identificação do direito com o fato permanece sempre equívoca, indecisa e finalmente retrospectiva, somente a moral concede respostas decisivas, unívocas e incondicionalmente válidas. A moral não existe para enriquecer os ricos nem para fortalecer os fortes, a injustiça "imanente" já se encarrega disso por si mesma, ao não cessar de ampliar monstruosamente as desigualdades e de aumentar vertiginosamente os latifúndios. Todos nós sabemos que o dinheiro corre para os ricos, a sorte para os bem-aventurados, as honras aos homens já importantes (pois é a importância que nos torna importantes!); as condecorações atraem as condecorações e vêm ornamentar os peitos já constelados. Sem o regulador moral, a desigualdade fica, assim, entregue à febre do frenesi inflacionista. Tais são os monstros do poder, de um poder louco por si mesmo, que obedece a uma espécie de proliferação cancerosa. Quanto a tais exageros caricaturais, a justiça os contém como pode. A nossa indignação os denuncia. A justiça não diz: "Felizes os ricos, pois serão ainda mais ricos e cada vez mais ricos, como o rei da Arábia!" A justiça está presente para fortificar os fracos e enfraquecer os fortes. A justiça está presente para conter o escândalo da ação delirante, para estabelecer um contrapeso; a sua tarefa é a compensação, o equilíbrio que resulta da inversão. Contudo, os fortes são tão vorazes que tudo saqueiam, mesmo as aparências da fraqueza... Como o rico que se faz de pobre, o forte se faz de fraco e de perseguido. Para nós nada restará. Por gentileza, não tome tudo, deixe-nos algo! Deixe aos fracos os humildes privilégios da sua fraqueza! Deixe ao menos aos pobres os atributos tão pouco invejáveis da sua pobreza. Não podemos tudo açambarcar: ter as mais altas distinções e recusá-las, ter todas as honras e ao mesmo tempo não as ter, possuir todas as vantagens sem os inconvenientes dessas vantagens, cumular o poder e o desapego, transcender os contraditórios, numa palavra, ser sublime. Gracián louva Filipe III da Espanha por ter conquistado o céu com grandes esforços sem perder uma polegada de terra e por, acumulando a glória sobrenatural e o clamor secular, ter açambarcado a "virtude" com a força. Ainda assim, nada deixou aos outros... Nem mesmo a morte na solidão e no desamparo!

Seria necessário desconfiar de um restabelecimento da justiça que somente consistiria em inverter os papéis. A defesa dos oprimidos como tais não deve se propor como uma tarefa incondicional.

Certamente, a revolução não tem por meta inverter as posições dos fortes e dos fracos, permutar cegamente, mecanicamente os titulares do poder e os detentores da força. A revolução não se propõe a fazer com que os primeiros sejam os últimos e os últimos sejam os primeiros, a fazer com que os ricos se tornem pobres e os pobres, ricos... Isso seria, simplesmente, mudar de ricos! Permanece a mesma velha história! A meta da revolução é garantir que não haja mais nem primeiros nem últimos, nem fortes nem fracos, nem ricos nem pobres ou, o que vem a ser o mesmo, garantir que todos sejam ricos. Talvez convenha dizer o seguinte: por direito, o valor é independente do fato de ser forte ou fraco. Com certeza, o amor só é autêntico e desinteressado se o seu amado não é "amável", mas isso unicamente pela seguinte razão: quando o amado é digno de amor, a pureza do motivo no amante possui sempre algo de suspeito. Na miséria da nossa impureza e do nosso egoísmo, nunca estaremos seguros de que esse amor seja sincero. Como são insidiosas as astúcias do amor-próprio! Se o seu amor tem por objeto a mulher mais bela do mundo ou a mais inteligente, é hora de desconfiar. Ame, portanto, a mais feia e a mais tola, pois essa é a pedra de toque e a prova de um amor desinteressado. Por outro lado, esse não deve ser tampouco um motivo para odiar a beleza sob o pretexto de que ela é bela: se você tiver a alma suficientemente elevada, também será capaz de amar com humildade a mais bela, de amar com amor puro e sem segundas intenções. E essa não é tampouco uma razão para amar a mais feia sob o único pretexto de que seja feia, por penitência como uma personagem de Dostoiévski ou por espírito esportivo, a fim de bater todos os recordes de ascetismo ou de conquistar os títulos mais seguros para a beatitude eterna: pois isso ainda seria um comportamento mercenário... A vida moral não é um campeonato, nem uma competição! Do mesmo modo, você socorre os fracos, já que são eles que precisam da nossa ajuda, mas essa não é uma razão para combater o forte sob o único pretexto de que seja forte! Isto é, pelo simples divertimento gratuito de prejudicar o vencedor e de lhe fazer tomar o lugar do vencido. Seria um absurdo e uma contradição, pois o que desejamos, afinal de contas, ao lutar pelos fracos, é a sua vitória: a afirmação da sua existência. Numa única palavra, o que desejamos é a vitória do direito...

No entanto, quanto a esse Ulisses que ingressa mendigando na própria casa e com o qual o senhor se solidariza plenamente, eis que o senhor perde o interesse por ele no momento em que brande a espada justiceira! Se os humilhados e os ofendidos tomam, enfim, o poder, vamos virar-lhes as costas sob o pretexto de que a sua causa não é mais uma causa perdida? Ou antes se deve considerar que, em todos os casos, o poder que é criminoso? Pascal aborda diretamente o problema: "Se pudéssemos, teríamos colocado a força nas mãos da justiça: mas como a força não se deixa manipular como queremos, pois é uma qualidade impalpável, enquanto a justiça é uma qualidade espiritual de que dispomos como queremos, colocamos a justiça entre as mãos da força."[2]

Aí reside, de fato, todo o problema. Não há outra vitória que aquela da justiça, nem outra tragédia que aquela de uma justiça rejeitada pela sua vitória nos braços da força; pois o poder possui em si mesmo algo de diabólico. O poder é sempre opaco e desencadeia uma transformação mágica do homem. Essa maldição do poder é uma das formas mais surpreendentes nas quais se exprime o que Georg Simmel denominava de a tragédia das culturas triunfantes: uma cultura que triunfa entra imediatamente em decadência. Chegamos, assim, a nos deparar com esse dilema insolúvel: preservar a pureza de uma causa afastando-a do poder ou, ao contrário, comprometer essa pureza submetendo-a à prova do poder. No entanto, nesse mundo de dissonância, podemos também formular outra questão: é assim tão certo que jamais haja uma vitória dos fracos? A revolução, ao aceitar as concessões que lhe impõe o exercício do poder, não é necessariamente conduzida a trair aqueles cuja vitória anunciava? Talvez a vitória do fraco se reconheça justamente pelo fato de que ela lhe é sempre e logo subtraída... Esta é, por exemplo, a sorte de Israel como nação, suficientemente vencedora para que possamos acusá-la de triunfalismo, suficientemente ameaçada para que possamos duvidar da sua vitória para todo o sempre. Na verdade, se queremos que a vitória permaneça a vitória da justiça, a justiça deve manter a consciência aguda e lúcida da sua própria fraqueza: enquanto combate os seus inimigos, é necessário que combata a si mesma, que se saiba embriagada pela própria potência, pervertida pelo poder. É também necessário que esteja certa do seu fim, mas sempre incerta dos meios. É somente nessa hesitação, nessa reinvenção perpétua das questões e dos métodos que as relações de

---

2. B. Pascal, *Pensées*, 821 (Chevalier), 878 (Brunschvicg).

poder entre os homens poderiam desaparecer. É bem disso que se trata! Se o escravo toma o lugar do senhor para, por sua vez, se transformar em perseguidor, então seguramente não vale a pena fazer revolução. O perseguido não se metamorfoseará em carrasco se permanecer à escuta do que o ironista não cessa de lhe murmurar ao ouvido: lembre-se de que você está aí para assegurar o poder da justiça e não a justiça do poder...

18. O HUMOR VAGABUNDO

Esse apoio aos pequeninos, aos obscuros, aos subalternos, faz compreender por que o senhor privilegia o humor. De fato, é pela graça do humor, único direito mantido aos oprimidos, que a história dos homens pode em alguns momentos exceder a filosofia da história. No entanto, é à ironia e não ao humor que o senhor se dedicou num dos seus livros mais célebres. Mas justamente não teria sido insidiosa e irreversivelmente substituída a reflexão de outrora sobre a ironia por uma inacabada meditação sobre o humor?

Parece-me hoje que o verdadeiro problema filosófico não é a ironia, mas o humor. Enquanto a ironia explora com virtuosidade, com um propósito bem determinado, o equívoco da linguagem, o humor não possui projeto fixo nem sistema de referência... A ironia é o talento de uma consciência soberana, desapegada, capaz não somente de jogar com as palavras, mas de jogar com o jogo de palavras! Jogar ao infinito! Perigosa complicação! O ironista brinca de ser o contrário de si para nos conduzir com mais segurança à verdade. Ora, esse fingimento é uma estratégia, e ela possui um caráter geralmente pedagógico, com frequência dogmático e talvez um pouco pernóstico... É uma astúcia edificante. A cifra da ironia é, no fundo, relativamente simples: contenta-se em fazer uma curva fingindo passar pelo sentido contrário ou simulando alguns desvios, mas nunca perde de vista a meta por ela fixada; e quanto mais embaralha as pistas, melhor sabe aonde vai, melhor defende a sua tese. Isso porque ela tem uma tese! A lítotes e a alusão, por um lado, a perífrase e a retórica, por outro, essa é a dupla via da simulação: essa via indireta pode ser, a despeito de toda geometria, o caminho relativamente mais curto que conduz à verdade, assim como o meio mais eficaz de dizer essa verdade e nos convencer. Dado que o homem é pesado e passional, além de lento na compreensão, a via sinuosa da circunlocução pode ser a mais curta e a via reta a mais longa... O homem esconde-se atrás de uma máscara para o adivinharmos melhor: aqui Dédalo constrói um labirinto no qual nos perdemos para melhor nos reencontrar. A máscara e o labirinto não se parecem nesse sentido às obras da ironia? Esta, no entanto, implica um elemento suplementar, quero dizer, o elemento de zombaria e a intenção de ridicularizar, de caricaturar o ponto de vista adverso. O humor, com as suas manobras de diversão e as suas reticências secretas, é bem mais complexo; não se contenta em derrubar a posição adversa. A verdade humorística é relançada ao infinito, pois está sempre além... Com muita sutileza e profundidade, Violette Morin, meditando sobre a obra de Raymond Queneau, observa que as anedotas humorísticas estão com frequência ligadas ao movimento: têm preferentemente como cenário os veículos da mobilidade humana. O humor é a consciência em viagem. O humor é a consciência no metrô... ou num vagão de trem. A ironia tem, portanto, uma segurança e um enraizamento que faltam ao humor. A tática da ironia, por demais evidente, desmonta-se com facilidade e pode ser interpretada em leitura direta: basta uma hermenêutica grosseira, assim como basta ir na contramão da pretensa defesa de Montesquieu a favor da escravidão dos negros para decifrar essa cifra transparente e ler as terríveis alegações da acusação inscritas em filigrana sob essa "defesa". É impossível deixar-se enganar! O humor não possui estratégia, posto que a verdade à qual faz alusão não está localizada em nenhuma parte, em nenhuma forma determinada. Essa verdade permanece um horizonte longínquo.

O endurecimento da diferença entre a ironia e o humor não depende da sutileza retórica. Aqui se institui uma linha divisória que exprime uma escolha de vida.

Aquele que faz do humor e da ironia duas categorias conceituais separadas – e nos exige escolher entre elas – encerra-nos num ultimato um pouco caricatural, pois é próprio a essas atitudes da consciência tornarem-se evanescentes, enevoadas, invadirem o terreno uma da outra, interferirem uma na outra. Eis por que, na prática, as palavras ironia e humor são palavras que empregamos uma no lugar da outra. De fato, foi o exemplo de Sócrates que favoreceu a confusão. Por um lado, somos tentados a considerar Sócrates um humorista, pois a sua verdade parece situada ao infinito e leve é o seu gracejo. Por outro lado, ele merece ser chamado ironista, porque interroga, porque se faz de tonto para conduzir os tontos pela mão, porque sabe aonde vai, porque *refuta* um adversário estúpido. Se persistimos a confundir a ironia e o humor, é porque o fato de se exprimir indiretamente, mesmo que ironicamente, já subentende uma complicação fundamental: vale dizer que a verdade não se presta a uma apreensão direta. Tal confusão, esse vapor sobre a transparência imediata anuncia a complexidade de uma verdade fugidia, que nunca pode ser dita exaustivamente e isso em razão do fechamento dos homens, da sua surdez, da sua susceptibilidade, das suas paixões. No entanto, a diferença entre o humor e a ironia continua a subsistir, impalpável, mas irredutível: o véu do humor, gaze leve, dá lugar à brutalidade da *Via per contrarium* quando se torna evidente que zombam de nós. A ambiguidade do humor dá lugar à transparência total da ironia: deixando de perseguir a verdade, de se perder, de se esvair com ela, a ironia detém o humor no meio do caminho e transforma a sua busca em artimanha tática. Assim, Penélope desfaz, a cada noite, a trama da sua tapeçaria não pelo prazer de desfazê-la, mas para ganhar tempo em vista de um prazo esperado e apaixonadamente esperado, isto é, com total confiança. Assim, Ulisses se disfarça de mendigo, mas não se esquece em nenhum momento de que é Ulisses: com todas as letras lembrará a sua identidade aos pretendentes na linguagem da violência, empunhando a espada! O seu disfarce é um fingimento, e tal fingimento lhe permite assumir um ar de fraqueza quando forte, errar como um pobre estrangeiro, mas certo do seu direito, no palácio onde o esperam a sua fiel Penélope e a coroa de Ítaca. De fato, Ulisses é forte, tão forte quanto Ajax ou Aquiles... Não são necessários músculos potentes para dobrar o arco inflexível? A fingida fraqueza, os farrapos de Ulisses, as artimanhas noturnas de Penélope não passam de aliadas da força e da legitimidade, pois a ironia é a arma do forte, a paciência de um deus disfarçado de mendigo. O príncipe escarnecido, espoliado, espera pela sua hora com toda confiança: ela não tardará a vir... Por outro lado, o humor, que não tem nenhuma realeza a restabelecer, nenhum trono a restaurar, nenhum título de propriedade a fazer valer, não esconde a espada nas dobras da sua túnica. A sua função não é restaurar o *status quo* de uma justiça fechada, nem opor uma força à força, mas antes substituir ao triunfo dos triunfantes a dúvida e a precariedade, torcer o pescoço à eloquência e à consciência um pouco burguesa dos vencedores. Ulisses, após tantas aventuras e peregrinações, retorna para instalar-se no aconchego do lar até o fim dos seus dias. Contudo, o vagabundo do humor permanecerá eternamente em estado de vagabundagem: ele não é o reizinho do seu formoso reino, mas, sim, o viajante de uma errança infinita. A errança, por muito tempo, foi a especialidade dos judeus. Por oposição à artimanha de Ulisses, o que chamamos de humor judeu exprime, à sua maneira, a dúvida quanto às verdades prontas e a dúvida sobre si mesmo. Ele traz consigo o princípio da leveza e do sorriso: o sério pontificante se esfacela com a leitura das narrativas doce-amargas, mas com mais frequência indulgentes que cortantes, de Sholem Aleichem. Esse sorriso triste, também o reencontramos em Anton Tchékhov, que não é judeu, mas cujo humor repleto de ternura, de piedade e de uma tão profunda humanidade não é desprovido de relação com o humor judeu-russo. Para os humilhados e os ofendidos, a humildade humorística permite superar a humilhação: graças ao humor, o pobre se torna rico na sua miséria, rico da própria miséria, rico do próprio abandono. O humor foi para os judeus um meio de desmontar os perseguidores, ridicularizar o tsar e os pogromistas sem, porém, pretender opor uma verdade à outra, pois o humor exigia deles outra coisa ainda: que também zombassem de si mesmos, para que o ídolo derrubado, desmascarado, exorcizado não viesse a ser substituído por outro. O humor britânico, no interior de um contexto nacional completamente distinto e até mesmo oposto, possuía em certa medida similar vocação: numa sociedade conformista, ameaçada pelo orgulho da sua superioridade imperial e pelo complexo de importância, o humor dispõe e preserva um oásis de verdade, de lucidez e de modéstia nos quais a autocrítica era admitida sem causar escândalo.

Demasiado fragmentários de fato são o mundo e a vida
É necessário que eu vá consultar um Senhor Professor
Somente ele saberá como recompor a vida

Fazer dela um sistema claro e distinto,
Com os seus gorros noturnos
E os pedaços do seu roupão
Tampará os buracos do edifício do mundo.[1]

Como Heine, o senhor não aceita ser consolado pelos sistemas. Quanto à malha perdida, ao trapo, o senhor não deseja conceder a eles um estatuto e fazê-los colaborar para o enriquecimento do sentido. A ironia, cheia de subentendidos dialéticos, quando finge desmontar o sistema, não faz mais que reforçá-lo. Mas o humor, por sua vez, vai além, distraído, confuso, oportuno: não é sempre dele que o senhor extrai a terna lição da gaia ciência?

É possível, com efeito, que o humor nos liberte da ironia. Assim, Heine, com frequência sarcástico e mordaz, nunca está mais próximo de nós do que quando abandona o escudo do ironista pelos farrapos do humor. Do mesmo modo, Satie é em primeiro lugar um ironista que zomba do estilo pomposo, da grandiloquência oficial, da Academia dos músicos notáveis; mas, por vezes, a ironia corrosiva e áspera também deixa lugar ao humor. Essa transposição é por si mesmo poética, como é poética uma ingenuidade repentina que não sabemos de que modo explicar, um frescor imprevisto que penetra em nós como um hálito de primavera. Há, de fato, uma ternura no humor, e essa ternura faz do humor um ramo florido do amor. Os amantes não provam a ironia, pois ela está por demais segura da sua legitimidade. Se lhe falo ironicamente, é porque você está cometendo um erro e porque lhe convém corrigir esse erro por uma pedagogia apropriada, seja por um curso magistral, seja por uma lição irônica: você precisa disso! Eu a trato com dureza e, se necessário, até a ridicularizo um pouco para conduzi-la à verdade que é a minha... O curso magistral possui o direito de ser didático

---

1. O Retorno, poema LVIII do livro *Buch der Lieder, Die Heimkehr*, de Heinrich Heine.

e anagógico, mas não implica uma relação de simpatia nem mesmo um esforço de compreensão em relação à verdade da qual o outro é portador. Quanto ao humor, ele alivia a tensão patética do amor fingindo tomar distância em relação ao amado: mas o recuo humorístico não é o desnível hierárquico da cátedra magistral, antes repousa na timidez do pudor. Não, ninguém pode confundir o sorriso do humor com as risadas de escárnio da ironia. Ninguém pode confundir os sarcasmos cheios de desprezo da ironia e as caretas da paródia com o sorriso do humor que nos acolhe na sua luz.

É, no entanto, o amor que está em jogo na ironia de Ulisses e de Penélope...

Ulisses e Penélope conspiram entre si para a restauração de um amor essencialmente legítimo e conjugal. Apesar de numerosos obstáculos, a tática é muito simples: os esposos se reencontram e todos os dragões da impostura se evaporam como por encanto. Nenhum remorso, nenhum escrúpulo, nenhum resíduo não compensado sobrevive ao restabelecimento do *status quo* perturbado pelos usurpadores. O humor possui um elo mais profundo, mais humilde e mais inquieto com o amor, e esse elo não se exprime necessariamente na legalidade do casamento nem no valor normativo da fidelidade. Isso não quer dizer que o amor recíproco entre Penélope e Ulisses tenha algo de burguês: a música de Gabriel Fauré[2] o faz reviver, ao contrário, como um amor ardentemente apaixonado. Contudo, a ideia da legitimidade e da justiça está a todo momento presente nessa narrativa. No entanto,

2. Referência à ópera em três atos de Gabriel Fauré, *Pénélope*, estreada em 1913, sobre libreto de René Fauchois, baseado "no episódio da *Odisseia*, de Homero, no qual Penélope (soprano), a mulher de Odisseu (tenor), é assediada por pretendentes, enquanto seu marido se encontra na guerra de Troia. Odisseu retorna e mata todos os pretendentes". Ver C. Osborne, *Dicionário de Ópera*, p. 298.

seria falso pensar que o humor está ausente por completo da *Odisseia*: no momento em que Ulisses acredita poder finalmente atracar em Ítaca, uma tempestade – ironia da sorte ou tempestade bem-vinda? – empurra-o quase até as colunas de Hércules e obriga-o ainda a fazer múltiplos desvios. O seu itinerário permanece estranhamente sinuoso. Ouso dizer que, nesses momentos, o herói homérico se parece um pouco com o amante tímido de Satie. Diríamos que ele não tem tanta pressa de encontrar a esposa! Quando, enfim, após tantos meandros, tantos ziguezagues, tantas idas e vindas, Ulisses reencontra verdadeiramente Ítaca, ele não a reconhece, pois Zeus teve o cuidado de recobri-la com uma nuvem espessa... Essa nuvem talvez seja a nuvem do humor, uma espécie de precaução que Ulisses é o único a perceber. Ítaca, mesmo reencontrada, deve permanecer um horizonte distante; um horizonte brumoso permanece aberto diante de Ulisses... alhures, sempre para além. Um judeu encontra um dia um mujique pela estrada: "Aonde você vai desse jeito?", pergunta o mujique ao judeu. "Vou a Kiev", responde o judeu. "Como! Você vai a Kiev?", surpreende-se o mujique, "mas você bem sabe que Kiev está a trinta verstas e você está completamente sozinho, a pé, pela estrada... E o que você vai fazer em Kiev?" "Oh, nada", responde o judeu, "não tenho nada a fazer em Kiev, mas certamente encontrarei alguém por lá para me trazer de volta..." O humor se parece com esse judeu pela estrada, rumo a Kiev onde não tem nada a fazer; também se parece com o Amor vagabundo do qual nos fala Platão: o humor é como o Eros do *Banquete* segundo Diotima, é aquele que vai, *Ítes* (Ἴτης)[3]. Não lhe pergunte, porém, aonde, ele nada sabe disso... ou talvez o saiba muito bem? De fato, sabemos e não sabemos. Vivemos num mundo fugaz onde as coisas não ocorrem senão uma vez, uma única vez em toda a eternidade e nunca mais depois disso... O humor talvez

---

3. Ver Platão, *O Banquete*, 203d.

seja um meio para o homem se adaptar ao irreversível, para tornar a vida mais leve e fluida: o humor é talhado no mesmo tecido líquido do devir: o humor é, por sua vez, todo mobilidade e fluência. Afina-se tão bem ao ritmo da irreversibilidade que a menor repetição lhe parece uma redundância e uma complacência de bufão. Contudo, sem dúvida, a palavra "adaptação" não era a mais adequada: é uma palavra burguesa para um pacto burguês. O homem concluiria um pacto com o tempo, o homem estabeleceria residência na temporalidade, como se aquilo que foge sem jamais se fixar e não cessa de devir sem jamais retornar fosse uma morada na qual podemos nos instalar! Seria preferível estabelecer residência na mendicância. O nomadismo não é o domicílio dos nômades, a carroça não é a "residência" dos ciganos! Se o humor é verdadeiramente o inapreensível da temporalidade, se o humor é verdadeiramente *ítes*, aquele que vai e nunca retorna, caberia antes dizer: o humor estará eternamente a caminho, até o fim dos tempos… Também se revela como Eros a pé, como o mendigo errante de um eterno caminho, como o judeu ambulante de uma deambulação infinita, como o apátrida cuja pátria está sempre alhures sobre esta terra.

Quanto a esse vagabundo sempre a caminho que o senhor descreve, tenho a impressão de reconhecê-lo: é Chaplin, não é?

De fato, não podemos deixar de pensar aqui em Charlie Chaplin. Pensei nele muitas vezes… embora ele nunca tenha constado do programa dos concursos para docente! Uma leve melancolia envolvida num véu de ternura: esta é a definição do humor, desse humor que, em Chaplin, às vezes esconde alguns graus de amargor e, no entanto, não é jamais cortante nem zombeteiro. A gentileza, a bondade e a indulgência iluminam, por momentos, a máscara do palhaço: fazem-nos atentar para a diferença que existe entre o sorriso do humor e o ricto da ironia, entre o encanto do humor e a careta congelada do sarcasmo. O encanto

é uma abertura e um consentimento: é o encanto doce-
-amargo do homem que hesita entre o riso e as lágrimas
e se reconcilia com um destino cruel. No desfecho dos
seus filmes, vemos com frequência Carlitos distanciar-
-se ao longo da estrada e desaparecer finalmente rumo
ao horizonte longínquo. A sua silhueta vista de costas,
o caminhar manco, o seu jeito terno e desengonçado nos
dão vontade de sorrir e de chorar ao mesmo tempo. Para
onde vai esse vagabundo? Não é o caminhar glorioso de
alguém que, seguro do seu Credo, vai

> Em direção ao futuro divino e puro, à virtude,
> À ciência que vemos reluzir
> À morte dos flagelos, ao olvido generoso,
> À abundância, à tranquilidade, ao riso, ao homem venturoso…
> Ao direito, à razão, à fraternidade
> À religiosa e santa verdade… etc.[4]

É antes o caminhar de alguém que não vai a nenhum lugar
e que, em todo caso, vai mais longe, o caminhar de alguém
que não sabe aonde vai. Talvez ele, ao exemplo do Inocente de *Bóris Godunov*, vá logo se sentar num tronco
de árvore e cantar e chorar enquanto se balança? Quem
sabe ele, como o judeu da Ucrânia, vá a Kiev, onde não
tem nada a fazer? Ele vai, sem ir a este ou aquele lugar.
Ele vai, sem dúvida, em direção a uma nova esperança,
seguida de novas desilusões, em direção a um alhures infinito. A aventura que o filme nos contou não se conclui
na apoteose do ideal e da harmonia universal: deixa-nos
à beira da estrada, deixa-nos, segundo a bela expressão
de Rilke, *em algum lugar do inacabado*[5].

---

4. "À l'avenir divin et pur, à la vertu, / À la Science qu'on voit luire, / À la mort des fléaux, à l'oubli généreux, / À l'abondance, au calme, au rire, à l'homme heureux / […]Au droit, à la raison, à la fraternité, / À la religieuse et sainte vérité", V. Hugo, Plein ciel, *La Légende des siècles*, v. II, capítulo XIV, 2, Première série (1859).
5. Ver R.M. Rilke, *Os Cadernos de Malte Laurids Brigge*.

19. NÃO SE APRENDE A MORRER

A sua filosofia nos arrasta por montes e vales e nos faz dormir sob o céu estrelado. É, sem dúvida, porque o senhor pensa o homem como um ser privado de permanência que a sua reflexão chega necessariamente a fazer da morte a figura última e exemplar dessa errância. Se quiséssemos analisar o seu pensamento sobre a morte, deveríamos nos aventurar por uma noção um tanto mal-afamada: a imprevidência. A filosofia sempre se apresenta, mais ou menos, como um sistema da economia e da reserva do sentido; ora, o senhor não se cansa de reabilitar a cigarra...

A imprevidência é um conceito que não me parece suficientemente equívoco. A cigarra é uma cigana um pouco estouvada que decidiu esquecer o inverno, confiar na sorte e viver um dia após o outro... Por outro lado, o nosso estado de despreparo diante da morte não é uma negligência ocasional, é o necessário despreparo de alguém que, em outro sentido, sempre esteve preparado: trata-se de uma previdência imprevidente... Pode-se ser surpreendido pela coisa mais esperada do mundo. Ora, o que há de mais esperado que a morte? No entanto, quando advém, a morte sempre sobrevém inopinadamente, qualquer que seja a data! E o seu caráter repentino nos causa sobressalto. Pascal diz: "Sei que há um Deus, mas não sei como ele é." E ainda: "Sei que há um infinito, mas não sei se é um número par ou ímpar." Do mesmo modo cada um de nós diz: Sei que morrerei, mas não posso responder a nenhuma questão circunstancial nem aplicar nenhuma das categorias aristotélicas da enunciação: nem a "maneira", nem o "lugar", muito menos a "data", que é a questão principal. *Quando?* À mais pungente dentre todas as interrogações responde a mais angustiante dentre todas as indeterminações. Deve-se acrescentar que tal imprevidência é ambígua: estou privado do saber circunstancial requerido por toda preparação completa. Se prever é também poder, nada posso fazer com esse saber ao qual faltará a precaução essencial... Você diz: Sei *quê*, mas não sei *quando*? De fato, eis um belo saber! Como estou, nesse caso, bem informado! Você me ensina, portanto, que o homem em geral é mortal. Inutilizável e irrisória é essa ciência privada da informação vital por excelência, aquela que nos informaria sobre o momento e a hora. A hora é incerta? Portanto, tudo é incerto, indeterminado, aleatório... Até a louca esperança pode se tornar plausível! A morte em geral talvez me esquecerá, quem sabe? Ao mesmo tempo, porém, podemos dizer que nos preparamos para a morte a cada instante da nossa vida, posto que a morte nunca nos desvencilha por completo da sua misteriosa presença, simultaneamente prevista e imprevisível. Essa sombra opaca jamais abandona de todo o campo da nossa visão. O homem está tão desarmado diante da morte quanto a cigarra diante dos rigores do inverno, mas para ele não se trata de um mau momento como qualquer outro a se atravessar! A sua indigência, sobretudo, é mais complexa, mais pungente, mais radical:

ele ignora quais precauções deveria tomar. Além disso, não há "precauções": só há precauções no que diz respeito à boa saúde e à longevidade. Podemos nos precaver contra essa ou aquela doença, mas no que concerne à morte, ninguém pode nos dar o menor conselho. A morte não é uma *doença*: a morte é, antes, a doença das doenças, a doença dos doentes como a doença dos sadios; e tal doença é, por definição, incurável… Ainda se tivesse, a cada dia da sua vida, pensado na morte, acumulado tesouros de graves reflexões, colecionado as máximas e as sentenças dos sábios, o mortal permaneceria tão ignorante, inexperiente e desajeitado quanto um pobre órfão; e a sabedoria das formigas não é mais avançada nesse ponto que a negligência dos pássaros do céu. As circunstâncias da vida que dizem respeito à continuação da vida exigem uma preparação e admitem talvez um aprendizado ou um habituar-se. Por outro, não se aprende a morrer. Não se pode se preparar ao que é absolutamente de outra ordem. Uma preparação sem preparativos: eis o que exige a morte…

O seu livro sobre a morte começa com um protesto, uma queixa dirigida à ausência: "Aquilo que diziam as versões latinas sobre o sofrimento e a morte era, portanto, verdadeiro…" Este desnudamento da banalidade do morrer não tem outro objetivo senão o seguinte: desabituar-nos da morte. Assim, o senhor nos lança deliberadamente à trivialidade de uma constatação. É necessário, para despertar a morte, para provocar a sua realidade familiar e desesperadamente inofensiva, que nos entrechoquemos com o seu rosto mais comum e com a sua verdade mais nula. Alguém morreu: nesse novo silêncio não há nada a assinalar. No entanto, o senhor ainda teima em importunar o esquecimento no qual colocamos os mortos, a denunciar a higiene do consentimento.

Diante dessa evidência trivial, a mais alta metafísica só pode enunciar obviedades: um minuto antes da sua morte, como todos sabem, o Senhor de La Palice ainda estava vivo[1]. E quando se diz, inspirando-se em Epicuro: a morte nunca me diz respeito, nem antes, porque ainda estou vivo, nem depois, porque não estou mais presente para tomar consciência dela, enunciamos mais uma obviedade. Se nos inteiramos sobre a morte súbita de alguém, dizemos tolamente: "Como isso é possível? Eu o encontrei anteontem no Boulevard Saint-Michel!" E não é, de fato, essa verdade ao mesmo tempo trágica e burlesca que nos deixa mudos, atordoados? O escândalo intolerável é o contraste entre a banalidade administrativa do fato de noticiário e o drama brutal, inconcebível, que seria a aniquilação de alguém, se tentássemos apreender o seu impenetrável mistério... Esse mistério de "niilização" é aquele da efetividade pura, cega, opaca, à qual toda morte se reduz e que se presta unicamente à *constatação* pura e simples. Ora, diante dessa evidência absurda e quase ridícula de tanta banalidade, que podemos fazer senão repetir essas palavras de impossível assimilação: ele não é mais? Isso porque não há nada a se pensar no âmbito da morte. A morte, a despeito do preconceito contrário, não oferece nenhum ponto de apoio para a meditação. O pensamento, ao não ter do que se ocupar, gira em círculos indefinidamente. De tanto repetir, de tanto entrechocar todas as palavras relativas à morte, acabaremos por fazer fulgurar algum clarão? Essas palavras impotentes, esses truísmos estacionários não formam um discurso! No entanto, tal repetição, que é, antes de tudo, uma vaidade das vaidades, também manifesta a vontade de não se furtar às evidências do senso comum. Entre a impossibilidade de negar

1. Uma verdade de "La Palice" indica uma afirmação autoevidente, uma obviedade, ou seja, um truísmo. A expressão se deve aos versos que integram o epitáfio do marechal Jacques II de Chabanne, Monsieur de La Palice, inspirados, por sua vez, em canção composta pelos soldados em memória de seu superior. Tais versos, mediante uma ligeira alteração de grafia, poderiam ser lidos: "Ci-gît le Seigneur de La Palice, / s'il n'était pas mort, il serait encore en vie" (Aqui jaz o Senhor de La Palice, / se não estivesse morto, ele ainda estaria vivo).

e a inutilidade do protesto, por um lado, e a necessidade de explicar, por outro, a consciência permanece petrificada. O espírito está vazio. A morte se parece com um assalto por arrombamento levado até o extremo limite do inexplicável. A polícia faz as suas constatações, busca as pegadas, verifica o estado das fechaduras, preenche todas as formalidades de costume... No entanto, sobre o falecimento propriamente dito ninguém tem influência. De fato, a assim chamada meditação sobre a morte tenta nos arrancar desse pensamento do impensável ao qual ela nos condena. Não podemos confundir o negror vazio do nada (*néant*) com a poesia da noite: a profundidade superficial do céu noturno inspira no poeta a palavra poética, no músico os hinos e os cânticos, mas, diante da morte, o homem não sabe em que se ocupar e a sua reflexão permanece sem matéria. Se o inefável e a treva noturna conduzem o homem a um estado de entusiasmo, o indizível da morte o torna mudo. A meditação sobre a morte, a menos que se torne meditação sobre a vida, oscila entre a sonolência e a angústia. Olhamos para aquilo em que não há nada mais a ver, escutamos aquilo em que não há nada mais a ouvir, esperamos aquilo em que não há nada mais a esperar... Tudo antes que o vazio! Tudo antes que o silêncio! Nós, os sobreviventes, praticamos uma espécie de técnica espontânea do preenchimento. Esse evento familiar e desconhecido provoca um mal-estar tão profundo que todos os mecanismos da existência parecem ter, como única finalidade, dele nos distrair. Pascal chamava de *divertissement* essa organização do descuido. Após o acidente, a polícia apaga rapidamente as manchas de sangue sobre o asfalto e, um quarto de hora mais tarde, você nem sequer saberá que alguém há pouco morreu: a ambulância já levou o cadáver, o tráfico já circula normalmente como se nada houvesse acontecido e as crianças voltam a brincar no passeio. A continuação da vida já deixou para trás e ultrapassou a minúscula interrupção criada pela morte individual. Concebemos facilmente uma filosofia negativa da morte que seria simples detecção de gestos, de parolagens, de perífrases e eufemismos multiformes inventados pelos homens para melhor eludir a morte.

Sempre desconfiei que o senhor fosse o autor da novela de Villiers de L'Isle-Adam, intitulada O Aparelho Para a Análise Química do Último Suspiro. *Nela, um professor alemão inventa um pequeno aparelho que permite recolher, ao longo de toda a vida, um bom número de penúltimos suspiros. Assim, graças ao "emprego cotidiano desse artefato preventivo", as crianças poderão fazer o luto dos pais sem dor, os herdeiros, "tendo diluído já há muito a desolação, estarão vacinados contra o desespero... assim, atenuarão, antecipadamente, o dissabor final"... O seu livro sobre a morte me parece desmontar justamente o mecanismo desse pequeno aparelho. O senhor destrói toda pretensão de uma ascese preparatória: esse livro não faz mais que traçar um mapa dos índices não observáveis da morte e estabelece, de algum modo, o repertório dessas antecipações que não cessamos de fazer à morte.*

A dificuldade reside em, a partir da linguagem, pensar tudo o que é pensável no impensável da morte. Ora, essa dificuldade é praticamente uma impossibilidade; praticamente, mas não absolutamente. Trata-se de um jogo acrobático com algo que não é nada e sobre o qual não há nada a dizer. Poderíamos repetir da morte o que dizíamos sobre o tempo: não é nunca o acusativo do verbo pensar, nem o complemento direto de uma intenção transitiva; só podemos pensar a propósito dela ou em torno dela; obliquamente e deslizando pelas laterais. Contudo, o jogo com a morte ainda é mais aguçado que o jogo com o tempo, posto que o tempo pelo menos se prolonga na continuação da duração; uma apreensão fracassada nesse exato momento pode ser bem-sucedida no instante seguinte... A morte, ao contrário, só chega uma vez, uma única vez para cada um de nós em toda a eternidade e depois nunca mais! Esse é o obsessivo refrão de Poe e de Baudelaire. Consequentemente, a ocasião de uma coincidência com o instante da morte, se a deixamos escapar, nunca nos será renovada. Querer pensar a morte é, portanto, um louco empreendimento condenado, desde o início, ao fracasso. Seria necessário um milagre para cair, no momento certo, nesse instante tão vertiginosamente único que difere do nada (*néant*) precisamente pelo fato de ter uma vez ocorrido. Diferença infinitesimal para um acontecimento não só raríssimo, mas único. Enfim, a ironia do destino foi justamente escrever um livro inteiro para dizer que não há nada a dizer sobre a morte. Foi isso que me aconteceu. No entanto, para dizer, para explicar que não há nada a dizer, são necessárias muitas palavras. A filosofia apofática precisa de muitas palavras para dizer que a morte, o tempo e a música são indizíveis e para desviar os homens das vãs palrações. Permita-me confessar: escrevi esse livro, *La Mort*, com a esperança de que não houvesse outro livro sobre a morte, na esperança de que esse livro fosse o último![2]

No entanto, não o foi. Depois de alguns anos, a morte está na ordem do dia, tornou-se o grande tema interdisciplinar.

Na realidade, a maior parte dessas obras tratam dos carros fúnebres, da forma do féretro, do problema dos cemitérios, dos costumes funerários relativos aos óbitos e aos lutos. Com a exceção de algumas apaixonantes obras de sociologia e antropologia, assistimos antes ao triunfo da filosofia "adjetival" ou anedótica. Poderíamos chamá-la de filosofia "ao redor", cujo ponto forte não seria pensar a morte, a própria morte, *ipsa*, a ipseidade da morte,

---

2. O livro de Vladimir Jankélévitch, *La Mort*, foi publicado pela primeira vez em 1966, pela editora Flammarion. A obra reproduz um curso público, ministrado na Universidade de Sorbonne durante dois anos, de 1957 a 1959, e retransmitido pela emissora da Rádio Sorbonne. (N. da Ed. Francesa.)

que é inatingível, mas palrar em torno da morte e a seu propósito, por circunlocuções e detalhes circunstanciais. A filosofia das pompas fúnebres cavaqueia sobre isso ou aquilo, principalmente sobre outra coisa e principalmente não sobre a morte... É justamente a única coisa da qual se esquece de falar. De fato, quase ninguém fala da morte e, sobretudo, não falam da morte nem os etnólogos, nem os estatísticos do registro civil. E os teólogos ainda menos que todos os outros.

Talvez o senhor diga tudo o que há a dizer sobre a morte, ao evocar o carro fúnebre e defini-lo como "o movimento de um nada em direção à parte nenhuma desse nada"[3].

A morte nos confronta (se podemos dizer "confrontar") não com um obstáculo, mas com o pensamento do nada, que é, por isso mesmo, um nada de pensamento: pois o nada-objeto se volta sobre o pensamento pensante e o niiliza. Assim, poderíamos imaginar uma "reflexão" sobre a morte que se encerraria no círculo de um incurável assombro e de um hipnótico vanilóquio: aquele que aí esteve não está aí mais, a poltrona onde se sentava está vazia de agora em diante... Para onde fugiu? O que se tornou? Quando e como isso ocorreu? A tais questões nenhuma resposta pode ser dada. Aplicadas à morte, todas as categorias do discurso se dissolvem, uma após a outra, em poeira. O moribundo vai para algum lugar? Esse algum lugar é um nenhum lugar: o morto não está escondido debaixo da cama, não voou pela janela como um pássaro. A morte abre a janela para alguma nova terra? É uma sacada que dá para um torrão desconhecido? Já basta! Ela desemboca no vazio, no... nada (*rien*) de toda terra. Para escapar a esse nada, os homens inventaram um alhures, um para além, uma margem ulterior. A outra margem é uma imagem que persegue a humanidade desde a origem

---

3. V. Jankélévitch, *La Mort*, p. 227.

dos tempos. Ora, o problema da morte não é passagem de uma margem a outra, quer o país ulterior seja um deserto, quer seja uma terra absolutamente desconhecida. O país da morte não é um novo país, nem outro país. Este é o pensamento mais difícil de se formular, pois exclui, *a priori*, toda dimensão relacional: a morte é uma *passagem a nada* (*rien*). Essa fórmula é, ao mesmo tempo, um escândalo para a gramática e uma contradição para a lógica, pois o nada niiliza a passagem. A negação do lugar anula, por sua vez, a ideia de uma mudança de lugar: a morte não é um deslocamento ou, para falar com Platão, uma viagem, uma "apodemia"[4]. Como a morte não é uma *migração*, mesmo distante, tampouco é uma *alteração*, mesmo radical, nem por uma razão ainda mais forte uma metamorfose, mesmo feérica. Morrer não é se tornar "um outro", nem mesmo totalmente outro, nem mesmo absolutamente outro, pois o cadáver não é "um outro", o cadáver não é nada. Por conseguinte, tornar-se esse nada, essa coisa informe, essa ausência de forma significa não se tornar nada, e assim como a negação do lugar elimina toda espécie de sentido e de determinação intencional à mudança de lugar, a negação da forma anula a ideia de uma "transformação" e, em geral, de uma mutação empírica. O que o morto se torna ao morrer? Ele não se torna nada, logo ele não se torna. Junto desse golpe de mágica, a destreza de Scarbo pareceria quase compreensível! "Mas logo o seu corpo arroxeou, diáfano como a cera de uma vela, o seu rosto empalideceu como a cera de um morrão – e de repente se apagou."[5] A morte não é, portanto, uma dessas metamorfoses feéricas de que tanto gostava Ravel e que transforma

---

4. A compreensão da morte como transladação ou migração da alma, verificada no termo platônico "apodemia" (Platão, *Fédon* 61e), já havia sido refutada pelo entrevistado em *La Mort*, p. 222.

5. Trecho do poema "Scarbo", de Aloysius Bertrand (em *Gaspard de la nuit*, Livre III: "La Nuit et ses prestiges", poema II), que apresenta a visão fantástica de um gnomo noturno ágil e travesso, capaz de transmutar-se facilmente. O poema foi utilizado por Ravel como temática para o terceiro número da sua suíte *Gaspard de la nuit* para piano solo.

os sapos em príncipes encantados e as bruxas em abóboras... É uma passagem que faz de conta passar e que não passa para lugar nenhum. *Ir* e *devir* aqui não fazem mais sentido; a ausência de intenção desmente, nega de modo retrospectivo a alteração que nos faria nos tornar outros, a futurição que seria o acontecimento de um porvir. A morte não designa nem uma alteridade nem um futuro. O silêncio que se estabelece ao redor do leito de morte não exprime somente o dilaceramento da separação irreversível, mas também a nossa angústia frente a essa morte, o nosso horror diante desse absurdo em forma de cadáver informe, diante desse presente-ausente tragado num vazio para o qual não temos mais palavras, enfim, o nosso desespero no limiar desse antifuturo.

20. O INCONFESSÁVEL MISTÉRIO DA VIDA

O senhor poderia ter escrito, como Kierkegaard, que "a morte nunca solicitou o auxílio de um pensador"... No entanto, ainda mais cruelmente, o senhor escarnece das cerimônias e dos ritos que proliferam após o último suspiro: "À exalação furtiva e quase imperceptível desse suspiro sucedem as tempestades e as borrascas do Réquiem *de Berlioz... Não há mais o instante imperceptível: esse instante desapareceu sob o amontoado de flores e hinos... O luto é, portanto, um assunto que concerne aos vivos: são os vivos que se empenham e transformam o instante em peça de teatro montada."[1] Os vivos, em suma, só podem encobrir a morte, como nos mostra o senhor, ao denunciar tanto a ênfase consoladora das cerimônias quanto o escândalo da indiferença administrativa.*

O fato é que somos continuamente enganados pelo duplo encobrimento da morte: ora ofuscados pelas manobras

1. V. Jankélévitch, *La Mort*, p. 201-203.

de eternização, ora anestesiados pela indiferença. Face a tal alternativa, o que nos resta senão alguns pobres gestos e a piedade das peregrinações? Isso porque não se pode sempre limitar-se a denunciar, a escarnecer os discursos e os ritos. Ritos e sermões concedem aos vivos, estranhamente de mãos atadas diante do seu defunto, a ilusão de transformar o último suspiro em suspiro eterno. Cada um de nós fez sua a piedosa fidelidade, com frequência um pouco maníaca e supersticiosa, daquele deixado pelos entes queridos. Cada um de nós foi, uma vez na vida, esse órfão. De tempos em tempos o órfão tira uma tarde para ir ao cemitério, para consagrar essa tarde inteira aos seus pais, para estar a sós com eles e, por consequência, consigo mesmo na doce suspensão das horas. O passado não reviverá, de fato, por si mesmo. O passado precisa de nós. E quem pensaria nele se eu não o fizesse? Não poderíamos jurar que durante esses longos passeios melancólicos o órfão pense apenas e todo o tempo nos seus mortos: talvez não pense mesmo em nada, mas é antes um doce devaneio esse devaneio ocioso, dedicado inteiro, durante algumas horas, aos seres que já se foram, ao passado consumado, às coisas inúteis daquele momento em diante. Essas poucas horas são um parêntese de nostalgia e de desinteresse no turbilhão ensurdecedor das nossas ocupações, tarefas e preocupações. O passado beneficia-se dessas férias para retomar, momentaneamente, a posse da nossa vida. Na primavera, o grande jardim dos mortos está repleto de pássaros e flores, de cantos e perfumes. O andarilho solitário reúne alguns pequenos seixos espalhados sobre esse túmulo onde pretensamente há alguém, onde, porém, não há ninguém. O andarilho reflete. Sobre o quê? Sobre o destino tal qual ele é, tão estranho, e do qual nada se pode dizer; sobre o ar da primavera que é tão doce, sobre o vento da primavera que sussurra nos ouvidos uma mensagem indecifrável. Espreito o silêncio habitado por cantos de pássaros. Sonho com um passado imaginário... "Quando mamãe ainda era uma menina";

"Aquilo que mamãe cantava, à noite, para a sua criança doente" (estes são os títulos de duas admiráveis peças de Josef Suk[2]). Decididamente tudo me fala da vida: os pássaros, as flores, a canção eslava... Mas é justamente nisso que tudo me fala da morte. E se essa fosse, de fato, a meditação? Não a meditação da morte, não a meditação da vida, mas a meditação da vida e da morte entrelaçadas, compreendendo-se esta como sendo misteriosamente o órgão-obstáculo daquela; o órgão-obstáculo e não a face oculta, nem a sombra que carrega: pois isso significaria dissolver a contradição dialética. Tanto Platão quanto Spinoza têm razão! A meditação sobre a vida daqueles que não são mais tem por único conteúdo a positividade da sua vida, da sua obra e das nossas lembranças. Ora, essa positividade é vida e morte conjuntamente. Assim, portanto, o passeio no cemitério durante a primavera é certamente uma ocasião de recolhimento, mas tal ocasião não é absolutamente um aprofundamento: antes convida-nos à esperança. Esses pensamentos agridoces são pensamentos de alguém que, na impossibilidade de representar a si mesmo a morte, inclina-se sobre as existências consumadas; remexe as sombras daqueles que desapareceram de modo inconcebível e conversa com elas em silêncio. Isso porque os mortos não possuem sequer o destino das folhas mortas que compõem o solo fértil: nesse solo se nutrirão, pelas suas raízes, os vegetais da próxima primavera... Assim é a imortal juventude do ressurgimento! Contudo, as ossadas nas suas caixas não fornecem às novas gerações a seiva da imortalidade. As consolações de Marco Aurélio são aqui ineficazes. Eis por que não há, em definitivo, outro pensamento da morte além da retomada sempiterna de um único e mesmo refrão: o aniquilamento é, numa primeira abordagem, o fim sem finalidade de uma existência sem saída.

---

2. Tais títulos estão incluídos na suíte para piano *De Matince* (Sobre a Mamãe), composta por cinco peças, do compositor tcheco mencionado. Ver V. Jankélévitch, *A Música e o Inefável*, p. 145.

Mas os homens não podem justamente se apegar a essa constatação. A mescla, neles verificada, de certeza e incerteza quanto à morte, a conjunção de um desvelamento implacável e uma obscuridade sempre aberta faz com que eles se ponham a sonhar quanto ao que poderia ser um bom uso da morte.

Essa mescla repousa no fato de que estamos ao mesmo tempo "dentro" e "fora": isso vale tanto para a morte quanto para o tempo. Estamos na morte seja porque morremos, seja porque a morte é pela força das coisas englobante e preveniente; e, fora dela, pois, se não é possível pensar o impensável a fundo e transitivamente, é possível tomar consciência da necessidade de morrer em geral. O caniço pensante sabe *que* morrerá, embora não saiba nem o *quando*, nem o *onde*, nem o *como*... Sei *que* (quê), sem saber *quoi* (o quê); sei fora de toda determinação positiva. Assim, somos tentados a transformar o mistério em segredo objetivo e a extrair da esfinge alguns fragmentos do segredo de charlatão que ela detém; mas logo somos novamente lançados na ignorância, novamente enviados à noite opaca e miserável do mutismo, abandonados às miseráveis verdades da nossa indigência. A assim chamada meditação da morte é o vai-e-vem dilacerante entre uma conceptualização que elucida a morte e a mantém a distância e um mistério que novamente toma posse de nós e nos envolve: qual dos dois predominará? Permita-me aqui evocar um drama surpreendente de Maeterlinck, drama imóvel cuja extraordinária tensão nos deixa com o coração na mão. Seu título é: *Intérieur*. Esse drama nos descreve a pacífica felicidade de uma família reunida sob a luz de uma lâmpada; atrás das janelas, no fundo da noite, o Estrangeiro, mensageiro da morte, traz a terrível notícia que destruirá numa fração de segundo e para sempre essa felicidade e essa paz. Ele se pergunta como anunciará a desgraça, a saber, a morte da menina que acaba de se afogar: em qual momento, em quais termos... Sem dúvida, diz a si mesmo: "Conheço uma verdade que eles ainda não conhecem, sou a consciência dessa inconsciência, a preocupação dessa despreocupação. Toda essa felicidade inocente está à mercê de uma única palavra. Essa felicidade já está destruída, mas eles não suspeitam disso." O mensageiro empurrará a porta, ele a empurra... entra, enfim; o drama explode e a cortina cai. Em toda a cena a morte já está presente no meio dos vivos, o irrevogável já é um fato consumado: nesse sentido a vida só é a vida pela tragédia que a habita. Contudo, ao mesmo tempo, a felicidade familiar está *no interior*, e a tragédia ronda do lado de fora nas trevas da noite: entrará na casa a partir do exterior. Isso significa que a cessação do ser não está contida analiticamente no fato de ser, e eis por que se pode dizer que toda a morte é súbita, extrínseca, acrescentada. É necessário, mesmo no mais velho dos velhos, um acidente minúsculo e quase sempre irrisório para provocar a morte. O indivíduo centenário não "se apaga", literalmente falando, senão por metáfora, como se apaga a chama quando a cera se derrete e o pavio está no fim da linha: uma circunstância adventícia, um incidente "a mais" são requisitos sempre necessários para que a morte advenha. Contudo, o organismo tornou-se tão frágil a ponto de uma dorzinha, a ruptura de um capilar, uma arritmia momentânea do ventrículo serem suficientes para determinar a morte. A senescência foi contínua e progressiva, mas é de repente que o coração para de bater... E é retrospectivamente que o constatamos: esse batimento que não é seguido por nenhum outro era, portanto, o último. Como um polígono inscrito num círculo termina, *no extremo limite*, por coincidir com ele, assim as causas da usura que chamamos de envelhecimento se tornam *mais cedo ou mais tarde* possibilidades de morte, e as oportunidades são finalmente tão numerosas a ponto de se confundir, *no extremo limite*, com cem por cento de certeza: a extrema probabilidade, nesse ponto, é indiscernível da própria morte, mas, em termos biológicos, um acidente, por mais ínfimo que seja, é sempre necessário. Isso porque o ser só pede ser! No entanto, a própria força da vida repousa na sua precariedade, nos perigos que corre, na defensiva vigilância que esses perigos lhe impõem. É porque pode morrer que o homem pode pensar, sofrer, amar e, sobretudo, criar. Se dispusesse de um tempo infinito, o homem permaneceria estéril, e a ação logo haveria de adormecer numa passividade vegetativa pomposamente batizada de "eternidade". Nessa linha, o mais monstruoso dos suplícios seria antes ser condenado a jamais morrer, como a Emilia Makropoulos, de Janáček, e do seu libretista Čapek, que tem 350 anos e é eternamente jovem, eternamente bela, que tem os olhos e a voz de uma mocinha, pela qual todos os homens estão apaixonados, mas que experimenta um cansaço infinito e diz àqueles que a cercam: vós morrereis, vós outros, vós tendes sorte!

Ainda há no senhor uma vontade de não fazer pacto com a necessidade, de não se tornar cúmplice do destino: o senhor não colabora com o nada. Assim, o senhor se encontra na estranha situação de alguém que recusaria mergulhar as mãos na água em que está totalmente imerso. Talvez o senhor tenha escrito o livro de Apolodoro, desse discípulo de Sócrates que se sente mal no momento da morte do mestre e é desprezado pelos outros porque chora...

O termo do qual se serve Platão e que se traduz por "chorar" significa, na realidade, "indignar-se", *aganakteîn* (ἀγανακτεῖν). Apolodoro não está triste, mas, sim, furioso, insurge-se contra um escândalo. Nessas circunstâncias, a cólera, num grego, prevalece sobre a dor: como Sócrates, que é a consciência de si e das coisas, pode morrer? Apolodoro chora com lágrimas de raiva diante desse luto incompreensível, revoltante e por demais injusto! Como aquele que pensa a morte pode morrer por sua vez? E, no entanto, Arquimedes, o inventor, e Pitágoras, o homem do teorema, também estão ambos mortos depois de terem cumprido o seu tempo; é Marco Aurélio quem fala assim...

É hora de dizermos: quando a morte aparece como *nonsense* absoluto, quando é o cúmulo do absurdo, então, somente então, reveste-se do seu verdadeiro caráter misterioso. A plenitude inteligível do Ser recusa a digeri-la. Trata-se de um fenômeno de rejeição! Recuperável, repatriável, integrável? Eis o que ela nunca é... O mensageiro da morte, antes de entrar, contempla a felicidade sossegada de uma família; a novidade que ele anuncia introduzirá uma ruptura dilacerante, que, no entanto, faz parte da própria vida. Tal tensão, extrema nas crises trágicas, mas cotidiana nas partidas e nas separações, constitui toda a existência. Resolver em consonância a dissonância escandalosa que se chama morte significa afrouxar todas as molas da vida, enquanto fazer da morte um puro escândalo significaria reduzi-la às dimensões de uma crônica de jornal ou de um escarcéu, de um incidente gratuito que se pode poupar. Tal foi o dilema de Tolstói, cuja inteira vida foi dilacerada entre pensamentos estoicos ou naturalistas sobre a palingenesia e o escândalo da própria morte. A tanatologia de Tolstói é aquela de um homem esquartejado. Ele trazia consigo esses dois pensamentos que viviam, assim, lado a lado, sem se penetrar, como se vê na sua admirável novela "Três Mortes". As três mortes permanecem justapostas: a morte da mulher burguesa, morte dilacerante do ser insubstituível, morte apreendida em sua dimensão trágica e em sua unicidade, como um destino irreconciliado, irreversível que nos deixa inconsoláveis; a morte do velho cocheiro, morte resignada, solitária e humilde, um pouco semelhante àquela descrita numa novela póstuma: "Como Morrem os Soldados Russos"; e, enfim, a morte da árvore na floresta primaveril. Que relação haveria entre essas três mortes paralelas descritas na sua inexplicável desarticulação? A árvore cai sob o machado do lenhador enquanto a toutinegra voa a assobiar rumo ao céu de abril, no renovo exuberante da eterna natureza. Sim, qual seria a relação entre essa árvore abatida, a solidão da *barínia* (senhora) e o estoico abandono de Khviédor, o postilhão? A vitalidade da natureza: eis exatamente a última palavra desse sublime relato... No entanto, essa última palavra está longe de ser uma conclusão: a visão grandiosa dessa floresta cheia de cantos de pássaros não se deduz dos mortos abandonados cujo relato a precedeu. O contraste nos é oferecido como é e sem explicações, pois a própria contradição é o mistério, um mistério sob o qual talvez se esconda a ironia da existência. Ouve-se um grito duplo em Tolstói, um grito de esperança e um grito de morte, e tais gritos não se reconciliam nem se harmonizam. O príncipe André, em *Guerra e Paz*, ouve a princípio o chamado dilacerante da sua mulher Lise, que morre durante o parto e, em seguida, após um silêncio, o choro de um recém-nascido. Ele então toma consciência daquilo que acaba de ocorrer à noite: a mãe morreu enquanto dava a vida. Sob um ponto de vista biológico, trata-se de uma revanche legítima: um compensa o outro, um vivente a menos, um vivente a mais, a conta está feita... Mas não, a conta não está feita! E ninguém pode explicar por quê. Por que a vida nova devia ser comprada ao preço dessa morte? Por que essa morte devia ser o resgate dessa vida? Um sacrifício de todos os modos injusto, que nunca encontrará compensação, só pode dar lugar a um caso de consciência completamente insolúvel... O mesmo antagonismo impenetrável está no centro de *Amo e Servidor*, no qual a sobrevivência do servo tem por condição a morte do amo, no qual a vida deve passar de um para o outro. É, sobretudo, em *A Morte de Ivan Ilitch* que Tolstói aborda de frente o escândalo e o absurdo da morte pessoal. A morte é absurda porque irracional, e escandalosa porque injusta... Contudo, essa mistura de absurdo e escândalo aparece sobre um fundo de mistério: aqui, a palavra mistério refere-se não a uma ignorância provisória e parcial, mas a uma nesciência eterna e insondável, a uma extenuante perplexidade diante desse fato que a vida e a morte são uma única e mesma coisa vista seja de dentro, seja de fora. Certos românticos alemães – por exemplo, Franz Baader – dizem que a doença talvez seja uma manifestação exuberante e desregrada da vitalidade: uma espécie de vitalidade teratológica. Assim, arriscaremos a seguinte hipótese: pode ser que o câncer, doença biológica por excelência, doença com tanta frequência incurável, seja a doença da vida em geral: por uma contradição trágica, a vida obedeceria às próprias condições que são aquelas da morte...

Essa determinação concreta e essa referência à medicina surpreendem, vindo do senhor que sempre rechaçou os pontos de apoio. É como se, de repente, o senhor tentasse fornecer uma matéria para pensar a morte...

Meu pai, que era médico, interessou-se bastante pelo problema da morte. Preparava, em seus últimos anos, um livro sobre Tolstói e a morte, com textos escolhidos comentados e retraduzidos por ele. Além disso, também deixou numerosos cadernos de notas referentes ao câncer, e meu livro sobre a morte foi escrito, em grande parte, em continuidade com as conversas que tive com ele sobre o tema. Ele supunha que o câncer pudesse se originar de uma célula mantida jovem num organismo adulto. De súbito, sob a influência de fatores que podem ser externos, a célula juvenil se poria, como presa por um delírio, a proliferar loucamente, mas dessa vez em detrimento do organismo já desenvolvido. Portanto, uma morte virtual poderia estar previamente formada em nossos tecidos, sem que sequer o saibamos. É a célula juvenil (mas como reconhecê-la?) que será a nossa morte virtual. Não ousarei, na minha incompetência, emitir uma opinião pessoal sobre o problema em questão. No entanto, mantenho o seguinte: adoraríamos acreditar que o câncer é de origem viral, e isso a fim de afastar a morte das fontes da vida. A ideia de que se morremos é por termos "pegado" a morte é uma ideia bem mais tranquilizadora, como trazem mais segurança os preconceitos sobre a origem exógena das doenças. É tranquilizador pensar que o homem pega câncer como contrai escarlatina, como uma criança traz da escola caxumba e sarampo ou como um soldado leva para casa os palavrões aprendidos no serviço militar. Tudo o que é mal é adventício, alógeno, aprendido fora, importado de fora. O homem é puro de nascença, puro como um santinho: são as influências externas que alteram a sua inocência original. Como preservar esse estado de assepsia moral e biológica? Ora, o câncer está escondido no infinitamente pequeno do núcleo celular, e é isso o que torna a luta tão difícil e cega. Mas lamento a minha ignorância que me impede de ultrapassar aqui tais devaneios filosóficos... Sem dúvida, é a própria vida que traz em si a sua contradição interna. Daí todos esses tabus que envolvem a doença da vida, daí a nossa repugnância a pronunciar o seu nome: seria o câncer inconfessável se não fizesse alusão a não sei qual mistério inconfessável da vida?

Delacroix escreve no seu Diário *que, em todo homem, há "um câncer que pede para ser expresso".*

Talvez ele designe por isso essa espécie de limite, esse ponto infinitesimal a partir do qual as forças da vida se invertem em forças de morte e vice-versa? O instante da inversão inspira-nos uma espécie de terror sagrado. Quando se olha num microscópio, a imagem frágil, laboriosamente focalizada, embaça e desaparece por pouco que se desvie um milímetro à direita ou um milímetro à esquerda. Um pensamento indiscreto, uma insistência excessiva em melhorar a imagem, e eis que se deve começar tudo de novo... É necessário muito tato e um toque quase imponderável para não estar nem aquém, nem além da sutil linha divisória e para não a perder novamente quando, por acaso e após muitas tentativas, enfim a encontramos. Você se deparou com o ponto ótimo? Não toque mais em nada. O frágil equilíbrio que chamamos de boa saúde pode ser comparado a tal acomodação delicada.

Viver é manter-se em equilíbrio instável entre forças contraditórias. A vida, dizia Marie François Xavier Bichat, é o conjunto das forças que resistem à morte; mas deve-se acrescentar, para que isso tenha um sentido: *a vida resiste a algo que é ela mesma*. Ora, também se pode perguntar: como a própria vida pode ser ela mesma e o seu oposto? Como o oposto pode ser a mesma coisa? Aí está o segredo "dialético" da contradição, válido tão bem para a vida quanto para o poder – pois o poder também contém em si mesmo a sua própria negação, a sua própria destruição. Não reside aí, além disso, a ironia de uma "onipotência" humana? Isso porque há na onipotência humana algo ao mesmo tempo de trágico e de cômico, até mesmo uma tragédia bufa que é justamente a sua *ironia*. O poder implica a impotência do seu poder, e essa impotência lhe traça o seu limite; mas ele não contém a sua negação de modo tão íntimo quanto a vida. Ele a contém no seu uso ou antes no abuso desse uso, e, afinal de contas, nada nos impede de imaginar uma humanidade pacificada, reconciliada consigo mesma, na qual os homens usariam seu poder sem abusar dele para se destruírem; pois para se destruírem, é necessária uma decisão gratuita, um delírio, uma loucura. A morte não é um delírio suicida da vida do qual poderíamos esperar um dia prescindir... O fato é que esse saber ou esse consentimento às forças cruzadas da vida e da morte, ao escândalo dessa identidade contraditória, não nos permite escamotear o caráter doloroso do paradoxo: é antes como estrangeira e a partir de fora que a morte-própria vem me atingir, essa morte que, no entanto, obra no interior da minha vida. Eis por que a imagem da morte armada de uma foice é ao mesmo tempo enganadora e exata: enganadora porque a morte não é um dragão que, destituído de qualquer relação com a vida, desta se apoderaria de surpresa; e exata, uma vez que é efetivamente por efração, sob a forma desse esqueleto armado, que penetra em nós a nossa intimidade mais íntima: a morte.

21. O RUMOR DO SILÊNCIO

O momento da morte é demarcável no tempo e, no entanto, é experimentado como um evento atemporal, pertencente, de algum modo, à ordem do inteligível. Por que, ao morrer um ser querido, não aparecem prodígios para assinalar essa catástrofe ontológica irreparável? Contudo, a efração, justamente, não deixa rastros.

No entanto, algumas vezes também somos capazes de surpreender sinais imperceptíveis... Há certo tempo um homem que sabíamos estar doente morreu em casa, no apartamento acima do meu. A noite da sua morte foi estranha. Tenho o hábito de trabalhar até bem tarde e, uma madrugada, por volta de uma hora da manhã, escutei na casa e na escada barulhos que não me eram familiares, um deslocamento de móveis um tanto insólito, e logo depois tudo se acalmou novamente. Em plena noite, no silêncio do inverno que era bastante profundo, compreendi de imediato que a morte havia batido à porta do vizinho. Como compreendi? É quase impossível explicar. Quando ouvi aqueles barulhos estranhos, tive uma espécie de pressentimento, ou melhor, um sentimento de anomalia em relação à continuação da existência, e esse sentimento repousava por completo na natureza desses barulhos e na hora em que foram produzidos. Era a morte vizinha que assim se revelava por toques levemente insólitos, mas inexplicavelmente desconcertantes. Ao longo daquela noite de inverno, foi como se tivesse ouvido o barulho furtivo da morte, seu sopro imperceptível... "A Morte Ronda": eis o título dado por Gabriel Dupont a uma das suas *Heures dolentes*[1], toda envolvida na suavidade sobrenatural do pianíssimo. Era de fato a morte invisível e familiar que havia penetrado na casa adormecida. Ao fim de *Pelléas et Mélisande*... lembre-se: as criadas do castelo invadem de repente o quarto da moribunda sem que tenham sido chamadas, dispõem-se em silêncio em volta das paredes e esperam. Golaud: "Por que vindes aqui? Ninguém vos pediu... Respondei!" Contudo, as mulheres não respondem. Elas nem mesmo sabem por que vieram, nem o que esperam... Depois disso, subitamente, caem de joelhos, todas juntas, no fundo do quarto. Sem saber por que, elas *compreenderam*. Compreenderam de modo tácito tudo aquilo que havia para ser compreendido. Foi o anjo da morte que entrou pela janela aberta no quarto da agonizante e roçou os viventes com a sua asa... "Nada vi... Nada ouvi..." Desde que o mundo é mundo, os mais surdos ouvem assim a passagem furtiva da morte quando ela chega na ponta dos pés. Desde que o mundo é mundo, os mais simples dentre os homens compreendem assim, a meias-palavras, o sinal invisível que a morte faz aos vivos.

---

1. *Les Heures dolentes* (As Horas Dolentes): obra para piano de Gabriel Dupont, composta de 1903 a 1905, formada por quatorze peças, cujos títulos aludem às experiências de um enfermo e ao mundo que o circunda. A peça *La Mort rôde* (A Morte Ronda) é a décima primeira do ciclo.

Certos barulhos só vivem graças ao silêncio: onde, senão nas profundezas silenciosas de uma noite de inverno, o senhor teria podido ouvir a ronda da morte? O silêncio é o grande orquestrador que acolhe e dispõe esses milhares de rangidos destinados ao nada (néant) *do frenesi cotidiano, é ele que converte o barulho em sinal e transforma o vazio em ausência...*

Esse sentimento de ter ouvido o barulho da morte parece ter como origem a angústia da identificação e do reconhecimento duvidoso, a angústia da ambiguidade. Tal angústia pesa sobre o homem não só quando ele está abandonado ao silêncio, isto é, à única atenção da audição, mas também quando ele não conta com a possibilidade de domar pela vista aquilo que ouve. A visão serve, em geral, para banalizar, para tornar familiar e reconfortante algo que logo se tornaria angustiante e talvez até mesmo monstruoso quando o ouvimos sem jamais o ver. Quanto ao desconhecido que ocupa o quarto vizinho do hotel, jamais o vi; os barulhos invisíveis, os barulhos cegos que provêm desse quarto parecem inexplicáveis; as próprias ocupações noturnas do vizinho de quarto nos inquietam e não chegamos a dar a elas versão aceitável. Essa é, em geral, a estranha vida dos outros, no momento em que tal vida se reduz à atividade insólita dos barulhos. Quando não se pode identificar a natureza ou a origem de um barulho, a vida secreta da audição se amplifica monstruosamente, torna-se algumas vezes obsessiva, alucinante, enlouquecedora como um pesadelo. A visão atenua a atividade delirante e desordenada da audição. Dizendo de modo mais preciso: o incógnito do barulho anônimo é quase sempre normalizado, corrigido, compensado pelo regulador visual. O homem avançaria às apalpadelas na noite e na imanência da sucessão se de alguma maneira não lhe fosse possível sobrevoar nem antecipar o seu porvir: é a visão que nos dá o espaço e que se apresenta, assim, como o órgão da previsão, da vigilância e da verificação.

A verificação visual normaliza o pesadelo, mas algumas vezes ela metamorfoseia as bizarrices em espetáculos mágicos. Um viajante, segundo Hoffmann, entra no seu quarto de hotel. Ele se despe para se deitar, quando, imprevistamente, uma música suave e divina invade o quarto. Ele olha em todas as direções, perguntando-se de onde poderia vir tal música. Em seguida, percebe, de repente, uma porta secreta: ele a abre e descobre que seu quarto era o camarote de um teatro: na cena fortemente iluminada, *Don Juan* era representado... Contudo, quando nenhuma porta secreta vem nos trazer a chave do enigma, a angústia não cede. Todos os medos, todos os delírios, todos os sonhos podem então ganhar corpo...

No entanto, há outros barulhos que, longe de serem cúmplices do silêncio, são, ao contrário, os seus assassinos. Trata-se dos barulhos que estamos cansados de identificar e cuja origem não se envolve de nenhum mistério. Schopenhauer abordou maravilhosamente bem esse assassinato do silêncio: "Nutro, já há bastante tempo, a ideia de que a quantidade de barulho que um homem é capaz de suportar sem ser incomodado é inversamente proporcional à sua inteligência. Assim, no momento em que ouço, no quintal de uma casa, cães latirem durante uma hora, sem que ninguém os faça calar, já sei quanto esperar da inteligência do seu proprietário. [...] Não seremos completamente civilizados até que esteja garantida a liberdade dos nossos ouvidos e até que não se tenha mais o direito, numa área de mil passos, de vir a perturbar a consciência de um ser que pensa, por assovios, gritos, uivos, marteladas ou chicotes..."[2]

No entanto, o silêncio nem sempre se encontra aí onde espera Schopenhauer: algumas vezes ele também se esconde... Certa vez eu me encontrava numa sinagoga em Safed, Israel, com outros viajantes: viajantes discretos

---

2. A. Schopenhauer, *O Mundo Como Vontade e Como Representação*, t. 2, Suplementos ao Livro Primeiro, cap. 3, II 35, p. 36.

e mais ou menos cristianizados, caminhávamos na ponta dos pés para não perturbar a meditação de alguns sábios de barba branca que ali se encontravam, mergulhados nos seus livros. O guia, percebendo que acreditávamos estar na Notre-Dame de Paris, disse-nos mais ou menos estas palavras: "Vocês podem falar, rir, cantar, eles não os escutam nem os veem, vocês não existem para eles! Eles estão ausentes, e vocês estão ausentes para esses ausentes..." Deparávamo-nos com um silêncio que não podia ser dilapidado pelo barulho vão das palavras, um silêncio mais forte que o barulho. As regras do silêncio são inseparáveis da mística cristã: mas, para os judeus, a sinagoga é um lugar de reunião onde o silêncio é, sem dúvida, o segredo de cada um. Ao recolhimento cristão (e platônico) talvez possamos opor o êxtase judeu. O recolhimento, para permitir um aprofundamento, faz calar a algazarra das palavras e dos motores. Contudo, o próprio êxtase se abstrai, pelo seu poder, do tumulto que o sitia e o reduz ao estado de completa insignificância. A algazarra é niilizada, deixa de existir! O silêncio da alma não precisa impor silêncio aos seus vizinhos barulhentos, às máquinas falantes, aos seus acordeons, às suas vociferações... Bendito silêncio! Espontaneamente, a alma irradia essa zona isolante ao redor dela. É em plena balbúrdia que se devem dirigir os ouvidos ao sussurro imperceptível de Deus. Desse modo, dizem que Darius Milhaud compunha sua música em meio à algazarra da feira de Montmartre, como se fosse surdo ao barulho ensurdecedor... Assim como uma atenção apaixonada ao trabalho criador pode anestesiar o homem aturdido pelo sofrimento, essa atenção pode *a fortiori* tornar inútil o isolamento acústico! A religião para os judeus já é um silêncio: a sua clandestinidade foi, de início, um efeito da prudência, uma vez que foi necessário escondê-la ou fazê-la passar por algo distinto do que é. No cristianismo, diametralmente ao contrário, a religião se expõe em pleno dia. A Igreja romana, sobretudo, como Igreja da boa consciência e da completa garantia, devota-se à celebração de um Cristo glorioso; desencadeia sem complexos as pompas da aparência e de uma liturgia faustuosa. O impulso em direção ao suprassensível passa pelo caminho da aparência sensível. A catedral da glória domina toda a cidade, e as flechas do seu campanário lançam-se para o céu. Contudo, no foro íntimo do santuário se esconde a presença divina. Os milhares de chamas dos círios se apagaram, os milhares de vozes dos coros estão mortos. Os esplendores que agora há pouco iluminavam o santuário deixam na sombra o santuário desse santuário. Aqui, a ascese do silêncio cristão assume todo o seu sentido místico. Quando penetra nesse mistério, nessa penumbra, o homem abaixa a voz, como abaixa a voz ao entrar no quarto do morto. *Deh! Parla basso!*[3] E, no entanto, sua voz não perturbaria o morto... A morte, ao fim de *Pelléas e Mélisande*, chega em pianíssimo, nas pontas dos pés, tão suavemente, tão levemente quanto o sopro de Deus, assim como o anjo da morte em *Les Heures dolentes* de Gabriel Dupont. Não sabemos sequer em que momento Mélisande exalou o seu último suspiro: somente o adivinhamos quando as criadas se ajoelham em silêncio ao redor dela. "Elas têm razão", sussurra o médico. Após essas três palavras, eclode um longo silêncio. Um silêncio no silêncio. "A alma humana é bastante silenciosa", teria dito Arkel antes do instante supremo e, em seguida: "Agora ela precisa de silêncio." O recolhimento no silêncio exprime uma exigência de pura espiritualidade, um esforço em direção à humildade e à renúncia. Esta exigência e este esforço são particularmente característicos ao espírito da Reforma. Os judeus não experimentam a exigência ascética e catártica do

---

3. Referência ao verso final do epigrama, de conotações políticas, escrito por Michelangelo em resposta a outro epigrama, de Giovanni Carlo di Strozzi, que enaltece a obra *Notte* do artista (túmulo de Giuliano di Lorenzo de' Medici). Segundo Strozzi, a estátua, que retrata uma figura feminina adormecida, está tão viva a ponto de ser capaz de despertar em algum momento. Assim, a fim de conservar seu sono, o artista recomenda, em sua réplica: *Parla basso*.

mesmo modo, uma vez que foram de alguma maneira condenados ao silêncio pelo seu destino imemorial: não precisaram se refugiar no silêncio, sempre foram judeus do silêncio...

Mélisande, da qual ninguém ouve o último suspiro, Darius Milhaud, que compõe na balbúrdia, os judeus, que rezam em meio à parolagem, mas que se calam por prudência, os vivos, que fazem silêncio ao redor dos mortos e os mortos que nunca mais ouvirão... O que é, afinal, o silêncio?

Somos tentados a dizer que o silêncio é uma conquista do homem. No entanto, como a palavra criadora, a palavra poética é em si mesma essa conquista, como, à sua maneira, o barulho das máquinas e da atividade humana é ele mesmo uma conquista positiva sobre o grande "silêncio eterno dos espaços infinitos"[4] privados de atmosfera. Assim, seria mais adequado dizer que o silêncio humano é, por sua vez, uma conquista sobre essa conquista. Silêncio dos barulhos ou silêncio das palavras, o silêncio precisa ser preservado a todo instante e de toda agressão, como o segredo deve ser protegido da tentação de divulgação. O silêncio é uma contemplação clandestina que, como a noite, suspende as ocupações tagarelas do dia, refreia a eloquência dos reitores, impõe uma surdina à frenética agitação dos afazeres humanos. São Francisco de Sales refere-se, em seu *Tratado do Amor de Deus*, ao silêncio dos amantes que cochicham segredos ao pé do ouvido. Quais segredos? Segredos de polichinelo, sem dúvida... Sabe-se bem o que confidenciam os amantes! Desde que o mundo é mundo, é sempre o mesmo segredo, sempre tão difundido, sempre tão novo e tão misterioso. "O amor

---

4. Repetida por Jankélévitch em várias de suas obras (como em *A Música e o Inefável*, p. 180), tal expressão é extraída do célebre fragmento de Pascal: "Le silence éternel de ces espaces infinis m'effraie" (O silêncio eterno desses espaços infinitos amedronta-me). B. Pascal, *Pensées*, 91 (Chevalier), 206 (Brunschvicg).

aspira ao segredo", diz , "e, embora não tenham nada a dizer de secreto, os amantes se comprazem em dizê-lo secretamente."[5] Assim também se realiza a confidência que Mélisande e Pelléas se fazem um ao outro no silêncio do grande parque e do mistério da noite. A linguagem de Van Lerberghe igualmente poderia ser aplicada a eles:

> Pousarei sobre o teu coração
> Como a primavera sobre o mar
> [...]
> Pousarei sobre o teu coração
> Como o pássaro sobre o mar[6]

Uma asa de pássaro, eis algo que nada pesa. Um sopro da primavera, eis algo que não faz ruído. Esse silêncio que o homem ao mesmo tempo busca e organiza é um silêncio já habitado... Quanto mais o silêncio se aprofunda, mais descobrimos novos segredos nessa ínfima profundidade, no fino fundo do silêncio percebemos um "murmúrio imenso" ainda mais silencioso que o próprio silêncio. No silêncio humano reconquistado sobre a palavra do homem ou sobre os barulhos do homem, percebe-se ainda um eco longínquo dessa palavra e desses barulhos; toda a diferença entre o silêncio humano e o silêncio eterno repousa nessa lembrança... À medida que o silêncio se estabelece, ruídos infinitesimais, adormecidos nos bastidores do silêncio, despertam e elevam-se desse subterrâneo obscuro. Mesmo a três mil metros de altitude, acima dos Alpes, lá onde não há mais qualquer presença humana, acaba-se sempre escutando algo. Os sinos distantes das tropas que retomam o seu caminho em direção ao vale, o murmúrio claro de uma fonte... É provável (mas

---

5. *Tratado do Amor de Deus*, VI, 1. Citação também encontrada em *A Música e o Inefável*, p. 200.
6. "Je me poserai sur ton cœur / Comme le printemps sur la mer / [...] / Je me poserai sur ton cœur / Comme l'oiseau sur la mer". Versos do poema "Je me poserai sur ton cœur", de Charles van Lerberghe, musicado por Gabriel Fauré (*Le Jardin clos*, n. 4).

precisaríamos de um fisiologista para confirmar essa hipótese) que o próprio ouvido tenha necessidade de escutar essas vozes inaudíveis. Diante de um morto, observamos o silêncio: eis alguém que não é mais, alguém que parece ainda conservar a forma humana, mas somente em aparência, que parece pronto a falar, mas que não fala, que tem ares de quem escuta, mas que não escuta, que estamos prestes a chamar, mas que não responderá. Dirigimo-nos a alguém que não é uma pessoa, permanecemos em suspense diante da ambiguidade dessa presença ausente e nos calamos, como o próprio morto, esperando um sinal que ele parece pronto a fazer a qualquer instante, mas que nunca fará. Tomado de pânico, aquele que vive termina por escutar a sua própria respiração, as batidas do seu coração, a circulação do sangue nas artérias... Tão logo o silêncio se estabelece, o ouvido, requisitado, descobre e sente necessidade de inventar imperceptíveis sussurros, milhões de vozes confusas. Por pouco que o silêncio se prolongue, somos tomados pela angústia e procuramos desesperadamente sinais, respostas, um eco nesse vazio aterrorizante no qual não mais possuímos interlocutor. A correlação desequilibrada manca e acaba por perecer.

Talvez esses barulhos minúsculos se camuflem no silêncio, imitando-o, como certos animais que, para se proteger dos seus inimigos, chegam a simular o junco ou a folha morta. É necessária uma extraordinária vigilância para descobrir a falsificação...

Contudo, é a descoberta dessa falsificação que ajuda o homem a curar a sua solidão: ele penetra na profundeza silenciosa como numa floresta na qual descobre a inumerável vida das árvores e dos insetos. É no silêncio que se particularizam e se analisam os rumores do mundo, o zumbido de um coleóptero, o estertor dos bichos noturnos, a queda de um seixo, o estalido de um ramo morto; as músicas da natureza povoam o devaneio do andarilho solitário; fadinhas singelas animam, assim, os desertos da vida. No entanto, a algazarra dos motores e as vociferações dos turistas nos impedem de escutá-los. O silêncio é um convite ao aprofundamento; ora, esse convite não teria sentido e não seria uma vocação se não houvesse o movimento temporal, isto é, a espera apaixonada ou ansiosa do homem que espreita os passos na escuridão, aguarda um murmúrio furtivo na sombra, um roçagar de folhagens. Quando o silêncio faz aliança com a noite, descobre-se que a pureza do silêncio se decompõe paradoxalmente numa infinitude de leves estalidos. Tais estalidos não rompem o silêncio, mas o tornam, ao contrário, mais silencioso, assim como as estrelas, em lugar de embranquecer o céu noturno, tornam a noite mais negra e profunda. O silêncio, preenchendo a imensidão do espaço noturno, parece exalar os barulhos de uma atividade inumerável que, em geral, passaria desapercebida: o soluço de uma guitarra, os refrãos de um coro distante, lânguidos perfumes... Conservei nos ouvidos a lembrança de uma noite que passei em Refuge du Requin: noite povoada de barulhos estranhos, dentre os quais identificávamos a queda de um bloco de neve ou de pedras sobre a geleira e mil outras agitações insólitas no abismo escuro. O silêncio, escapando do barulho até mesmo nas profundezas abissais, convida-nos a continuar escavando, a surpreender um mistério sempre mais misterioso. Os pitagóricos referiam-se, como bem se sabe, a uma harmonia das esferas e diziam que, por ser incessante, o homem não é mais capaz de ouvi-la. A harmonia dos astros não seria simplesmente a imensa sinfonia dos grilos da noite, profunda como o mar?

22. A SINFONIA DOS MURMÚRIOS

A sensibilidade – quase patológica – a ruídos quase inaudíveis e de significado imediato confunde-se, na maioria das vezes, com o poder de fazer existir o silêncio. Não repousa aí simplesmente o que chamamos "ter ouvidos apurados"? Marca, inscrita no corpo de alguns, de uma conivência que entrelaça, para sempre, o silêncio à música.

A música, com efeito, já é uma espécie de silêncio, pois impõe silêncio aos ruídos e, de início, ao ruído insuportável por excelência que é aquele das palavras. O mais nobre de todos os ruídos, a palavra – pois é aquele pelo qual os homens se fazem compreender uns aos outros – torna-se, ao entrar em concorrência com a música, o mais indiscreto e o mais impertinente. A música é o silêncio das palavras, como a poesia é o silêncio da prosa: alivia o peso opressor do *logos* e impede que o homem se identifique exclusivamente com o ato de falar[1]. Para dar o sinal aos seus músicos, o regente de orquestra aguarda que o público se cale, pois o silêncio dos homens é uma espécie de sacramento de que a música precisa para elevar a voz... O ruído privilegiado, na sociedade política dos homens, é o ruído que eles mesmos fazem ao falar. Os gregos, povo eloquente que passava o seu tempo sobre uma ágora estrondosa de palavras, não contavam com menos de duas palavras para designar o silêncio. O silêncio por excelência é o silêncio das palavras que faz calar o tagarela e não o silêncio do ruído que Plotino chamava *apsophía* (ἀψοψία)... No entanto, as máquinas, naquele tempo, faziam menos ruído que os oradores! Quanto ao ruído das palavras que carrega o sentido e o comunica aos outros, responsável, ao que parece, pela dignidade do homem pensante, a música não só não o tolera, mas o considera quase como um sacrilégio. Ela é absolutamente intolerante a seu respeito. Ao mínimo sussurro respondem os *psiu* indignados dos ouvintes. A pena de morte para os tagarelas! A música, que por sua vez faz tanto ruído, é o silêncio de todos os outros ruídos; todos os ruídos são parasitas diante da música. Enquanto houver um ruído na sala, enquanto ranger uma poltrona, enquanto tossir um ouvinte, enquanto uma mosca zumbir, o concerto não poderá começar. Esse ruído medido, harmonioso, encantado que se chama música, precisa circundar-se de silêncio, protegido como uma planta frágil. Quão instável e delicada é a graça da harmonia! Tudo é uma nota destoante, dissonância incongruente diante dela... Pode-se, neste sentido, falar de um imperialismo musical: a música não quer dividir com outros um lugar que é capaz de preencher por si só e que reivindica apenas para ela! Não aceita coexistir com o discurso: toleraria mais o ruído de um aspirador no corredor da sala de concerto que a tagarelice humana. Essa tagarelice é injuriosa

---

1. A mesma afirmação pode ser lida no último capítulo de *A Música e o Inefável*, p. 190.

para ela, porque, pretendendo "significar" algo, revela a distração, a indiferença, a impertinência ou, o que talvez ainda seria pior, uma surdez autocomplacente. Em oposição à surdez da sonolência que é inofensiva, a surdez loquaz perpetra um atentado particularmente insolente contra a música. Trata-se de uma sabotagem! Não perdoamos aos verbosos o incômodo que a sua indiscrição nos provoca, afugentando a felicidade da escuta.

Aquele que ama a música consente sempre – e em primeiro lugar – a ser reduzido ao silêncio. Entre o lógos e a música há uma velha conta a acertar, uma venerável concorrência...

Se a música é suspeita, isso se deve, sem dúvida, ao fato de ela desvalorizar o discurso. Aceitar-se momentaneamente destituído desse privilégio, eis para os prolixos oradores uma prova terrível... A prova do mutismo obrigatório! Aliás, se os homens, ao saírem do concerto, precipitam-se no fluxo das palavras, não é para se vingarem da música que, durante duas horas, condenou-os ao silêncio? Todas as palavras reprimidas saem de uma vez da garganta como uma torrente impetuosa. Analisam-se as arcadas, discute-se a sonoridade, esmiúça-se o menor gesto do pianista, coloca-se sob acusação as notas agudas da cantora lírica... Tais análises técnicas são, na maioria das vezes, um meio de se subtrair ao encanto, de não ser subjugado, de romper a convenção de inocência sobre a qual repousa todo encantamento: um modo como outro, para a nossa terrível aridez especulativa e para o nosso pedantismo, de vingarmo-nos do silêncio. Deve-se preencher rapidamente por discursos esse estado silencioso ao qual a música nos condenou: sem dúvida, a invasão da música de hoje pela técnica – quer se trate da própria música ou das indústrias musicais em geral – é uma oportunidade inesperada para o discurso, pois desemboca num porvir inesgotável de discussões áridas e análises pedantes. A poeira acinzentada das palavras recobre a graciosa precariedade do momento musical e, penetrando pelos menores interstícios, invade pouco a pouco todas as camadas do silêncio. Aquilo que faz desviar em direção ao discurso, aquilo que minimiza e encolhe a esfera propriamente musical, é acolhido com gratidão pelos prolixos. Não, não será dito que a música tem a última palavra! Na verdade, certos ouvintes despertam após um concerto como após um sonho e retomam a posse da linguagem como uma sentinela que, inquieta por ter cochilado por algum tempo, certifica-se precipitadamente de que ninguém roubou a sua arma...

A música não só impõe silêncio às palavras, mas também impõe a si mesma alguns silêncios. Poderíamos imaginar uma história da música que contaria essa trajetória do silêncio através das obras; e poderíamos constatar algo dessa ordem em muitos músicos: mais a escrita se aprofunda, mais a obra se torna rarefeita e se recorda do silêncio. O senhor mesmo deu como título geral aos seus livros sobre música: De la musique au silence[2].

A música vive de silêncios. Para ser musical, a música deve se articular; e como ela se articula? Pelos silêncios mais ou menos longos e precisamente medidos que a escandem, aeram-na e permitem-lhe respirar. Sem os silêncios, as pausas e os suspiros, ela não passaria de um ruído contínuo e acabaria por sufocar. Mas essa constatação ainda é muito pouco: toda a música tende a uma aproximação assimptótica a esse limite extremo além do qual reina o

---

2. "Coletânea prevista em sete volumes, que pretendia retomar e reunir os textos mais importantes de Jankélévitch sobre música. No entanto, foram publicados somente três volumes pela editora Plon, a saber: *Fauré et l'inexprimable* (1. ed., Paris: Plon, 1974; 2. ed., Paris: Presses Pocket, 1988); *Debussy et le mystère de l'instant* (1. ed., Paris: Plon, 1976; 2. ed., Paris: Plon, 1989); *Liszt et la Rhapsodie* (1. ed., Paris: Plon, 1979; *Liszt et la Rhapsodie: Essai sur la viruosité*, 2. ed., Paris: Plon, 1989)". Bibliografia de V. Jankélévitch, organizada por Daniela Calabrò, em E. Lisciani-Petrini (org.), *In dialogo con/En dialogue avec Vladimir Jankélévitch*, p. 346.

silêncio... Aí repousa a sua essência mais secreta. Tende ao silêncio do qual emerge e que parece negá-la. Essa lei do silêncio explica a viva ondulação que caracteriza certas obras musicais, como as de Albéniz, por exemplo. Por um lado, encontramos pianíssimos sobrenaturais, quase inaudíveis: três, quatro *p* quase não bastam para traduzir o grau de imponderabilidade que a mão do pianista deveria alcançar ao tocar a inframúsica de "Jerez" e de "Corpus Christi en Sevilla". Por outro lado, ouvimos, em Albéniz, uma profusão fabulosa que nutriu e encobriu harmonias cada vez mais exuberantes e ricas. Em *Ibéria*, *La Vega*, *Azulejos*, o extremo refinamento e a extrema sutileza exprimem-se não pela rarefação da matéria harmônica, mas, ao contrário, pelo esplendor do tecido instrumental e dos acordes cintilantes: a louca prodigalidade exterior, o brotar das notas no interior do acorde. A música de Albéniz é o canto de uma alma inteiramente simples que tem por linguagem a complexidade de uma harmonia inteiramente nova e literalmente "inaudita". Contudo, o grande gênio do infinitesimal é evidentemente Debussy, em cuja obra todas as transições diferenciais são representadas entre o pianíssimo e o silêncio. Muitos músicos, ao envelhecerem, tendem pouco a pouco ao silêncio; como se as suas obras fossem vencidas pelo despojamento e pela nudez do inverno. As praias de silêncio estendem-se progressivamente nas últimas obras de Liszt, em *Du berceau à la tombe*, no seu último poema sinfônico, nas *Lugubri gondole*... Aqui tudo exala solidão: os longos compassos vazios, as páginas tácitas, congeladas como gelo marítimo, a espera no vazio, as pautas nas quais os sinais se rarefazem e as notas não são mais que pontos de exclamação no silêncio, e esses valores tão lentos, tão longos que, para torná-los suportáveis ao concerto, o pianista é obrigado a acelerar um pouco e trapacear com o metrônomo... Poderíamos dizer que Liszt desejou compensar o vazio pelo estiramento no tempo... Essa travessia do deserto no termo de uma obra heroica e delirantemente generosa, louvada pelas aclamações das multidões, possui algo de enigmático e pungente. Agora que as ovações entusiásticas e as grandes festas da virtuosidade triunfante estão extintas, uma espécie de angústia nos captura: perguntamos se essa austeridade, essa imobilidade contemplativa, esses "passos na neve" denunciam o declínio da vitalidade ou a entrevisão de um mistério, o ressecamento da inspiração ou uma exigência de aprofundamento metafísico... Empobrecimento ou aprofundamento? Como optar entre a força em declínio e a exigência ascética? Quando escutamos as últimas obras de Manuel de Falla ou o Quarteto de cordas de Fauré, *opus ultimum*, por ele escrito um ano antes da sua morte, a nudez e o despojamento bem parecem ser, para além de toda concessão ao prazer fácil, indícios de uma essencialização. No entanto, coloco, timidamente, a seguinte questão: e se, por acaso, a nossa interpretação algo delirante se devesse à admiração por essa aridez e despojamento?

Se só se tratasse de um declínio da vitalidade e se esse retorno ao silêncio não passasse de miragem – pura miragem de um amador em hagiografia – tais páginas não teriam o poder objetivo de desvelar o sentido oculto da obra. Podemos falar de ressecamento no ponto em que se juntam ao trabalho de composição as raízes últimas do desespero?

É aí que tocamos o mistério da destinação; é possível que nesse trabalho de despojamento os homens reconheçam e saúdem fraternalmente o seu próprio destino. Ora, esse destino é a misteriosa contradição da velhice, que é, ao mesmo tempo, declínio e busca de outra sabedoria e talvez, até mesmo, de outra linguagem, as duas coisas juntas. No momento em que, pela acumulação contínua das experiências, conhecimentos e lembranças, o ancião deveria alcançar os cumes da sabedoria, ele se despoja. Tolstói era fascinado por esse despojamento que se resumia, para ele, no gesto do moribundo sobre o seu leito de morte. Empobrecer enriquecendo, progredir declinando: eis a vida. Não somos mais ricos hoje que ontem, nem o seremos mais amanhã que hoje. Multiplicamos as experiências, teremos provado quase todas as bebidas, embebido os nossos lábios em todos os cálices e, ao mesmo tempo, nunca teremos estado mais próximos do não ser... A memória é falha, a criação se torna mais lenta e mais preguiçosa, como se o momento da mais pura exigência e o superlativo da mais alta sabedoria devessem coincidir necessariamente com a decadência da energia vital. O declínio começa no apogeu, este é o angustiante paradoxo! Assim, há motivo para se sentir perplexo e dilacerado! Podemos admirar a nudez meditativa do Quarteto de cordas de Fauré, as audácias politonais e até mesmo atonais do último Liszt, mas ao pensar na radiante maturidade desses criadores, a nostalgia se apodera de nós... Então me vem um saudosismo em relação ao maravilhoso *Improviso N.3*, de Fauré, no qual a pulsação vital é demasiado enérgica, no qual o coração bate com tamanha força, no qual o sangue é demasiado jovem nas artérias! Isso porque a juventude torna todos jovens, como a poesia faz de cada homem um poeta! Sim, é certo que há na vida do homem um momento propício no qual as forças criadoras atingem o mais alto grau de plenitude: nesse momento de felicidade, as exigências da escrita não são ainda astutamente cúmplices do declínio. É assim que, na *Sinfonia Fausto*, de Liszt, encontra-se reunido tudo aquilo que constitui a imperiosa evidência do gênio: um dom melódico inesgotável, os achados orquestrais, a ternura apaixonada e, em seguida, a deslumbrante verve mefistofélica. Quando, enfim, o coro dos homens entoa o hino final, uma espécie de entusiasmo e de infinito reconhecimento nos eleva acima de nós mesmos. A emoção que experimentamos escutando as obras da velhice de Liszt é de outro tipo. Com elas nos encontramos diante de uma das fontes essenciais da música moderna e, ao mesmo tempo, sabemos e sentimos que essas geniais descobertas feitas no limiar da velhice marcam a entrada de Liszt no deserto de gelo e na solidão: trata-se da região glacial onde cada um de nós desembarcará um dia. Quando a obra de Liszt desprende, finalmente, o porvir que traz consigo, a sombra da morte já está a obscurecê-la. E esse despojamento conduz o músico aos mais duros atritos, às mais cruéis dissonâncias, como se esse jogo com o silêncio que é a música se tornasse um jogo com a morte, como se fosse o próprio silêncio da morte que viesse a invadir, com o seu mutismo profético, a plenitude musical.

Podemos dizer que essa progressão do silêncio no interior de cada obra se apoderou de toda a música. A prova íntima vivida pelo músico tornou-se a regra da modernidade: a música não transpôs, de agora em diante, a linha do silêncio?

É verdade que há uma progressão lenta do silêncio na música. Certos músicos do século XX em particular reagiram contra o luxo, a escalada e as complicações da poli-harmonia. Contudo, a qualidade do silêncio é aqui inteiramente diversa do que foi nas obras da velhice de Liszt, quando os trompetes da glória e os últimos esplendores do *Trionfo*, abandonando o espaço sonoro, deixam lugar ao recolhimento e à oração. Há uma reticência propriamente moderna que diz não à prolixa tentação: a reticência é recusa de se continuar, resistência ao arrastar da inércia; é, em pleno centro do discurso, um recuo brusco no silêncio, uma fuga no silêncio. A serenata interrompida! Debussy desincha a ênfase, torce o pescoço da prolixidade. Desde o século XIX, a música é dominada por Chopin e pelos grandes poetas do piano. A emersão a partir do silêncio e o retorno ao silêncio, o fluxo e o refluxo, as flutuações infinitas da nuança, o crescendo e o decrescendo, o *piano-forte*, numa palavra, formam a oscilação fundamental do pateticismo romântico e da sua relação passional com o silêncio. O pianíssimo e o roçar imperceptível das teclas nascem dessas possibilidades abertas pelo romantismo e em reação a elas. Não se pode falar desse "quase inaudível", desse *pianissimo possibile*, desse quase-nada do qual Debussy foi o maravilhoso poeta sem evocar a descoberta do cálculo infinitesimal e a psicologia das pequenas percepções pelas quais Leibniz inaugurou o tempo moderno. O ruído do mar que ouvimos se compõe de uma infinidade de murmúrios que não ouvimos; em Debussy, as incontáveis gotinhas de onde nascem esses incontáveis murmúrios são convertidas em música. O quase inaudível e a voz bramante das tempestades compõem, pela sua alternância, em *La Mer*, de Claude Debussy, a enorme ciclotimia oceânica. Graças à ambiguidade natural da linguagem musical, a análise da espuma marinha com as suas bolhas e o seu borbulhar dá origem imediatamente à síntese sonora. Algumas vezes uma partícula líquida se sobressai na sinfonia dos murmúrios: esse lá sustenido (si bemol) que as harpas soletram repetidas vezes em "Jeux de vagues"[3] evoca a gota d'água que insiste e pede para ser ouvida... A sensibilidade aos microssons é a forma tomada pela exploração do infinitesimal na modernidade debussysta. O ouvido do homem coloca-se à escuta: o chiar de um inseto, o gaguejar de um bicho noturno, o estalar de uma folha seca, o suspiro de um brotinho de relva... Nada escapa ao ouvido milagroso de Debussy. Somente Bartók, o autor das "músicas noturnas"[4], permite ser a ele comparado. A música em Debussy deixou-se invadir pelo tremular das leves fadas,

---

3. Título do segundo movimento da composição sinfônica *La Mer* (1905), de Claude Debussy.
4. Espécie de subgênero musical, criado pelo compositor húngaro Béla Bartók, que busca "retratar" algo da atmosfera e das sonoridades naturais noturnas. Embora contraste com as linhas quase vocais e com o caráter mais subjetivo dos noturnos românticos para piano, o subgênero também privilegia andamentos lentos e dinâmicas suaves. Entre as "músicas noturnas" do compositor, incluem-se, além da peça *Klänge der Nacht* ("Im Freien", n. 4, 1926), citada nesta entrevista, "os movimentos lentos dos dois primeiros concertos para piano (1926-1931) e a *Sonata Para Dois Pianos e Percussão* (1937)". J. Haylock, A Little Night Music [encarte de CD], em BBC Philharmonic, *Mahler Symphony N.7*, p. 6.

pela *leggerezza* das nuvens que, como pensamentos, deslizam suavemente pelo céu. Numa paisagem de silêncio, Debussy descobre passos sobre a neve, rastros fugidios que o vento de inverno terá varrido amanhã. A intenção do silêncio debussysta é, no entanto, completamente oposta àquela do silêncio lisztiano. Nas últimas obras de Liszt, o silêncio é interiorização e conversão; Liszt desvia-se dos clamores do mundo. No limiar da morte, esse homem magnânimo renuncia a toda magnificência, assim como a toda magnitude. Após os hinos grandiosos que preenchem a "Eroica" dos *Estudos Transcendentais* ou o "Resurrexit" do *Christus*, eis a humilde melopeia de uma alma mendicante. Essa música não nos diz mais *Sursum corda*, mas antes: "Irmão, você deve morrer"; e já parece orar na sombra do mosteiro. O silêncio debussysta, ao contrário, desprende e realça os ruídos da vida universal; permite-nos ouvir a respiração de cada ser. No entanto, nos dois casos, quer se trate de uma voz sobrenatural ou das vozes da natureza, de uma voz de além-mundo ou de vozes imanentes que nos falam aqui embaixo, o músico do silêncio está certamente com os ouvidos atentos a uma linguagem desconhecida. Como se, por trás da voz sonora e trovejante, por trás da voz imediatamente audível, percebesse algo de outro, uma mensagem vinda de outro lugar, uma mensagem longínqua, como se, num mesmo silêncio, associassem-se a morte do músico e a morte da música sensível... A música do silêncio é por isso mesmo pungente e radiante: confia no silêncio que continua a carregá-la. A música sobrevive ainda ao abalo que gera em nós, vibra por muito tempo depois que a orquestra emudece. Os violinos e os coros continuam a cantar em nossa alma, as suas ressonâncias vêm nos acompanhar, em seguida, pela escura alameda, e, algumas vezes, o encantamento chega até mesmo a habitar o nosso sono. O silêncio tomou posse novamente da sala de concertos e algo ainda vibra em nós como um eco de além-mundo. Isso porque esse segundo silêncio é um novo silêncio... Quando a música retorna ao silêncio, não é sem o ter metamorfoseado, e isso em virtude da irreversibilidade do tempo. A música – de agora em diante inaudível e insensível – fez desse silêncio um silêncio musical. Passamos pela música e nada, depois dela, jamais será como antes... Distingui três tipos de silêncio: um silêncio primordial de onde nasce a música, e é nesse que se improvisam, tateando nas profundezas, os primeiros compassos do poema sinfônico *La Mer*, de Debussy; um silêncio da continuação que banha e penetra incansavelmente a música e a recobre no mistério do pianíssimo; e, enfim, um silêncio da terminação: é nesse quase-mais-nada que se conclui *Pelléas et Mélisande*. O triplo silêncio do início, da continuação e do fim não recapitula, de algum modo, toda a história do mundo?

23. AQUILO QUE SUSSURRA O VENTO DA NOITE

Espero não romper o silêncio ao recordar a pergunta de Villiers de L'Isle-Adam, escolhida como epígrafe de um dos seus livros e lhe perguntar: "O que pensa da noite, Senhor Conde?"[1]

O que penso da noite? Primeiramente, posso dizer que, ao discorrer sobre o tempo, já falamos um pouco sobre ela. Isso porque a sucessão temporal é uma espécie de noite em que avançamos tateando. Os eventos se sucedem um após outro sem que possamos sobrevoá-los: a noite nos priva de toda visão sinóptica do espaço, recusa-nos todo panorama. Durante o dia não temos tempo de pensar no

---

1. Epígrafe do ensaio "Le Nocturne", divulgado clandestinamente, em 1942, pelos amigos do filósofo pertencentes à Resistência Francesa. O ensaio foi incluído na coletânea póstuma *La Musique et les heures*, organizada por Françoise Schwab.

tempo, pois estamos por demais ocupados com o emprego do tempo, com os conteúdos com os quais o preencheremos, com a programação das ocupações prosaicas e dos atribulados encargos do dia. Após os Trabalhos e os Dias, eis os Sonhos e as Noites. É à margem da noite que se erguem os sonhos e é também no limiar da noite que começa o sonho do tempo. O tempo é um pensamento da noite, ou melhor, como o próprio tempo, como a ipseidade do tempo não é pensável, digamos simplesmente: o tempo é um devaneio da noite.

No entanto, tudo aquilo que constitui para o senhor a própria substância da verdadeira vida passa pelas águas do batismo noturno: filosofia, música, amor, silêncio... Temas cujas vozes, como aquelas dos grilos, iluminam-se ao cair da noite, extraindo dessa arca fecunda o solo que as afirma à luz do dia.

Quando as sombras do cair da noite se alongam no vale, quando os jardins do dia se enchem de mistério e de música, o que faz então o coração bater desse modo? É a noite que, lentamente, aproxima-se e substitui às claras diferenças a confusão divina, é a noite que esfuma as fronteiras diligentemente estabelecidas pela luz do dia e submerge na sua liberdade infinita os duros dilemas do saber. As repartições e as compartimentações da razão diurna fundem-se na treva difluente, na noite indivisa: o homem descobre um mundo novo no qual todas as espécies de esperanças e de facilidades mágicas se oferecem à sua liberdade. Isso porque o sono noturno que pouco a pouco nos recobre não é um torpor vazio, mas um sono povoado de maravilhosos sonhos, é o sono de uma consciência noctâmbula que passa a noite fora de casa e passeia sobre os tetos. O encantamento da meia-noite indeniza o desencantado homem copernicano pela perda das suas ilusões, compensa a resignação dos indivíduos em existir aqui ou ali, enfim, restitui-nos a magia e os romances de cavalaria. À meia-noite qualquer coisa pode exercer influência sobre qualquer coisa, os contraditórios entretecem nas sombras pactos ocultos, o imenso exército dos possíveis invade as estradas da causalidade. Esse suave naufrágio e esse enfeitiçamento que é o efeito da noite são ambos necessários à nossa existência: sim, precisamos desse parêntese encantado, precisamos de um céu clandestino e de uma causalidade feérica que escapem às obrigações prosaicas do dia, precisamos dessa poeira de cintilações e constelações nas quais se embaraça o emaranhado dos determinismos, nas quais se enredam os fios da causalidade. Isso porque o nascer do dia está ligado ao desencanto: o rouxinol, cúmplice dos amantes, que emite os seus trinados no jardim noturno dos Capuletos, cala-se para deixar cantar a andorinha laboriosa, anunciadora dos trabalhos e dos dias... Como a esforçada Penélope, cada manhã recompõe conscienciosamente a trama desfeita pela noite quimérica e redistribui as formas no espaço segundo as relações racionais da justiça e da verdade. Algumas vezes, esse desencantamento matinal pode se revestir de um tom doloroso e nos atingir com uma ferida lancinante: assim ocorre que à luz do dia tomemos mais profundamente consciência do caráter irremediável de uma partida, de uma ausência ou de uma morte. Aquilo que a noite deixava na imprecisão (pois, ao tornar os próprios homens mais imprecisos, ela os aproxima e os confunde um pouco uns com os outros) é proclamado pelo dia, como sempre ocupado em esclarecer, em circunscrever, em perfilar, em traçar outra vez... Ao dobrar da oitava badalada das oito horas da manhã no campanário da aldeia, a melancolia indefinida e propícia que protegia as nossas ilusões dissipa-se ao mesmo tempo que os sonhos da noite. A impiedosa precisão da luz faz desaparecer de uma só vez as aproximações alimentadas em nós pelos desejos e pelas ilusões. Em Rimsky-Korsakov, o Sol da aurora põe a correr, à luz de dó maior, as maravilhas fantásticas de *A Noite de Natal* e as danças de roda das *russalki*[2] que se entrelaçam ao luar, à beira de um lago, em *A Noite de Maio*. Durante a noite, ausência e presença são indiscerníveis entre si, mas, de dia, essa miragem se dissipa cruelmente: após as loucas promessas do crepúsculo e da noite, o princípio do terceiro excluído retoma os seus direitos. No entanto, podemos nos perguntar se essa antilogia do dia e da noite não nos é ditada pela paixão dos contrastes e se aderir exclusivamente à antítese dos raios e das sombras não significa restringir ao mesmo tempo tanto a noite quanto o dia. Por que não evocar aqui, em lugar de uma contradição radical e de um efeito de relevo, a ambiguidade das transições? De fato, a noite só nos atrai de modo tão potente na medida em que é um elemento desse ritmo vital: a noite é um batimento dessa pulsação essencialmente humana que nos faz oscilar sem cessar entre os dois hemisférios da existência: o hemisfério noturno e o hemisfério diurno. A noite é noite justamente porque precede ou prolonga o dia: uma noite sem aurora e sem crepúsculo não seria propriamente noite.

Tristão é amaldiçoado por ter recusado o dia e a luz que o separavam de Isolda, isto é, por não ter consentido ao ritmo dessa alternância.

Talvez Tristão não tenha, sobretudo, reconhecido o parentesco do dia e da noite. Isso porque aquilo que deciframos durante o dia, se consentimos à sua luz, é paradoxalmente o seu caráter noturno. Quando a luz está no seu ápice, há um mistério da evidência superlativa no qual podemos ler uma profecia da noite. Goethe considerava o solstício

2. Figura típica da mitologia eslava, as *russalki* (singular *russalka*) são espíritos femininos provenientes de meninas ou moças mortas, que saem das águas durante a noite para dançar, cantar e enfeitiçar os homens. Tais ninfas aquáticas assumem, segundo a região do Leste Europeu, caráter mais benévolo ou terrível. Além da ópera de Rimsky-Korsakov, citada, a *russalka* aparece como a personagem-título da aclamada ópera de Dvořák, estreada em 1901.

de verão como um dia de luto, uma vez que a partir do dia seguinte os dias começam a encurtar: é nesse dia de apogeu que tem início o longo caminho do inverno. E, de modo análogo, acrescentamos: é ao meio-dia que o sol começa a declinar. Treva mais que luminosa do silêncio! Dionísio Areopagita, o autor da *Teologia Mística*, dirige-se nesses termos não ao esplendor resplandecido, que é luz, mas ao esplendor resplandecente, que é treva: *dnóphos* (δνόφος). Esse obscuro esplendor se esconde no centro noturno do dia e atinge o seu apogeu quando soa o meio-dia, a hora imóvel. Contudo, o inverso não é menos verdadeiro: aquilo que recobre o mistério noturno não são as negras e mudas trevas do "grande parque solitário e gelado"[3]. Não, o mistério noturno antes concede a profundidade que habitava secretamente a luz, desperta e desprende os enigmas que havíamos pressentido ao meio-dia, é o cumprimento esotérico das promessas do dia. O Deus escondido de Pascal é um Deus semiescondido e, do mesmo modo, a noite só se presta ao nosso devaneio, à nossa penetração progressiva, à medida que faz viver os rastros e reanima os vestígios, que deixa transparecer relações infinitesimais. O negror absoluto conta apenas o terror do homem enlouquecido pelo vazio, o homem tomado pelo pânico se choca contra o muro das trevas. O pavor apodera-se de nós quando a treva nem sequer nos permite mais distinguir as formas nascentes. É no momento em que o viajante perdido na floresta descobre um sinal vago no horizonte – uma estrela, uma brancura incerta – que o terror pode dar lugar à esperança e a noite negra, ao noturno transparente. O viajante compreende que não está para sempre perdido nessa floresta: a floresta agora canta, a floresta preenche-se de música, de cantos de pássaros, de murmúrios e perfumes; as duas notas do

---

[3]. "Dans le vieux parc solitaire et glacé" (No velho parque solitário e gelado). Referência ao primeiro verso do poema "Colloque sentimental", de Paul Verlaine (*Fêtes galantes*, n. 22), musicado por Claude Debussy (*Fêtes galantes* II, n. 3).

cuco, anunciadoras da primavera, despertam em nosso coração uma melancolia suave e poética. O "Elogio à Solidão", que serve de prólogo, em Rimsky-Korsakov, à *Cidade Invisível de Kitej*, é de fato um elogio à floresta profunda, à sua vida intensa e inumerável em meio à qual a virgem Fevrônia escolheu viver. Ainda resta muito a pensar sobre a noite, muito a esperar dessas trevas incrustadas de luz e penetradas de uma claridade interior. Assim, a noite é um pouco diurna, como o dia é um pouco noturno. Por um lado, o dia que se reduzisse a si mesmo e que nada de obscuro viesse assombrar, seria ainda dia? Esse dia não mais traria a luz, mas o ofuscamento; esse dia sem noite cegaria todo olhar, consumiria todo desejo, faria calar toda palavra. É assim que a esmagadora luz meridiana devora a sombra e nivela os relevos no esplendor do seu zênite. O dia só é diurno graças à invisível negatividade noturna que nele se esconde. Os pintores do claro-escuro descobriram a noite do dia, com os seus avermelhados na sombra, os seus clarões de incêndio, as suas personagens que a penumbra revela e engole pela metade. Assim, para Rembrandt, a luz não passa de um rosto da noite; o dia não passa de um momento do segredo noturno. Por outro lado, os pintores e os músicos do noturno descobriram a obscura claridade, a claridade difusa irradiada pelo esplendor sideral das noites.

Mesmo nessas festas da luz que são os quadros dos impressionistas, a noite está presente sob a forma da água, dos arbustos, das folhagens, dos longos trajes floridos. A própria cor parece uma fenda obscura por onde a luz respira.

Já que você assim o deseja, voltemos à noite oculta no dia. A noite nos confins do meio-dia, a luz nos confins da meia-noite: trata-se, enfim, da mesma coisa. São as duas faces complementares de uma mesma ambiguidade. Nos dois casos, a escuridão é órgão-obstáculo da luz. No entanto, quando a noite reina, soberana, no seu hemisfério, as luzes são simples pontos luminosos que piscam e cintilam no espaço negro ou antes são "aparições a desaparecer", foguetes, relâmpagos, estrelas cadentes e cometas, rastros luminosos, clarões fugidios que riscam durante um instante o céu noturno. Nesse caso, o obstáculo da noite tudo submerge no seu oceano e reduz a luz à concisão de uma centelha. Durante o dia, ao contrário, é a treva que nas profundezas se esconde; sob o efeito da luz onipresente, a noite se comprime e se compacta, torna-se minúscula! A noite do meio-dia é uma noite infinitesimal. E quanto ao efeito de relevo, este só é visível nos recantos de sombra projetados pelo Sol. Esses cones de noite em pleno dia são a inversão simétrica das chamas em plena noite. Os raios de sombra concedem uma profundidade à paisagem meridiana como os raios de luz concedem uma profundidade à noite. Como o toque de cinza, por mais suave que seja, colocado pelo pintor sobre o branco, basta a sombra da noite para obscurecer imperceptivelmente a claridade. Ora, o próprio dia só é visível em relação a uma obscuridade latente, a uma treva clandestina que o circunscreve e o define. Aquilo que é verdadeiro para a visão não é menos verdadeiro para o pensamento. O pensamento só pode pensar a luz do dia na medida em que o ato pensante está mesclado de noite. A fim de pensar algo em geral, somos obrigados a pensar aquilo que a coisa não é: pensar alguma coisa é pensar outra coisa... Logo, é por uma fratura do pensamento que o pensamento se faz pensante. A intuição é essa fratura, essa lúcida suspensão do pensamento! Avancemos um pouco mais: cada homem, por sua vez, está mesclado de noite, posto que cada homem é outro em relação a outro, outro em relação a todos os demais e se define *como tal*. Os homens e as coisas são semelhantes ao Deus da filosofia negativa, esse Deus do qual só falamos ao falar de outra coisa e, antes de mais nada, dizendo tudo aquilo que ele não é. Quando o pensamento, relacional por enfermidade, encontra um novo objeto, a que ele se reporta? Àquilo que evoca e, ao mesmo tempo, àquilo do qual difere. Do mesmo modo, quando descobrimos um novo país, buscamos o país a que ele se assemelha, para melhor distingui-lo... Esse sentimento tensionado por uma relação entre termos simultaneamente semelhantes e dessemelhantes, essa mistura do "dessemelhar" e do "assemelhar" não são ao mesmo tempo a matéria do pensamento e o fermento da paixão? De fato, o que seria uma semelhança absoluta senão uma identidade cega, surda e muda, uma mortal transparência, um abatimento de meio-dia? E o que seria uma dessemelhança absoluta senão uma estranheza absurda e uma fratura impensável? Aquilo que é puro, agudo e vazio, como o Uno de Parmênides, congela o discurso e impede o pensamento. Este definha e morre de inanição. O homem aterrorizado pelo desconhecido inumano, pelas negras trevas dos extremos, busca a familiaridade das coisas mistas, dos lugares intermediários onde reinam a linguagem e o sonho. A vida só é viável na região impura e temperada do meio-termo. No seu prefácio aos *Chants du crépuscule* (Cantos do Crepúsculo), Victor Hugo descreve "esse estado crepuscular", esse "não-sei-quê semi-iluminado que nos envolve" e cuja penumbra seria tanto a vermelhidão de uma aurora quanto o clarão de um crepúsculo. Quando a noite se torna aurora ou quando o dia tende à noite, encontramo-nos diante da dupla modulação cotidiana que vibra à imagem dos nossos pensamentos e dos nossos sentimentos.

24. O ESPAÇO CONVERTIDO EM MÚSICA

Pulsações, modulações, alternâncias, ritmo... Nunca se sabe se o senhor começa a falar sobre a música ou se termina falando sobre a noite!

Tudo o que termina e começa, o nascimento que é morte, a tepidez das manhãs e o mistério das noites e ainda mais as ilhas de sombra do sub-bosque pertencem ao reino da música. Todavia, o crepúsculo, sobretudo, permanece para a experiência musical um momento privilegiado, porque traduz o regime ambíguo da razão declinante e da intuição premente. A música é, de preferência, uma música do cair da noite, nasce onde as formas se tornam vagas, onde as palavras se fazem murmúrio, onde "harmonizam-se os sons, os perfumes e as cores"[1]... *Berceuses*, noturnos,

---

1. "Les parfums, les couleurs et le sons se répondent": verso do poema "Correspondances" (*Les Fleurs du mal*), de Baudelaire, que sintetiza o ideal simbolista de uma correspondência entre os diversos sentidos ▶

barcarolas nos arrastam ao grande oceano da noite; e consentimos à sua influência. A experiência musical nasce e morre no instante em que a *berceuse* em redemoinho está a ponto de perder-se no nada, no instante em que o noturno está a ponto de perder-se na noite. O homem cede à "langorosa vertigem". Após "a teia de aranha do crepúsculo"[2], como está dito em *Gaspard de la nuit*, a obscuridade se expande no espaço convertido em música. Isso porque toda a música, mesmo a mais luminosa e ensolarada, é noturna na sua profundidade. Assim, a obra de Fauré assemelha-se à própria noite; o seu *Requiem* não passa de uma sucessão de noites, noites quietistas, noites consteladas, em seguida a noite austera do "Ofertório" até a noite seráfica que põe fim ao *Requiem*: "In Paradisum deducant te angeli..." (Que os anjos te conduzam ao Paraíso...) A música é em si mesma noturna porque escapa às sujeições da linguagem, aos interditos do discurso racional. A sucessão temporal na qual evolui é cega e não pode ser sobrevoada senão de modo retrospectivo. Contudo, justamente por essa razão, a música pode conduzir vários discursos ao mesmo tempo e não é obrigada a escolher entre eles: a anfibolia é o seu regime normal e o seu privilégio particular. Há, certamente, uma "lógica" da música, mas essa lógica ignora o princípio da não contradição: a música é um "fazer" em estado puro, uma vez que se serve de sons que não possuem significação em si mesmos e que, logo, permanecem eternamente novos e disponíveis. Assim é feita para que a *toquemos* e não para que dela falemos! São as mesmas palavras que servem à metafísica e ao código civil, à poesia e aos policiais. A música, em contrapartida, não se serve de palavras e não comunica o sentido. Discurso difluente e difuso pela sua constituição própria, a música não precisa temer os sofismas: está para

▷ e percepções sensoriais. Tradução de Jamil Almansur Haddad, em C. Baudelaire, *As Flores do Mal*, p. 94.

2. Menção à passagem do poema "Scarbo", de Aloysius Bertrand (em *Gaspard de la Nuit*, Livre III: "La Nuit et ses prestiges", poema II).

além da ambiguidade e da não ambiguidade, do equívoco e do unívoco, recusa o ultimátum brutal dos dilemas e das alternativas. Os homens não podem falar todos juntos: a fim de tornar possível uma troca, é necessário que as suas palavras aguardem na sucessão e se confrontem no diálogo... No entanto, os homens podem cantar juntos: a harmonia associa ao seu bel-prazer as vozes e os timbres dos instrumentos, pois a espessura da polifonia conduz várias linhas de sentido sem que estas se obstruam, entrelaçando-as infinitamente em contraponto.

No entanto, a poesia é verdadeiramente estranha à polifonia? Verlaine escreve na sua "Art poétique":

> *Pesar palavras será preciso,*
> *Mas com certo desdém pela pinça:*
> *Nada melhor do que a canção cinza*
> *Onde o Indeciso se une ao Preciso.*[3]

O poema abre-se à noite, entretece o coro das pequenas vozes, derrama sobre a mesa do céu "a turba azul de estrelas que estria"[4]*. Esse desprezo não é justamente a fada que rompe com os privilégios da linearidade, a melodia que mantém a dúvida, a meia-noite das palavras?*

Nesse caso, é o próprio equívoco que se torna unívoco. Mesmo quando se exprime por meias-palavras, quando joga com alusões, quando enevoa o sentido próprio e o sentido figurado, a linguagem poética ainda carrega um sentido determinado e isso em plena consciência dos seus poderes. É o que ocorre exatamente com Verlaine, técnico

---

3. "Il faut surtout que tu n'ailles point / Choisir tes mots sans quelque méprise. / Rien de plus cher que la chanson grise / Où l'Indécis au Précis se joint." Segunda estrofe de "Art poétique", *Jadis et naguère*, de Paul Verlaine. Tradução de Augusto de Campos, em A. de Campos, *O Anticrítico*, p. 147.

4. "Le bleu fouillis des claires étoiles": último verso da terceira estrofe do poema "Art poétique".

de uma "arte poética" e lúcido artesão do Ímpar. Ora, não há teclas suficientes no teclado da linguagem para exprimir os matizes infinitamente diversos do pensamento e da paixão. Vem daí a obrigação que sentimos de falar para além das palavras, de deixar flutuar em volta delas uma névoa, uma zona crepuscular, um halo onde hão de fermentar os contrassensos e delirar as potências do desejo. A poesia pertence a esse país noturno, a essa música do inexprimível que se retira da linguagem em ondas de alegria ou de angústia e reveste o sentido nos véus da canção exaltada. A filosofia também se recobre de sombra e de trevas: a filosofia grega está secretamente sustentada pela noite. O oráculo de Delfos é o oráculo músico que não fala nem esconde, mas sugere, isto é, expressa-se de modo oblíquo, com palavras veladas, por enigmas, parábolas e alusões, como os adivinhos, e inclina a alma em direção a outro lugar do qual não diz o nome. Mesmo no *Filebo*, de Platão, diálogo apesar de tudo tão árido, a ambiguidade do sentido próprio e do sentido figurado, de *Gramma* e de *Pneuma*, possui algo de musical. Platão, à sua maneira, modula... e deixa o leitor indeciso quanto ao modo de interpretar as metáforas e os mitos. No entanto, quando Verlaine escreve "antes de tudo, a Música"[5], trata-se mais propriamente de uma maneira de dizer. Se não é completamente falso dizer que cessamos de falar quando recitamos um poema, se é verdade que a poesia é uma espécie de música impura que tende em direção à música pura para nela se tornar muda, nem por isso é menos pesada de palavras empregadas até a trivialidade e encurtadas pelo didatismo: essas palavras não podem, portanto, rivalizar com a eterna juventude dos sons. A poesia, sobretudo a mais ímpar, deve combater as palavras inertes, contaminadas por associações, banalizadas pelos estereótipos e paralisadas nas suas preferências. Eis por que a poesia

---

5. "De la musique avant toute chose": primeiro verso do poema "Art poétique".

representa uma vitória num sentido mais miraculoso que a música, pois a música, vaga por excelência e solúvel no ar, ignora tais entraves. Longe de descobrir novas palavras, o poeta, em todas as línguas do mundo, faz sonhar a alma a partir de palavras que resistem a esse propósito, desorganiza-as e desenraiza-as, destrói as suas velhas conivências ao entrechocá-las, atiça o seu brilho e as deixa resplandecer. A poesia é a arte de fazer algo novo com a coisa mais velha do mundo: não com palavras extraordinárias, mas com a língua de todo mundo. *Oh! Por que partis?*[6] Estas quatro palavras certamente não formam um verso... Trata-se de uma pergunta de Mélisande a Pelléas. Contudo, no momento em que é feita, essa pergunta nos comove até o fundo da alma. A poesia francesa, em particular, não cessa de travar combates desse gênero. Por outro lado, a poesia russa os conhece em bem menor grau, uma vez que a língua russa é naturalmente indecisa, evasiva e movediça e já musical pela sua acentuação caprichosa. Muitos poetas populares foram os maravilhosos poetas dessa poesia em particular. Em russo, todas as palavras resguardam a sua poesia originária... Ao contrário, a língua francesa, destinada à higiene da precisão e fechada na sua acentuação rígida, intensifica a prova do poeta, tornando, assim, a sua vigilância mais exemplar e o seu rigor mais cruel.

Seria igualmente justo dizer que as raízes musicais, poéticas, mágicas da linguagem foram sepultadas ou desfiguradas, que as palavras tiveram a mesma sorte que esses pássaros outrora livres, hoje condenados ao repouso maníaco da capoeira. Se, na história da música, a música grega constitui uma lacuna, isso não ocorre porque a chave de decifração deveria nos ser dada por textos que não mais sabemos nem onde, nem quando, nem como ler? Nada sabemos do Poema de Parmênides nem das suas ramificações sem dúvida infinitas.

---

6. C. Debussy; M. Maeterlinck, *Pelléas et Mélisande*, ato 1, cena 3.

Somos mais surdos ainda em relação a Heráclito, cujo enigma age sobre nós como algo de maravilhoso que pode se sutilizar ao infinito e trabalha sem trégua para tornar inteligível o ininteligível. Incansavelmente desconcertados por esses fragmentos de um verbo desconhecido, continuamos a sonhar com o ciclo de transformações do Universo, a reunir os pares de contraditórios... A verdadeira leitura de Heráclito está, sem dúvida, perdida. As palavras talvez tenham nascido musicistas, mas diríamos que a linguagem definitivamente se esqueceu disso, e, assim, agora nos esforçamos para fazer cantar as palavras que não foram destinadas a esse uso. Ora, a música, estranha a esse infortúnio, não nos atinge pelo desvio da significação discursiva, exceto quando o intelectualismo vem a deter influência sobre ela a fim de capturá-la nas suas redes ou para presidir a sua estrutura. Isso porque um *tema* não é uma *ideia*; um *acorde* não é um *conceito*: um tema pode, certamente, desenvolver-se, e é possível descrever as diferentes etapas desse desenvolvimento e, portanto, analisar um texto musical como se analisa um texto filosófico ou poético. Contudo, enquanto um texto escrito não possui outra vocação senão aquela de ser incessantemente lido, interpelado e questionado, a análise de um texto musical, por mais preciosa que seja, nunca passará de um prólogo austero ao encantamento que a obra nos reserva, e esse prólogo gramatical não possui qualquer medida comum com esse encantamento; o encantamento que penetrará a nossa alma é de ordem absolutamente diversa. Sem dúvida, a poesia é para a linguagem o que a música é para a poesia: a poesia se insurge contra a surdez das palavras, sela a aliança do Preciso e do Indeciso. Como a borboleta da chama, aproxima-se ao máximo da música, mas, sobrecarregando-se no seu voo pela falta de jeito das palavras, não pode seguir a música nas suas metamorfoses e modulações: a passagem incessante de um humor a outro, da tristeza à esperança, da nostalgia ao triunfo, da ternura à violência é muito rápida para a linguagem. A modulação musical é de essência noturna, ou melhor, é a própria noite.

Entretanto, também a música tem as suas palavras: o automatismo das fórmulas, o peso das convenções, as comodidades retóricas. Tais entraves, embora mais velados que aqueles que fazem viver e morrer a língua a cada instante, não causam menos mutilação à música, chegando ao ponto de sufocá-la. "Quanto mais Florestan envelhece", escreveu o senhor a respeito de Schumann, "mais desesperadamente domestica esse Scarbo indomável que um dia o matará: ele, que é possuído por todos os demônios da noite e pelas suas caras sílfides, faz de conta que nada se passa, torna-se caseiro e escreve lânguidas sinfonias, oratórios acadêmicos, música em prosa."[7] Música em prosa... Isso não significa que a música pode, por sua vez, ser tagarela e surda? E que o verdadeiro músico é, portanto, aquele que, como o poeta, abre uma janela nas masmorras do hábito e transforma em céu os alicerces do saber?

A poesia sofre o entrave não só das correntes da métrica e da prosódia que formam a legislação particular do poema, mas também das sujeições e dos pesos inerentes à própria matéria da linguagem. Essas sujeições e esses pesos chamam-se palavras. A música, por sua vez, sofre unicamente o entrave das correntes mais ou menos arbitrárias e convencionais que forjou para si mesma. A música, segundo Nietzsche, dança acorrentada[8]. E, com efeito, quando você se encontra diante da sua folha de papel pautada, você

---

7. V. Jankélévitch, Le Nocturne, *La Musique et les heures*, p. 257.
8. Encontramos, em "O Andarilho e Sua Sombra", dois aforismos que remetem a essa imagem. Por um lado, o aforismo 140, intitulado "Dançar Acorrentado", refere-se às correntes que aprisionam o artista grego, sejam elas fornecidas pela tradição, sejam elas forjadas na própria criação. Por outro, o aforismo 159 dirige-se especificamente ao compositor Frédéric Chopin, que, semelhante a Rafael no uso das cores, teria brincado e dançado com as correntes legadas pelas "tradições melódicas e rítmicas", "*sem* ridicularizá-las". Em *Humano, Demasiado Humano*, v. II.

não escreve para dizer *alguma coisa* nem para contar as suas recordações de viagem: não, você escreve, bem simplesmente, bem misteriosamente, *música*. Literalmente, o músico não tem *nada a dizer*: uma liberdade vertiginosa, ilimitada lhe é concedida. Portanto, era indispensável restringir essa indeterminação esterilizante, esse infinito musical no qual tudo é permitido e, sobre a base das possibilidades vocais e instrumentais, a ele impor regras, bordas e limites, lastrar a liberdade criadora fabricando para ela uma gramática. Uma liberdade infinita seria indiferente... ou muda: ao conceder a si mesma um código, ela se coloca um problema e inventa soluções. Aceitando a sua finitude, ela terá, de agora em diante, algo a fazer. Essa é a parte da carga bem-vinda, da restrição bendita. Tal princípio de restrição é muito importante e até mesmo decisivo, mas permanece extrínseco à música. É uma espécie de artimanha, um artifício pequeno-burguês destinado a provocar, a perenizar, a fazer ronronar a música... É verdade que esse artifício também pode servir de verniz para os músicos: estes, na falta de convicção ou de inspiração e tomando literalmente os interditos, acabam adormecendo na frivolidade, na redundância ou na estéril seriedade dos exercícios escolares. Eis o que acontece quando estabelecemos as regras de um jogo. No entanto, a paixão do músico é menos árida que aquela do poeta, pois é preciso de muito pouco, de tão pouco, de extraordinariamente pouco, de quase nada para que a música seja! (Como, infelizmente, também é preciso de quase nada para que ela nada mais seja...) Alguns compassos de *L'Arlésienne*... e, antes mesmo que a tenhamos reconhecido, eis que de repente somos metamorfoseados, liberados das preocupações cotidianas, restituídos ao que há de mais vivo em nós. E por que a música exerce tal potência soberana, senão porque nada a domina, porque permanece um luxo

---

Jankélévitch também recorre a essa imagem em *La Mort*, p. 89, apresentando-a como paradoxo necessário para a criação e a interpretação artísticas.

incompreensível, um dom gratuito? Se nos acontece de ouvir ao longe uma peça musical que reconhecemos e na qual não pensávamos, um vago encantamento nos penetra, um devaneio que não nos impede necessariamente de trabalhar, mas que se apodera de nós, submerge-nos dos pés à cabeça, escoa em nosso corpo, impregna o espaço que nos envolve: algo no quarto transformou-se imperceptivelmente, algo vacilou com a aproximação da encantadora... A música é sempre encantada e, por mais humilde que seja o seu encanto, este sempre tem o poder de nos subtrair da insipidez da tagarelice e da indiferença. Quando, após o conferencista finalmente terminar a sua interminável conferência sobre Debussy, o próprio Debussy toma, por sua vez, posse do espaço sonoro, quando a encantadora eleva a sua voz encantada, somos transportados a outro mundo, um mundo inesperado, enfeitiçado, sobre o qual as palavras não exercem mais controle. Esse maravilhoso não-sei-quê não tem nenhuma relação com o vanilóquio que acabamos de ouvir. Ou talvez caberia dizer que nos sentimos venturosamente sitiados, envolvidos, habitados, que o homem se faz música como se faz, porém mais raramente, poema. O próprio homem tornou-se a própria música: todo o homem tornou-se *os perfumes da noite*[9]. Por mais que o falador seja eloquente e minucioso, assim que a música toma a palavra, a ridícula insuficiência dos nossos discursos se escancara. Eis por que é tão ingrato "apresentar" um concerto: pois a música, desde o seu primeiro compasso, varre de uma só vez aqueles que dela falam e deixa o campo limpo para uma ordem de coisas completamente distinta. Quem, ao ouvir o Prelúdio de *Pelléas*, ainda se lembra das palavras do tagarela? O mistério debussysta, o incomparável, agora reina soberano...

As suas referências musicais pertencem todas elas aos séculos XIX e XX. O senhor nunca cita, por assim dizer, os músicos

---

9. Referência ao título do segundo movimento de *Ibéria*, parte central do tríptico *Images pour orchestre*, de Claude Debussy.

283

dos séculos precedentes, como se, para o senhor, a música começasse em Chopin.

A música é, para mim (digo "para mim" e não obrigo ninguém a pensar do mesmo modo), a forma por excelência da modernidade, e um dos elementos dessa modernidade é, paradoxalmente, a nostalgia. Antes do século XIX, a música pouco se preocupa em reencontrar o paraíso perdido, ou em despertar a infância perdida, ou em reanimar o tempo consumado, ou em comover o coração pelas delícias do *Nunca-mais*... Ignora a suavidade lastimosa das consolações, não está dilacerada de lamentos nem obcecada pelas nostalgias que dividem interiormente o homem moderno. Desdenha da reminiscência. É sobretudo a partir de Chopin que a música exalta ao extremo o inexprimível perfume das lembranças, o "perfume imperecível"[10] das coisas perecíveis, que escolhe, como objeto privilegiado, o evento fugidio e irreversível. A música que me toca é essencialmente *Ricordanza*! Nostalgia doentia talvez! Essa algia doce-amarga, ao mesmo tempo estéril e potente, opera como um filtro e pode nos paralisar. Digamos mais: a nostalgia possui essência musical, pois, como a música, nem sempre nos remete a um passado pessoalmente vivido. Assim, tornamo-nos nostálgicos ao contemplar as tardes de verão de Monet, as paisagens de neve de Sisley, as estradas e os verdes prados de Pissarro; e essa emoção se liga a pseudo-lembranças, a um falso reconhecimento, a domingos indeterminados no campo. Não é necessário que tenhamos conhecido verdadeiramente tais domingos, porém, ainda assim, eles reanimam uma nostalgia imotivada, talvez porque nos façam tomar consciência da precariedade e da fuga do nosso presente. Eles "reanimam"... Esse verbo de repetição, sem dúvida, causa estranhamento, mas se pode justamente reviver o

---

10. "Le Parfum impérissable", título da canção Opus 76, n. 1, para canto e piano, de Gabriel Fauré, sobre texto de Leconte de Lisle.

que nunca se viveu, reconhecer o que nunca se conheceu, retornar ao lugar onde nunca se esteve. *Never more…* Uma vez e, depois, nunca mais! Esse homem moderno, que, como Ulisses a ouvir o citarista, chora e se recorda… De que se recorda exatamente? Sabe ao menos o verdadeiro nome da sua pátria longínqua? Quanto a essa terra de que temos saudade, mesmo que a possamos definir como uma terra conhecida e localizável no mapa, mesmo que se chame Ítaca, ela se torna enevoada sob o efeito da música: a pequena ilha alarga-se às dimensões de uma pátria perdida, e a pátria perdida, por sua vez, permanece para sempre evasiva e não encontrada. A Espanha da *Ibéria* que Albéniz compôs em Paris é uma Espanha um pouco irreal e, em certa medida, onírica. A música, com efeito, repele ao infinito o rosto do nosso passado e mantém insatisfeitas as festas do retorno. Eis a razão, sem dúvida, pela qual Claude Lorrain é o mais musical de todos os pintores. Enquanto o Sol se inclina sobre o mar, o navio lança a âncora e nos convida à partida, o porto não curou o viajante da sua nostalgia, não acalmou o langor daquele que guarda "grandes partidas insatisfeitas"[11] do lado esquerdo do peito… Contudo, a música, irreversível como a vida, é, à diferença da vida, reiterável. Podemos tocá-la e ouvi-la novamente, ou seja, ela carrega o remédio ao mesmo tempo que o mal: decerto, a segunda vez nunca se parece com a primeira, e as "vezes" seguintes distinguem-se umas das outras por matizes infinitesimais de acordo com as circunstâncias, o humor do dia e a direção do vento… Pouco importa! A música só revela o que ela mesma tem o poder de aplacar: aplaca ferindo, fere pacificando: eis por que nos arranca lágrimas de desalento, ternura e amor. É verdade que nem todas as obras musicais da modernidade são obras da nostalgia, mas o

---

11. "Car j'ai de grands départs inassouvis en moi": último verso do poema "Vaisseaux, nous vous aurons aimés", de Jean de La Ville de Mirmont (*L'Horizon chimérique*, n. 5), musicado por Gabriel Fauré (*L'Horizon chimérique*, n. 4).

que possuem em comum talvez seja aquilo que poderíamos chamar de "paixão do irreversível". A música do século XX, em particular, bane todas as formas de reiteração, rejeita as muletas da repetição convencional e as fórmulas prontas, fazendo-se à imagem da vida: manancial irreversível e progresso imprevisível. Levada ao extremo, a vontade de uma renovação incisiva e perpétua contesta a música dos séculos XVII e XVIII. No entanto, a recusa das repetições pode se tornar uma mania e uma fobia. A repetição nem sempre é redundância. A música deve confiar na irreversibilidade do devir que se encarrega, por si, de diversificar qualitativamente as "vezes" sucessivas aparentemente indiscerníveis: o simples fato de a enésima vez ocorrer após as precedentes, isto é, o simples fato da temporalidade basta para fazer de um retorno a descoberta de uma perturbadora novidade. Se, no fim do *Noturno N.6*, de Fauré, o tema do início nos é efemeramente restituído, tal retorno não pode ser confundido com uma simples retomada: é com gratidão e emoção infinita que o acolhemos, como reencontramos ao entardecer da existência uma amiga há muito perdida. A música não busca mais dominar o tempo, converte-se no seu intérprete até se tornar algumas vezes o seu mártir…

Parece que, para o senhor, a história da música se concentra na história dessa ferida que a música causou a si mesma: como se tudo só pudesse começar no momento em que a música, cedendo à serpente, prova do fruto proibido da dissonância e do cromatismo…

As dissonâncias, o cromatismo e as modulações febris preparam as grandes aventuras do século XX. A instabilidade tonal, em Liszt e Chopin, marca de algum modo o advento da sensibilidade moderna. Liszt, sobretudo, em quem todo o século XIX se encarna e se resume com as suas inquietudes, os seus ímpetos e os seus fervores, faz explodir as formas musicais: a rapsódia é a liberação das energias patéticas e a ciclotimia das emoções, a abertura para o infinito. O século XIX é o século da rapsódia como é o século das nacionalidades e, assim como o princípio das nacionalidades prepara a desagregação da harmonia austro-húngara e a emancipação linguística das nações subjugadas, o princípio da rapsódia desagrega o caráter monolítico da tradição sinfônica. Vale dizer que os alemães introduziram o cavalo de Troia na sua fortaleza ao confiar a Liszt a direção da Ópera de Weimar, pois o que se trama sob a direção de Liszt é a emancipação da Europa musical e das escolas nacionais. Em oposição ao totalitarismo monolítico, o espírito de rapsódia afirma os direitos das particularidades nacionais e até mesmo regionais, deixando os povos cantarem. Essa humildade própria à rapsódia, humildade que reencontraremos em Mussórgski, Bartók e Albéniz, essa consciência à qual as nacionalidades pedirão os seus títulos de nobreza, estão na origem do populismo rapsódico – e o populismo rapsódico é um dos elementos da modernidade europeia. *Narod*, em quase todas as línguas eslavas, não significa ao mesmo tempo Povo e Nação? Por sua vez, Chopin, munido dos únicos recursos do piano, introduz a música ao coração de um mundo novo, inventa um "novo *frisson*" e sonoridades *inauditas*. Será Chopin e não Schumann quem dará um sentido mágico à realeza do piano: o piano lhe deve a sua função poética, épica e lírica, os seus humores caprichosos. A religião do piano, o mito do solista, os carismas e o heroísmo da virtuosidade resumiram-se por muito tempo num único nome: o nome de Chopin. Isso não impede que Liszt tenha tido com o piano uma relação de igual modo miraculosa e ainda bem mais revolucionária. Na verdade, Liszt, ao contrário do que se costuma admitir, é um criador secreto, difícil e complexo: a sua *Sonata em Si Menor* é obra de uma sensibilidade particularmente refinada e profunda que nada deve ao folclore. Liszt desencoraja os amadores do pitoresco e dos prazeres fáceis. Talvez devêssemos assim dizer: para a consciência clara, Chopin é o inventor e o fundador da sensibilidade moderna, mas, nas profundezas, é Liszt o grande gênio da modernidade, é dessa verve criadora inesgotável, desse sangue generoso que ainda hoje continuamos a viver.

25. AO PIANO

O piano não só remexeu com a sensibilidade moderna, mas a música, a partir do século XIX, estabeleceu uma aliança tão indissolúvel com esse instrumento a ponto de acreditarmos que ela, finalmente, encontrou a sua pátria... E o senhor não se cansa de celebrar esse privilégio um pouco mágico concedido ao piano.

É pelo piano que me conecto à música, amo a música que posso ter sob os dedos; a minha ligação com certos músicos que nem sempre são criadores geniais se deve ao lado pianístico das suas obras. Isso se dá de tal forma que, inquieto, chego a me perguntar: é verdadeiramente a música o que amo ou o piano? Não me é fácil confessar, obviamente! Se eu preferir o piano à música, significará talvez que não amo verdadeiramente a música? E se, por acaso, o único amor desinteressado fosse aquele que o aficionado por concertos ou o colecionador de discos nutre pela música "em si", independente de todo instrumento? Contudo, todos esses escrúpulos são, sem dúvida, artificiais... Em todo caso, evidenciam a situação privilegiada, única, que o piano ocupa na música. O piano acrescenta ao prazer musical propriamente dito uma felicidade tátil sobre a qual é muito difícil falar e que nada é capaz de substituir. Sem essa felicidade algo de vital ficaria faltando: a participação de todo o ser no encanto do tempo.

No segundo movimento do Concerto em Sol Maior, *de Ravel, quando emerge o piano, solitário, frágil, como se o coração da música nos fosse secretamente confiado, compreendemos, de repente, que, sem o piano, seria como se a música faltasse à música...*

É verdade que a música não teria podido, nem pode prescindir do piano, pois esse é um instrumento completo que permite tudo dizer e que se basta a si mesmo. No entanto, o que nos liga ainda mais profundamente ao piano é o fato de ele ser o "instrumento" por excelência da posição intermediária característica ao humano: é, literalmente, o *organon* (no sentido grego), bastante ingrato para que a sonoridade dependa do peso da mão, da pressão dos dedos sobre as teclas e bastante dócil para que se possa extrair prazer dele. Há instrumentos cuja sonoridade depende apenas indiretamente do intérprete: assim, o organista, ao tocar o órgão, afunda as teclas e, contudo, a sonoridade não é diretamente uma função desempenhada pelas suas falanges. Vem do alto, como uma mensagem descida do céu, e nos sentimos maravilhados por participar de algum modo dessa voz sobrenatural. Mas o que fizemos não foi apenas transmiti-la graças à intermediação do teclado, da pedaleira e dos registros, antes que a criar com as nossas próprias mãos? No caso do violino, ao contrário, a sonoridade fremente e nervosa fabrica-se diretamente sob os dedos por um contato íntimo do instrumentista e do instrumento, e as suas vibrações parecem responder às batidas do coração. A situação do piano encontra-se a meio caminho do órgão distante e do violino tão próximo: o som nasce na extremidade das terminações nervosas dos dedos, mas, à diferença do violino que o violinista carrega tão perto do seu coração, o piano permanece a distância, indiferente, e o pianista senta-se diante dele como diante de uma mesa de escritório. É, portanto, um desafio apaixonante extrair música desse instrumento, obter com as próprias mãos essa sonoridade evasiva e algumas vezes tão decepcionante que se chegaria quase a considerar a interpretação como uma arte irracional e de algum modo mística...

O piano é um móvel, ancorado na casa tão solidamente quanto o leito nupcial no palácio de Ítaca. O piano é um lugar em que a música vela, como o fogo na lareira. O piano é um deus doméstico. No entanto, desvelar esses privilégios é ambíguo, pois são eles justamente que fizeram do piano a presa das casas burguesas. Enquanto o violino conservava em si um pouco da lama das estradas, o piano, capturado pelos salões, com frequência não era mais que um signo exterior de riqueza, senão de cultura, um meio de sufocar a música sob os traços de uma inofensiva dama de companhia.

Numa sociedade em que a música desempenha papel tão miserável, o ódio dirigido aos "pianos de cauda dos burgueses" é um tema bastante literário e um álibi da consciência limpa, um pretexto honorável para a aridez do coração.

> Conduzi a alma que as Letras bem nutriram
> os pianos, os pianos, nos bairros abastados![1]

Como todos sabem, o piano é uma distração de luxo para o uso de milionários e desocupados, como o golfe e o

---

1. "Menez l'âme que les Lettres ont bien nourrie / les pianos, les pianos, dans les quartiers aisés!". Versos iniciais do poema "Complainte des pianos qu'on entend dans les quartiers aisés", de Jules Laforgue (1860-1887), poeta simbolista.

veleiro. O piano de cauda dos burgueses num salão burguês: eis que se encontram incontestavelmente reunidos no mesmo cenário todos os elementos da luta de classes. Um piano ainda passa! Mas de cauda! É uma provocação! O piano simboliza a ambiguidade da relação da burguesia com a arte e com a música em geral: aliviamo-nos dessa tão pesada ambiguidade fazendo do piano uma espécie de bode expiatório...

O piano é um instrumento bem secreto, talvez ainda pouco conhecido, apesar dos concertos e dos discos ou, quem sabe, em virtude de ambos... É com o piano que tem início a época dos solistas, do deslumbramento pelos virtuoses. Debussy escreve em Monsieur Croche: *"A atração exercida pelo virtuoso sobre o público parece muito semelhante à que atrai as multidões para os jogos de circo. Espera-se sempre que vá acontecer alguma coisa perigosa..."*[2]

A nossa relação com o virtuose é ambivalente. A solidão do solista nos dá vertigem, esteja ele literalmente sozinho ou, como no Concerto, perigosamente sozinho à frente da orquestra sinfônica, desse microcosmo no qual todas as famílias instrumentais se congregam. O pianista virtuose empreende diante do abismo sombrio da sala povoada por mil cabeças uma aventura apaixonante e perigosa. Ei-lo aqui, esse homem de preto, que sozinho chega ao palco do teatro dos Champs-Élysées, confrontando o público à sua frente e a orquestra à sua volta, sempre sujeito a uma falha de memória, a um ataque de tosse, a uma distração risível, a uma mosca indiscreta... Quantos golpes o gênio maligno é capaz de armar contra esse homem só! Quantas ocasiões sujeitas ao infortúnio! E esse homem solitário não se contenta em interpretar a obra, mas a recria diante de nós, algumas vezes em condições tais que tudo isso parece sobrenatural. Durante o tempo de uma

---

2. C. Debussy, *Monsieur Croche e Outros Ensaios Sobre Música*, p. 35.

sonata, o intérprete e o criador formam uma única pessoa. Assim experimentamos, ao mesmo tempo, a admiração e o rancor: admiração pela façanha, pelo imenso esforço que constitui o concerto ou o recital, mas também rancor: censuramo-nos pela nossa admiração, quem sabe o virtuose seja um charlatão que nos engana, um acrobata que nos mistifica? Admiramos a proeza e recusamos o pó nos olhos. No fundo, tal ambivalência resume as nossas relações com a música: somos subjugados por ela e a censuramos por sermos subjugados, os dois juntos. Por outro lado, a virtuosidade está ligada organicamente à mitologia e à hagiografia do piano, à sua lenda, aos seus heróis, aos seus gênios, aos seus mártires, aos seus meninos prodígios. O nosso deslumbramento pelo virtuose está justificado na medida em que, assim, rendemos homenagem ao milagre que o homem alcança com os seus cinco dedos. Nenhum outro instrumento, com efeito, revela de modo mais luminoso os recursos da mão. A quirotécnica do virtuose demonstra com evidência tudo aquilo de que o homem é capaz. Em ocasião de um recital de Sviatoslav Richter, tive a oportunidade de me encontrar bem perto do pianista enquanto ele tocava, pude admirar a desenvoltura, a delicadeza, a independência quase sinfônica dos seus dedos, a sua aptidão a fazer viver separadamente – e com que intensidade de vida – todas as vozes da polifonia. Essa admiração não possui nada em comum com a fascinação mágica nem com o feitiço carismático de um bruxo. Sim, tudo podemos pedir ao piano, e o piano, por sua vez, tudo pode exigir do pianista: os *Estudos* de Roger-Ducasse não estão, com frequência, nos limites das possibilidades humanas? Quando acreditamos ter tocado o limite extremo do possível e do impossível, começa uma nova aventura – e talvez aí resida o sentido que se deve dar à "transcendência" dos *Estudos Transcendentais* de Liszt ou dos Estudos supertranscendentais de Liapunov. A extenuante função da virtuosidade é impedir que nos fixemos em certo ponto para viver dos seus rendimentos, como se tivéssemos atingido uma dificuldade que seria um sacrilégio ultrapassar. Ao que parece, pode-se fazer recuar o limite quase que indefinidamente... É proibido adaptar-se, aburguesar-se, vender escalas cromáticas de oitavas. Sempre mais longe, sempre mais alto! Avante rumo a novas margens! Liszt inventa e impõe uma nova conformação da mão, uma nova articulação, um novo ataque do teclado, um novo modo de ferir as teclas, pois a paixão poética e a paixão técnica nele se confundem. Os Estudos, como por exemplo aqueles de Paganini, que são estudos de alta performance, desejam demonstrar o seguinte: o piano pode fazer melhor que o violino, o piano conta com meios capazes de igualar toda a orquestra, de se tornar um instrumento cósmico. É assim que o Estudo Transcendental N.11, *Harmonies du soir*, faz ressoar as harpas do Universo. Diante desses tesouros, diante dessa mágica caixa acústica de sete oitavas, o músico é tomado pelo vertiginoso desejo de utilizar toda a superfície do teclado, de colonizar toda a sua extensão, de explorar todos os seus recursos, de rivalizar com aquilo que os pitagóricos chamavam "música das esferas". Liszt foi a maravilhosa encarnação do homem-demiurgo.

Contudo, podemos nos perguntar se esse "infinito" não é um pouco mistificante, se não abre caminho a uma mania de exploração que em alguns casos faz as vezes da música. Pedir o impossível a um pianista ou a um instrumento não é necessariamente pedir música. No seu livro A Música e o Inefável, *o senhor faz uma distinção entre a violência instauradora de novas formas e a violência imóvel e desfiguradora*[3].

A música "contemporânea" se diverte, com frequência, ao profanar os tabus. O sacrilégio que mais aprecia consiste em ridicularizar o piano, instrumento sobre o qual o

---

3. Ver seção "A Violência", no segundo capítulo de *A Música e o Inefável*, p. 87-90.

pianista faz as suas escalas. O blasfemador insulta a mão inteligente, o violento faz da mão uma pata que arranha, um punho que esmurra e bate e onde os dedos, abandonando toda especialização, se enovelam. As luvas de boxe não suprimem a articulação digital tornada subalterna?[4] O brutamontes não precisa de delicadeza para a sua tarefa percussiva. A quirotécnica, assim como a arte de tornar independentes os dedos, converte-se num luxo inútil. É verdade que a percussão pode ser um refinamento a mais e uma ironia delicada ou mesmo um achado revolucionário. Liszt, aventurando-se sobre o teclado com os seus glissandos, terças e oitavas, não fazia, na sua época, o papel de blasfemador? O tufão que varre as teclas não é aqui atentado sacrílego, mas violência revolucionária. Mesmo Déodat de Séverac na suíte para piano *Sous les lauriers-roses* pede-nos que toquemos com o punho... Algumas vezes temos bastante dificuldade para distinguir a violência que é mera fraude da violência criativa que instaura uma nova música. Essa inesgotável disponibilidade do piano também permitiu a liberação de uma energia cada vez mais refinada, multiforme e complexa. Desprendendo essa nova energia, o homem técnico apareceu a si mesmo em toda a evidência dos seus poderes. Tendo lido Baltasar Gracián, acredito que hoje temos uma concepção mais profunda e menos trivial da virtuosidade. Não mais pensamos como os jovens de 1900 que o seu lugar seja necessariamente o circo. Quando os Concertos Colonne[5] se apresentavam no Teatro Châtelet,

---

4. O confronto entre o punho do boxeador e a destreza do instrumentista também aparece em passagem do ensaio "Chopin et la nuit", na qual o filósofo relaciona a habilidade digital à evolução da espécie humana. Ver V. Jankélévitch, Chopin et la nuit, *La Musique et les heures*, p. 289.

5. Orquestra fundada em 1873 pelo violinista e regente Édouard Collone e ainda em atividade em Paris, cujo objetivo primeiro era democratizar o acesso ao repertório sinfônico, especialmente às obras produzidas por jovens compositores franceses da época. Tal proposta de aproximação ao grande público ainda pode ser observada nas últimas décadas, com a participação da orquestra em filmes e ao lado de cantores populares.

os estudantes da época desciam do Quartier Latin para protestar contra os virtuoses, para achacar os macacos adestrados em nome de uma exigência mais secreta e mais puramente musical; reivindicavam os quartetos de cordas! Diziam não aos deploráveis hábitos de frivolidade provenientes do Segundo Império. No entanto, eles se comportavam como herdeiros não só de uma tradição platônica para a qual a essência é mais verdadeira que a aparência, mas também da tradição cristã segundo a qual a tentação da aparência é uma miragem nascida da concupiscência, resultado do pecado original. Há, com efeito, uma problemática da aparência, irritante aporia... A aparência é enganosa, mas por que engana? Como esse belo rosto misterioso pode esconder o vazio de todo pensamento, a nulidade do sentido, a estupidez pretensiosa? Por que não há nada por trás desse olhar interessante? Por que a voz melodiosa das sereias deve me arrastar para os recifes e me arremessar para a morte? Qual é esse quiasma da bela aparência e do mal? O fato de que a aparência pérfida nos engana coloca um problema metafísico, pois se equivalesse a um zero de ser, ela nem mesmo apareceria! Aquilo que nada é não se vê. Gracián assim raciocina: Deus criou o esplendor resplandecido com o esplendor resplandecente, a aparência com a essência; deve-se, portanto, levar a sério o aparecer. O aparecer não seria sem o ser. O pôr do sol, a rosa e o pavão são as três formas emblemáticas do esplendor. Em oposição a Platão, Gracián reabilita a "ostentação"[6]. A virtuosidade pertence a esse mundo da pompa e da exibição, é inconsistente e preciosa como um pôr do sol, fugidia e misteriosa como o esplendor perfumado de uma rosa, brinca com a sua plumagem como o pavão... Certamente, essa analogia já é um pouco enganosa, pois tem como cenário o espaço óptico: quando o pavão abre a cauda em leque, vemos imediatamente tudo aquilo que há para se ver, enquanto

---

6. B. Gracián, *A Arte da Prudência*, p. 277 (Hombre de Ostentación).

a música se desenvolve no tempo e, portanto, traz consigo a esperança de outra coisa, um para além, uma promessa de profundidade, mesmo se o músico não é capaz de explicitar do que se trata. Aquilo que é temporal sempre é críptico em certo grau. Apesar de tudo, o importante é que a aparência venha com a essência, devemos dirigir o mesmo respeito tanto àquilo que parece superficial quanto à verdade oculta. Estávamos muito habituados ao paradoxo platônico de uma essência mais verdadeira que a aparência, devemos agora nos habituar ao paradoxo do paradoxo, a um paradoxo à segunda potência: o super-paradoxo é que a obra decorativa, a obra eloquente e brilhante, a obra do aparato pode ser uma obra profunda. A cauda do pavão que se pavoneia, em Ravel, não é a faceta menos escondida da sua obra. A "cauda" tem o seu segredo, o engano tem o seu mistério. E também a glória pode ter a sua profundidade! O que digo? A própria ostentação, algumas vezes, é vestida de pudor! Todavia, é ainda em nome dessa estética da antiaparência que se faz careta diante dos concertos de Chopin: eles contêm, no entanto, algumas das páginas mais belas e fascinantes jamais escritas. Desdenha-se o admirável *Concerto N.2* de Liszt, considerado demasiadamente brilhante, embora resguarde um fervor lírico e uma intensidade inigualáveis. E o mesmo se aplica ao *Concerto N.4* de Rakhmâninov, escrito no caminho para o exílio: trata-se de uma obra meditativa e profundamente melancólica, apesar do brilho das sonoridades e das proezas por ela impostas ao pianista, proezas que, de resto, nem sempre são notadas, uma vez que a dificuldade permanece secreta. A dificuldade nunca está onde acreditamos que esteja, a dificuldade está sempre *em outro lugar*... É assim, portanto, que ela participa da natureza do "encanto".

Contudo, é extremamente difícil deixar de falar a linguagem da interioridade, não manter uma desconfiança em relação aos recheios sem consistência e à dispersão. As proezas da virtuosidade poderiam fazer esquecer que também se requer uma grande coragem para vir a tocar, diante de um público distraído ou afeito a explorações, Des pas sur la neige[7]...

O que falseia o problema e o torna controverso é a seguinte contradição: depois de termos dito que uma das vocações deste século foi descobrir a essência da aparência e a profundidade da superficialidade, devemos precisar que a nossa época é frívola, ávida de bazófias e bravuras, fixando-se no regime do falso parecer. Esta aprecia não o "aparecer", que implica uma aparição ou uma revelação no tempo, mas o "parecer" em sentido pejorativo, que são lantejoulas e missangas de luxo. A reabilitação da aparência e a incurável frivolidade dos turistas interferem uma na outra e, consequentemente, a seriedade, a vigilância, a reação contra a despreocupação e as opiniões inconstantes seguem, assim, necessárias. Como Debussy e os estudantes de 1900, continuaremos a vaiar os acrobatas, os farsantes e os saltimbancos que agarram o piano entre os dentes... A ostentação perigosamente reabilitada por Gracián mergulha as suas raízes na vaidade, no amor pela performance muscular e no assombro nascido do deslumbramento. Também a exigência interior continua mais permanente e mais essencial que a admiração dos nossos contemporâneos pelo atletismo musical e pelos recordes de resistência ou de velocidade.

---

7. Essa peça para piano de Debussy (Prelúdio N.6, livro I), que fazia parte do repertório tocado pelo próprio filósofo, é mencionada em *Debussy et le mystère*, p. 22, 90, e em *Le Je-ne-sais-quoi et le Presque-rien*, v. II, p. 174.

26. AS DELÍCIAS DA LEITURA
À PRIMEIRA VISTA

O senhor possui inúmeras partituras – o senhor possui até mesmo todas as óperas de Richard Strauss, como Voltaire possuía todos os Padres da Igreja! – e junto de nós encontramos esses dois pianos que invadem o cômodo, não como espetaculares instrumentos de concerto, mas antes como dois modestos instrumentos de trabalho: aqui se tem a sensação de estar num lugar que pertence à vida cotidiana, na biblioteca de um erudito e não numa sala de música...

Ao piano sou simplesmente um leitor. Para um leitor, tocar piano é, sobretudo, ler à primeira vista. Leio à primeira vista como se pega um livro; o tempo vago que poderia consagrar exclusivamente para ler, consagro-o do mesmo modo à leitura de partituras. Quando consigo reservar uma ou duas horas no fim da jornada, é ao piano que as consagro: isso porque o piano derrama em nós a serenidade da alma, a exaltação poética, o esquecimento do tempo. Quando criança, estudava com uma tia vinda da Rússia, que batia nos meus dedos dizendo: "*Arrtikiul! Arrtikiul!*" (Articule! Articule!) Em seguida, lembro-me de ter lido (e com que esforço!) as mazurcas de Louis Aubert, as *Variações* de Glazunov e, mais tarde, outras peças bem difíceis e belas que eu tocava muito mal e que literalmente me inebriavam (por exemplo, o admirável segundo *Scherzo*, de Balakirev) e que continuo, além disso, a tocar tão mal quanto antes. A base da minha cultura são as obras então estudadas pela minha irmã no conservatório. Todo o meu esforço, desde aquela época, consistiu unicamente nestes dois verbos: ler e descobrir. Sempre que preciso apresentar exemplos musicais, nunca aperfeiçoo a minha técnica, que é nula, mas releio a partitura com bastante cuidado, com o lápis na mão e verifico, nota por nota, se não esqueci uma alteração ou uma pausa de semicolcheia. A execução permanece certamente imutável na sua mediocridade: a primeira vez sai tão bem quanto a vigésima e a vigésima sai tão mal quanto a primeira. Assim ocorre, creio eu, com todos aqueles que tocam piano sem serem pianistas profissionais: o piano permanece para eles um instrumento de descoberta. Eu me senti menos envergonhado por não exercitar as escalas depois que a pianista Marguerite Hasselmans me relatou o seu primeiro encontro com Albéniz, em Lucerna, onde então se encontrava em companhia de Fauré. Ela estava estudando uma sonata de Schubert no salão do hotel, quando viu entrar um homem com o olhar jovem e a barba preta. Ele se sentou um momento para escutá-la, depois se aproximou dela e lhe disse: "Ah! Madame, tenho pena de vê-la estudar tanto! Não se deve nunca estudar, a senhora entende, nunca! Eu, por exemplo, não estudo nunca!" Em seguida, Albéniz (pois tratava-se do próprio compositor) sentou-se ao piano e tocou algumas peças de *Ibéria* particularmente difíceis com os seus dedos grossos e leves, com os quais fazia o que queria. É verdade que Albéniz era um pianista extraordinário e, assim, as suas capacidades fenomenais não podem ser tomadas como exemplo para os outros! Além disso, tal serenidade e tal confiança são privilégio dos gênios, dos músicos mais generosos, mais desprovidos de um mesquinho amor-próprio – como o foi, precisamente, Albéniz. No entanto, elas também caracterizam aqueles que tocam piano simplesmente para o próprio deleite e não se sentem melindrados pelo sucesso de outros pianistas. Isso não quer dizer que os pianistas profissionais necessariamente sintam ciúme dos seus eventuais rivais; seria mais certo dizer que os rivais inspiram neles uma espécie de inquietude, neles ressurge sem cessar a questão ansiosa gerada por essa comparação obsessiva: "Ele toca melhor do que eu?" As relações entre os homens incitam, em todas as circunstâncias, o comparativo e a comparação, porém nunca no mesmo grau que a performance musical. A música, já o afirmamos e reafirmamos, desenvolve-se no tempo que é sempre inacabado. E ainda que a obra musical, sonata ou sinfonia, tenha um começo e um fim, a temporalidade na qual a obra se recorta nunca começou e não há de terminar. O inacabamento da temporalidade nunca é uma simples mutilação e influencia a obra fechada, tornando-a evasiva, vaporosa e difluente: a indeterminação brumosa da temporalidade englobante impregna por osmose a obra musical, esfuma os seus contornos, torna a interpretação ambígua: não há mais nem evidências nem critérios unívocos. Eis por que todos os juízos de valor se tornam mais ou menos arbitrários e subjetivos, controversos e indemonstráveis quando se trata de compositores ou de intérpretes. Ninguém pode convencer ninguém da solidez da sua própria hierarquia de valores. A ambiguidade aqui reina soberana... Felizes aqueles que ignoram a angústia dos músicos profissionais! E sem querer desagradar a Monsieur Croche[1]: felizes os diletantes e

1. Monsieur Croche (Senhor Colcheia) é o pseudônimo criado por Debussy, em 1901, para assinar suas muitas vezes sarcásticas críticas musicais. Algumas delas foram reunidas pelo próprio compositor, pouco antes de sua morte, no volume *Monsieur Croche antidilletante*, citado em outros momentos desta entrevista.

os amadores! Felizes aqueles para os quais a música é uma ilha sempre encantada numa temporalidade encantada!

A leitura à primeira vista é justamente um passeio sem controle, sem horário, que faz de toda música um caminho onde é permitido flanar. Ler à primeira vista supõe uma espécie de despreocupação aventurosa ao mesmo tempo que um consentimento à aproximação. Pouco importa que o pianista não toque exatamente todas as notas, desde que o princípio da obra, a sua figura interior, apareça.

A leitura à primeira vista é uma arte da *boa* trapaça, a começar pelo que concerne à execução: certa negligência em tal leitura é preferível à vigilância minuciosa e ao escrúpulo maníaco, ao rigor pedante e ao purismo gramatical. Toque como quiser, como puder e mesmo com a ponta do nariz caso lhe falte um dedo, seguindo a recomendação de Mozart… É preciso deixar-se levar pelo movimento da obra sem se deter nos detalhes insignificantes nem buscar uma exatidão por demais literal. O essencial, na música do conjunto, é ir adiante, não acelerar nem ceder à tentação do *ritardando*. Em seguida, no que tange à leitura propriamente dita: assim como na leitura de um livro reconhecemos as marcas e os procedimentos de escrita de um escritor, de longe somos capazes de reconhecer as fórmulas, a figura gráfica dos acordes. A leitura à primeira vista reside numa percepção instantânea que se inicia ao nível do grafismo, a partir da disposição dos signos sobre as pautas. Além disso, um pianista que tem o hábito de ler muitas obras musicais acaba por se familiarizar com quase todos os estilos, os seus dedos se dobram às linguagens mais variadas. Portanto, nunca há verdadeira expatriação, salvo na leitura das obras contemporâneas que exigem novos signos e uma nova técnica.

Isso significa que o espírito de aventura, a audácia da qual é testemunha um pianista que lê à primeira vista não é uma audácia de pioneiro, é o resultado de hábitos, de um saber difuso que cria entre a música e o seu leitor uma viva cumplicidade. O pianista está, portanto, visivelmente pronto àquilo que, todavia, permanece desconhecido para ele. O ofício em nada compromete a descoberta de uma obra.

Muito pelo contrário, e justamente por isso é tão estimulante! A leitura à primeira vista não é somente uma arte da boa trapaça: ela também exige um espírito de improviso e de extemporaneidade, uma celeridade e uma presença de espírito aparentadas ao repentismo da improvisação, implica a paixão da descoberta, e a familiaridade com os estilos musicais bem variados facilita sempre mais o acesso a esse desconhecido, a esse novo mundo do qual toda nova partitura é para nós a esperança. Ler à primeira vista uma peça desconhecida é explorar um porvir de delícias e saborear de antemão a emoção indeterminada, as volúpias inéditas que ela nos promete. Quanto a essa partitura, eu a recolocaria na estante do piano sempre que quisesse me deleitar a meu bel-prazer; e também, como uma criança que compra uma guloseima e a reserva para mais tarde, pode-se decidir algumas vezes não ler imediatamente a música apaixonante, fechar o álbum e atrasar um pouco mais o seu prazer... Ocorre que, ao ler à primeira vista uma obra da qual esperamos uma grande renovação, a abandonamos para retomá-la algumas semanas depois e então descobrimos nela todo um mundo que nos havia escapado na primeira vez. Onde estava a minha cabeça? Onde estavam os meus ouvidos? Muitas obras que tratávamos de modo negligente são assim reabilitadas; outras, pelo contrário, são rejeitadas porque compreendemos a partir da segunda leitura que eram filhas da retórica enganosa, do brio superficial e de uma técnica destituída de sinceridade. A leitura à primeira vista concede ao pianista os meios de verificar por si mesmo o valor das obras: o leitor assim corrige os juízos sumários dos dicionários, contradiz as ideias acabadas dos historiadores da música, os oráculos dos vaticínios, as opiniões de outros, pois deve-se tudo verificar, tudo experimentar por si mesmo e não se fiar em ninguém, não ouvir a opinião de mais ninguém. Aquele que coloca a música sobre a estante e a tem na ponta dos seus dedos sobre o teclado habitua-se a pôr novamente em questão todos os preconceitos de um público frívolo: estando em contato imediato com a realidade musical, não sente mais necessidade dos vaticínios patenteados para julgá-la. A música não carrega o sentido, a não ser indiretamente: de tal modo que as evidências clássicas se impõem na música bem menos que na literatura. Contestar o gênio de Shakespeare a fim de reabilitar não sei que dramaturgo obscuro da sua época: eis um pretencioso paradoxo! A música, mais arbitrária, mais indefensável, e geralmente incapaz de justificar por si a sua escala de valores, autoriza a subversão das hierarquias habituais, mas também torna bem controversa a defesa de uma justa causa… A ausência de todo critério unívoco torna os paradoxos menos paradoxais e os escândalos menos escandalosos. No âmbito da música, a reabilitação dos criadores desprezados não é um jogo nem o efeito de um vão esnobismo: é a consequência natural da intrínseca ambiguidade que caracteriza as evidências da música. Aqui o mal-entendido reina soberano… Por exemplo, amamos as mesmas coisas, mas por razões tão diferentes que, com maior frequência, antes valeria a divergência aberta, pois esse acordo é um acordo minado, pois esse consenso é uma armadilha. À ambiguidade que rege a relação dos homens entre si acrescenta-se, com efeito, a ambiguidade natural da temporalidade musical. Assim, é quase impossível explicar por que, em que e como se deveria amar Fauré, Liszt ou Bartók. E é igualmente difícil desmontar um acordo aparente que, afinal de contas, é mais nefasto que o desacordo.

O piano também é o único instrumento que se basta. Pode, quando solicitado, servir de substituto à orquestra, falar pela sua boca estreita todas as línguas da música. Recordemos que a literatura pianística não é composta somente de obras escritas para o piano, mas igualmente de transcrições de obras sinfônicas, óperas e oratórios: foi ao piano que Nietzsche descobriu Tristão.

E é ao piano, como nos conta Louis Laloy, que Debussy, tocando a quatro mãos com Stravínski, leu à primeira vista a *Sagração da Primavera*... Aquele que penetra no mundo do piano tem a sensação de adentrar-se num jardim maravilhoso onde todos os encantos se tornam possíveis. Quanto à música que há apenas uma hora se mostrava inacessível sobre o seu estrado e pertencia unicamente ao regente de orquestra e aos seus instrumentistas, agora a poderei tomar pelas minhas mãos, tocando-a para mim a meu bel-prazer... O próprio Liszt transcreveu a sua *Lenda de Santa Isabel*, e é um milagre que o piano, tão desprovido em relação à orquestra e aos coros, possa nos restituir com tal verdade a riqueza sinfônica desse oratório. O piano não comporta, como a orquestra, um espectro completo de timbres instrumentais, nem, como o órgão, registros, uma pedaleira, os meios de sustentar os baixos, mas possui, em compensação, uma mobilidade, uma volubilidade e reservas secretas de poder que, paradoxalmente, igualam-no à orquestra. Citemos, quase ao acaso, a maravilhosa transcrição pianística de "Gretchen", segunda parte da *Sinfonia Fausto*, feita pelo próprio Liszt, assim como a transcrição do balé *Jeux* por Debussy em pessoa. Existe, na URSS[2], uma coleção intitulada "A Biblioteca do Pianista", na qual se encontram reunidas interessantes transcrições de sinfonias. Tais transcrições não são feitas para concerto, mas, sim, para alguém que ama e lê uma obra musical e toca para si mesmo no silêncio e na solidão, com todas as portas fechadas, sinfonias ou poemas sinfônicos. O pianista

---

2. Vale lembrar que esta obra foi originalmente publicada em 1978, quando a União das Repúblicas Socialistas Soviéticas ainda existia.

dessa "biblioteca" toca somente para si... Sim, é uma grande alegria oferecer-se um sarau mágico, dar-se um concerto tocando ao piano a *Quarta Sinfonia* de Glazunov ou a *Terceira* de Rakhmâninov...

No entanto, quanto mais nos aproximamos da música contemporânea, mais nos distanciamos das possibilidades de transcrição. O piano perde todo poder a partir do momento em que a música deixa de se contemplar nele, a música rompe assim o elo com essa categoria de pianistas que tinham o costume de hospedá-la com familiaridade: ela não deseja mais entrar em casa, permanece do lado de fora, errante como o tocador de realejo da Viagem de Inverno[3].

A música possui outro modo de permanecer do lado de fora, e é o fato de entrar em casa sob a forma de disco. O disco é algo maravilhoso, mas devemos pagar o preço dos seus benefícios. Esse é o caso de todas as grandes invenções. O disco contribui imensamente para a educação musical do público, mas pode – é uma pena! – engendrar o hábito das perfeições mortas. É, assim, a origem sutil do embotamento, economiza o nosso esforço, dispensa o ouvinte de descobrir a música por si mesmo, de lê-la, tocá-la, refazê-la... Você conta com um concerto em domicílio, com uma obra-prima sempre disponível e um sublime virtuose cujas acrobacias se desenvolvem numa caixa. O amador escuta negligentemente a maravilha destituída, pela automatização, do seu mistério e do seu prestígio. A mão artífice, a mão industriosa e engenhosa não tem mais nada a fazer. Uma espécie de desprendimento completo acaba por congelá-la, porque você não partilha uma aventura real com a música, porque você se encontra privada dessa alegria insubstituível e inefável que é a manipulação pessoal do objeto musical. A total disponibilidade

---

3. Referência a "Der Leiermann", última canção do ciclo *Winterreise*, de Franz Schubert, sobre texto de Wilhelm Müller.

de uma perfeição acabada pode ser, no extremo limite, uma facilidade mortal. Somente o instrumento dará ao ouvinte a participação física e à experiência musical a sua dimensão concreta e vivida. Em certo sentido, mais vale fabricar desajeitadamente a música no instrumento, recriando-a com as próprias mãos, do que ser o ouvinte passivo de uma perfeição pré-fabricada da qual em nada participamos. Quem quer que ame a música nos compreenderá: mais vale tocar por si mesmo desastradamente a *Balada em Fá Sustenido Maior* de Fauré para piano solo do que escutar o disco dessa *Balada* com orquestra. E isso não é tudo: o disco, assim como permite que se coloque entre parênteses todo comércio físico com a música, também suprime o vínculo do ouvinte com esse evento histórico e datado, com essa grande festa que se chama concerto. Ouvir uma obra em concerto é uma experiência inseparável da alma coletiva; supõe especialmente um entusiasmo experimentado em comum, a participação de todos na emoção de cada um. O disco não leva em consideração essa magia. Assim, o nosso desengano é tanto sociológico quanto físico... O que se há de fazer? Na falta de uma experiência pessoal, o disco torna possível – e em condições excepcionais – a difusão democrática da cultura musical. Darius Milhaud advogava vigorosamente por tal difusão. De fato, é preciso saber: enquanto possui marcas de automóveis, a França não mais possui marcas de piano. Em Paris, quase todas as lojas de música desapareceram, umas atrás das outras, enxotadas pelos discos. Às margens do Sena, restam duas delas. Depois da Guerra, ainda era possível encontrar partituras em vários *bouquinistes* às margens do Sena: na esquina da ponte Saint-Michel com o cais dos Grands-Augustins havia duas mulheres, mãe e filha, que possuíam uma grande variedade de música, mas elas estão mortas, ambas asfixiadas no seu apartamento da rua Gît-le-Cœur, e as bancas foram vendidas... Se agora as duas lojas das margens do Sena desaparecessem, eu ficaria como um órfão.

27. TODO MUNDO TRAPACEIA

O senhor criou um mundo que é só seu, uma espécie de constelação particular na qual alguns músicos e filósofos estão inseparavelmente unidos pelo elo que o liga a eles, enraizando-os de modo ciumentamente articulado. No entanto, a solda que forja a sua plêiade permanece secreta. As obras e os criadores dos quais o senhor trata e sobre os quais escreve estão sempre pairando nessa meia bruma que entrelaça as correspondências entre eles.

Mesmo se repetirmos indefinidamente e até o fim dos tempos que a mais maravilhosa sinfonia de Dvořak é a *Quinta*, em Fá Maior, ninguém nos escutará... Talvez seja justo dizer que fazemos questão de guardar esse mundo secreto a fim de mantê-lo a salvo dos frívolos: as pessoas do mundo não merecem conhecer esse gênero de obras-primas, não são suficientemente sérias para isso. E talvez seríamos tomados de um sentimento de profanação se todas as vitrolas da França se pusessem a tocar *Les Heures dolentes*, de Gabriel Dupont. Contudo, não se pode negar que também sou movido por uma espécie de rotina pedagógica a divulgar obras injustamente esquecidas ou não reconhecidas. Liszt, por exemplo, escreveu ao fim da vida quatro rapsódias que permanecem absolutamente desconhecidas, e isso por razões puramente fortuitas, pelo fato de terem sido publicadas fora do *corpus* das quinze primeiras rapsódias (as mais célebres). Ora, ele as escreveu numa época em que buscava uma nova linguagem; tais obras não possuem a estrutura das outras rapsódias: são desconcertantes, bem menos brilhantes e menos aduladoras para os virtuoses, porém são as mais insólitas, as mais densas. Deve-se, a fim de descobrir essas obras, olhar à margem e um pouco de lado, dar preferência ao que é menos conhecido sob o risco de negligenciar as obras-primas universalmente reconhecidas e admiradas. A reabilitação de um criador não reconhecido é sempre apaixonante: citei Gabriel Dupont, morto em 1914 aos 36 anos, cuja obra costumávamos estudar bastante no conservatório. A minha irmã, a quem tanto devo, tocava *Les Heures dolentes*, assim como tocava as obras de Déodat de Séverac, *En Languedoc* e *Sous les lauriers-roses*, a *Fantasia Para Piano e Orquestra*, de Louis Aubert, o *Quinteto Para Piano em Mi Menor*, do cativante músico bretão Paul Le Flem... Gabriel Dupont teve a sua hora de celebridade, depois foi esquecido: pois os homens são ingratos, frívolos e volúveis. São, sobretudo, superficiais. Caso se dessem hoje ao trabalho de aprofundar as suas coletâneas, *Les Heures dolentes* e *La Maison dans les dunes*, publicadas antes do primeiro caderno dos *Prelúdios* de Debussy, os pianistas descobririam um novo mundo, uma nova linguagem a exigir uma nova escuta, audácias geniais a serviço de uma sensibilidade fora do comum. A peça intitulada *Hallucinations*[1] transtorna por

---

1. *Nuit blanche – Hallucinations*, 13a peça do ciclo *Les Heures dolentes*, de Gabriel Dupont.

inteiro a técnica do piano pela sua escrita dolorosamente dissonante, irritante e até mesmo atonal. Que pena! Para interessar aos indiferentes teria sido necessária a recomendação das instâncias autorizadas das quais dependem hoje em dia o belo e o feio, o gosto dos indivíduos padronizados e o deslumbramento dos frívolos... Na verdade, a questão fundamental em música é uma questão moral, a saber, a questão da sinceridade. É a sinceridade que está em questão! Problema infinito... Ninguém é sincero, como ninguém é puro. E a começar por mim, quando o digo, atribuo-me uma intenção sincera que recuso aos outros. Desempenho um papel, subo num pódio e me excluo do miserável rebanho de hipócritas que são todos vocês: eu, o professor de pureza, arrogo-me o privilégio e o monopólio do sistema de valores. Ninguém é sincero, exceto *eu mesmo*. É a consciência diabólica que faz isso. A sinceridade consigo mesmo em música é também um horizonte e situa-se ao infinito. A sinceridade em música é particularmente vulnerável e frágil, pois está ligada ao concerto, que é um fenômeno coletivo, até mesmo um evento mundano e, por acréscimo, uma data histórica que, a longo prazo, tornar-se-á ambígua, quase inacreditável. Ora, ninguém pode negar o fato de que a reunião de uma multidão de dez mil pessoas numa sala de concerto (isso sim é um público!) constitui uma espécie permanente de fingimento e de insinceridade, sobretudo se esse fenômeno mundano se insere, como muitas vezes é o caso, sobre um fundo de intrínseca indiferença à música. Aqui a doxa é a rainha. Aqui "aparentar" é tudo. *Todo mundo trapaceia*: René Crevel escreveu, ao que parece, essas palavras sobre um pedaço de papel antes de suicidar-se. De fato, aquilo que reina na república das letras e no campo da música é a trapaça geral. Crevel tinha razão. Os ricos que querem parecer pobres, os falsos mendigos com os seus falsos farrapos, os conformistas que querem parecer não conformistas, a retaguarda que se faz passar por vanguarda, os esnobes que adotam atitudes forçadas, que se irritam nobremente no concerto e que ovacionam, no entanto, a cacologia, todos cumprem o seu papel na encenação das artes e das letras... Sim, finjam compreender, pobres esnobes, sim, finjam pertencer à extrema vanguarda: eis o conselho que as próprias poltronas dão aos ouvintes que nelas se sentam. Assim dizem as poltronas do teatro dos Champs-Elysées: finjam, uns em relação aos outros e estes em relação aos primeiros. Com certeza, todos trapaceiam. No entanto, essa não pode ser uma razão para suicidar-se! É, ao contrário, uma razão para dizer aos pretensiosos: vocês não têm vergonha de fingir? Cessem, portanto, essa comédia! E quem sabe se, à noite, no anônimo segredo da solidão e quando ninguém os ouvir, quando não mais se virem obrigados a fingir, as pessoas do mundo e os espíritos fortes não voltem a ser, por uma noite, simples e naturais, autênticos e inocentes? Nesses momentos de verdade, com a suspensão das conveniências mundanas, eles não se sentem mais obrigados a fingir, em lugar do enfado que sentem, a admiração que não sentem; nesses momentos de verdade imaginamos os nossos grandes críticos impiedosos tocando para si mesmos, e somente para o seu deleite, uma mazurca de Chopin ou uma *dumka* de Tchaikóvski. O que toca, de fato, o crítico ferino vanguardista no anonimato, quando tem a oportunidade, por uma vez, de ser sincero? Toca algo de inconfessável do qual exala a única felicidade da melodia... pior ainda, talvez se entregue às delícias de um mau gosto cuidadosamente escondido! Recomendo-lhe, prosseguindo nessa mesma via, um pequeno jogo cruel para o uso dos salões e dos esnobes que os frequentam: o jogo do "De quem é?" Joguemos um instante o "De quem é?" Aceitam? Num elegante salão parisiense, à véspera da guerra de 1939, a rádio de repente retransmite uma peça límpida, incisiva e bem moderna que se distingue pelo seu frio encanto, pelo seu humor, pelas suas harmonias curiosas e insólitas, pelas suas sonoridades argentinas. Os ouvintes, cativados, abandonam os seus *sorbets* e fazem silêncio para ouvir, com a colher no ar. De quem é? As especulações rapidamente disseminam-se: seria um Ravel inédito? Não, talvez um Chabrier desconhecido... Nada disso, pronuncia um *connaisseur* bem informado e habituado a emitir oráculos: é, sem dúvida, algum capricho de Richard Strauss. Enfim, a retransmissão se conclui, e o locutor fornece a resposta da adivinhação: "Vocês acabam de ouvir o *Scherzo* para dois pianos em Si Menor de Camille Saint-Saëns!" Um incômodo silêncio recai sobre o salão, sobre os convidados e os autores da gafe. A anfitriã, consciente do mal-estar geral e do dano causado à sua reunião pelo nome de Saint-Saëns, desvia a conversação que retoma um novo tema, como se ninguém tivesse ouvido palavra.

A sua maneira de recordar, com a intenção de ser inoportuno, a existência de obras esquecidas ou não reconhecidas faz pensar na sua obstinação em comemorar a lembrança dos heróis obscuros – por exemplo, desses estudantes fuzilados por terem se manifestado em 1940 nos Champs-Élysées. Isso faz parte do seu modo particular de resistir às correntes dominantes nos campos da filosofia, da política e da música.

Ao nos afeiçoarmos aos músicos pouco tocados, às obras que o preconceito e a ignorância descartaram, tomaremos distância do esnobismo frívolo que borboleteia a cada estação no mesmo círculo imutável das ideias recebidas e que recusa a se render à evidência muitas vezes desconfortável de uma emoção verdadeira, por medo de perder o apoio das convenções e as vantagens do discurso mundano. É certo que o fato de dedicar a sua preferência àqueles não reconhecidos pode parecer uma mania. Contudo, por que seria necessário seguir sempre os itinerários insípidos do turismo filosófico ou musical? Por que devemos nos privar das descobertas que nos reservam os caminhos discretos e desviados, abandonados pelos que passeiam? As descobertas que neles podemos fazer não foram julgadas dignas de figurar nos guias azuis da cultura... No entanto, a necessidade de romper com as ideias recebidas e de adquirir novos hábitos não é somente válida para a música: a literatura e a filosofia também se nutrem de questões sempre revistas. Logo, é bem mais difícil admitir que tantas obras permaneçam à porta e não sejam convidadas a essas festas da releitura... É assim que (para não deixar o purgatório dos não reconhecidos) tentei por muito tempo atrair a atenção sobre Georg Simmel, filósofo judeu-alemão, espécie de fenomenólogo bem mais profundo, a meu ver, que Max Scheler. Simmel teve, no início do século XX, o seu público na Europa. A bela revista russa *Logos* publicou muitos artigos de grande importância de Simmel (*Metafísica da Morte*, em 1910, *Michelangelo*, em 1911, *A Tragédia da Cultura*, em 1911-1912), e os filósofos russos da época com frequência o citavam; o relativismo simmeliano exerceu grande influência na Itália sobre o cético Giuseppe Renzi, creio eu, e, mais particularmente, na Espanha sobre Ortega y Gasset, criador da *Revista de Occidente*, bastante impregnada do espírito de Simmel e da sua "filosofia da cultura". O alcance europeu de Simmel concentrou-se ao redor de meditações singularmente profundas sobre a Aventura, a Moda, as Ruínas, os Alpes, Roma, Veneza, o Retrato, a Caricatura. Ao fim da vida, ele muito se aproximou de Bergson. Simmel era, ao mesmo tempo, um artista, grande admirador de Rodin, e um filósofo perspicaz, brilhante, caprichoso, algumas vezes também difícil e obscuro, mas sem nada de dogmático ou de obtuso. É natural que fiquemos cansados de sempre repetir as mesmas coisas... E, em razão de pregarmos sem ninguém nos ouvir, algumas vezes ressentimos uma espécie de amarga complacência de viver absolutamente sós nesse universo que, há algum tempo, parece ter sido um grande reino cheio de magníficos tesouros e que, agora, é como um jardim onde nos sentimos em casa. Nele passeamos sem temor, entre rostos amigos, a salvo das vociferações indiscretas; até as suas alamedas não chegam as tagarelices ensurdecedoras e as redundâncias dos nossos contemporâneos. No entanto, seria injusto interpretar esse passeio como a mera recreação de um avarento que, absolutamente só, desfruta dos seus tesouros: pois o mais precioso de todos os tesouros é justamente essa liberdade, liberdade de amar verdadeiramente o que se ama. Não precisar mais se forçar, fingir; cessar de aplaudir sem convicção, ser, enfim, sincero... Que alívio! Talvez em breve a posteridade lerá novamente Georg Simmel, reconhecê-lo-á – pois as obras esquecidas, sepultadas, abafadas continuam a existir. Um dia ele será conhecido, um dia, cedo ou tarde, o não reconhecido será conhecido; ninguém nunca permaneceu desconhecido até o fim dos tempos, não. Nesse dia em questão, são os terroristas e os estrepitosos que serão aniquilados e, para sempre, aniquilados. Não deixarão nenhum rastro. O nome deles será esquecido, não se compreenderá mais o fato de terem podido fazer tanto barulho e não se poderá sequer saber que, um dia, existiram. Como está dito em *A Grande Páscoa Russa*[2], desaparecerão como desaparece a fumaça, derreterão como derrete o círio ao calor do fogo. Sim, todo mundo trapaceia: o compositor, os ouvintes e, até mesmo, as recepcionistas do teatro... No entanto, chegará um dia em que ninguém se forçará mais, em que todo o mundo participará sem dissimulação da grande festa da música.

---

2. *Svetly Prazdnik*, Op. 36: abertura de concerto para orquestra sinfônica, de Rimsky-Korsakov, que utiliza como temas excertos de cantos da liturgia ortodoxa russa.

28. A MEIA HORA ENCANTADA

O senhor não é um filósofo que se desoriente ou se corrompa ao escrever livros sobre música: na sua obra filosófica, percebe-se uma espécie de murmúrio de um centro ao redor do qual cada livro se organiza. Nas suas palavras de filósofo, sempre flui uma respiração musical, mas para se dar conta desse sopro, talvez seja necessário servir-se aqui de uma imagem um pouco gasta e não temer dizer que os seus livros se lançam na música como rios no mar.

A reflexão e o trabalho filosófico nutrem a prosa da existência, o dia inteiro de todos os dias, mas chega um momento em que o filósofo deve retornar à música, como o poeta, ao fim das palavras prosaicas, retorna ao poema. Quando participava de congressos, Jean Wahl costumava terminar uma comunicação tirando do bolso um poema por ele composto enquanto ouvia os outros conferencistas... No extremo limite, a música, ato "primário", é a negação desses atos secundários que chamamos de escrita, leitura, dicção. No extremo limite, existe o movimento maravilhosamente simples e até mesmo rude que consiste em não responder e, no lugar de toda resposta, sentar-se ao piano sem uma palavra sequer e *tocar*: eis a *Barcarola* de Chopin. O pianista a refaz, recria-a à sua frente. Por essa resposta que não é propriamente uma resposta, o pianista escolheu calar-se e *fazer*. Não é essa a melhor maneira de falar de Chopin? Durante muito tempo, amei a música com toda inocência, como algo absolutamente natural. Escrevia um livro de filosofia e, em seguida, um livro sobre Fauré ou Liszt: prosseguia assim, inocentemente, da filosofia à música, sem jamais me perguntar que elo poderia existir entre uma tese de doutorado sobre Schelling e a devoção a Janáček. Se deixei de ser inocente e se terminei problematizando a filosofia da música, isto se deu por tanto me ouvir perguntar, num mundo tão pouco musical, por que consagrei livros a músicos. De fato, por quê? E, sobretudo, para quem, meu Deus? E com que objetivo? Escrever um livro sobre Debussy quando se é professor de filosofia e sem que ninguém sequer tenha solicitado... Eu não havia notado até que ponto isso era estranho e até mesmo inconveniente. Que relação pode haver entre Bergson e Bartók? Bartók não é um autor incluído na grade curricular... Portanto, acabei por formular a questão! No entanto, quanto a essa questão, só a formulam aqueles que não vivem para a música ou que a banalizam e falam dela como de um *hobby*. Por que vocês praticam tênis, equitação, aquarela, violão? Aplicada ao piano, essa questão, repetida com frequência, obriga-nos a tomar consciência do fato de que o amor pela música, na França, não é suficiente por si mesmo, não é recebido como evidência, mas antes considerado como anomalia. A aquisição de um piano apresenta-se como luxo reservado a pessoas particularmente pretensiosas e necessariamente insinceras. Quantos franceses de alta cultura amam a poesia, a pintura, o teatro e, ao mesmo tempo, ignoram a música!

Um poeta-filósofo dotado de senso plástico refinado, mas vítima de surdez musical completa, só é concebível na França. Assim se explica a marginalidade da música em nosso ensino superior. Aqueles que chamamos de intelectuais não consideram a música, em geral, como um elemento sério da cultura. Consideram-na, no máximo, um agradável passatempo. O gosto das ideias, da dialética e do bem-dizer traduz a orientação de espírito especulativa do francês e torna ainda mais extraordinário esse milagre único que é a música francesa. Aí está o paradoxo: os franceses não amam a própria música. Essa flor maravilhosa, essa flor mágica da cultura francesa que é a música francesa é por eles rejeitada, que lástima! Ou antes a ignoram. Desconhecem essa floração excepcional de gênios e de obras-primas que a "escola francesa" não cessou de ser durante um século. A venturosa harmonia que existe entre a musicalidade do povo tcheco e as obras-primas da sua escola é, na França, uma felicidade desconhecida.

No entanto, essas questões sobre a música que o senhor não teria formulado se houvesse permanecido em Praga durante toda a sua vida, essas questões são inseparáveis dos seus livros, de todos os seus livros e não somente daqueles que escreveu sobre música. O senhor incansavelmente estreitou o elo que une a música à escrita, forçando-as a nutrirem-se uma da outra. A música recobre a escrita, abre-a ao inacabado e a escrita, por sua vez, cativa a música, acalenta o encanto.

A música é testemunha de que o essencial em todas as coisas é não-sei-quê de inapreensível e inefável; reforça em nós a seguinte convicção: a coisa mais importante do mundo é justamente aquela que não se pode dizer. Em relação a ela, nada vale a pena. Quando abandono a música pela filosofia, pareço retornar de uma viagem ao país do irracional, menos convencido que nunca da solidez das palavras. No entanto, quando deixo a mesa de trabalho para me sentar novamente diante do instrumento, pergunto-me se de fato o havia deixado. Uma vez ao piano, eu mesmo me interrompo, em algumas ocasiões, a fim de anotar uma ideia que não desejo perder e que não diz respeito necessariamente à música. Em seguida, novamente a escrita, o trabalho árido, o esforço ingrato para sustentar um discurso rigoroso e coerente em todos os pontos. Contudo, mesmo ao longo dessa ordenação maníaca de ideias indóceis, uma alegria imperceptível, certa leve embriaguez procedente do piano continuam a iluminar-me... Conservo em mim um eco da meia hora encantada – pois a meia hora é o tempo tradicional de uma sonata... Por uma tarde inteira consigo reter a minha leveza, o meu impulso e a minha alegria. Reminiscência evasiva ou exaltação poética, essa persistência do encanto não sacia, no entanto, o insaciável "tudo-ou-nada" que é a exigência própria da música. Nesse momento o piano está fechado, dorme, a música não existe; uma das mãos, um dedo será o bastante para que o teclado desperte, para que as teclas se animem, para que uma frase da *dumka* se erga do não ouvido, da grande reserva das músicas que fazem silêncio. Mas agora o piano dorme, como dormem esses discos bem redondos, negros e brilhantes e que mais se parecem a túmulos com os seus epitáfios. A música gravada não está tão ausente quanto os mortos? A música cochila aguardando ser *tocada*, isto é, ressuscitada. A emoção musical não depende, a cada vez, de uma ressurreição contínua? Escrever livros sobre música talvez signifique tornar presente a si mesmo o processo pelo qual se recria a todo momento essa emoção, mas não se podem extrair segredos da música senão por surpresa, empregando as astúcias da filosofia negativa. Eis por que se deveria encontrar uma maneira musical de se escrever sobre a música. Se me repreendem pelo abuso de metáforas, analogias ou correspondências tomadas de empréstimo de outras artes e de outros registros sensoriais, talvez isso ocorra por não compreenderem o seguinte: deveríamos escrever não "sobre" a música, mas "com" a música e musicalmente, permanecer cúmplices do seu mistério... No entanto, querer perenizar um mistério cuja operação é instantânea como o relâmpago e breve como a centelha não é uma aposta impossível de se manter? Aquilo que gostaríamos de captar em pleno voo é a música – "ela mesma e em si mesma", como teria dito Platão, é a operação do encanto... Uma vez imobilizado o voo do devir, não restam mais que algumas notas sob o bisturi da análise gramatical: rebelde a toda dissecação, a essência da música escapou. Do mistério nunca retemos mais que o antes e o depois, posto que não pensamos mais a música do que pensamos o tempo ou a morte. Aquele que pretende pensar a música pensa em outra coisa, desvia em direção às adjacências circunstanciais de uma ipseidade musical; e essa ipseidade está sempre em outro lugar e frustra toda localização. Um conto de Andersen, *O Sino*, faz alusão em termos admiráveis a essa pátria duvidosa: um sino soa misteriosamente na floresta e ninguém pode dizer onde está a igreja, onde está o campanário dessa igreja e o sino desse campanário, de onde vem o mavioso som. Do mesmo modo, os sinos longínquos da *Cidade Invisível de Kitej* ressoam no profundo silêncio da noite, em meio às vastas solidões que circundam o Volga... A Cidade mística é invisível, mas não inaudível. Kitej ausente e onipresente, Kitej que não aparece em nenhum mapa, não é ela a pura música em si mesma? Tolstói denunciou com violência, no seu romance *A Sonata a Kreutzer*, esse mundo inconsistente e decepcionante, cuja miragem a música faz cintilar diante de nós, para em seguida nos lançar de novo em nosso estado miserável. Tolstói vê-se ludibriado, considera tal encanto enganador, repreende uma sonata cujos sortilégios não mantiveram a sua promessa. Tolstói supõe equivocadamente que a música deveria constituir um enriquecimento, no sentido edificante dessa palavra. Ora, se lhe pergunto, em sintonia com Tolstói, o que trouxe dessa estranha viagem ao país da música, você terá de confessar que nada trouxe, que as suas mãos estão vazias. Você não poderá, como os burgueses que deram a volta ao mundo, fazer um balanço, apresentar filmes e objetos raros. Então, se a música não nos enriquece, se não deixa em nós qualquer vestígio material ou qualquer rastro durável, com qual nome devemos nomear o que Tolstói, no seu rancor passional, considera como uma exaltação sem fundamento e uma alegria no vazio? Como interpretar essas lições efêmeras que o concerto parece nos prodigalizar e cuja essência é logo desaparecer, absorvidas, anuladas pela vida cotidiana? Saindo do concerto, o ouvinte sente-se feliz, luminoso, confiante, mas em que consiste exatamente tal confiança? Trata-se de uma confiança em quê? É o complemento direto ou indireto que não chegamos a determinar. Uma exaltação sem causa, uma alegria imotivada, uma serenidade sem amanhã... E, no entanto, um não-sei-quê de indeterminado sobreviverá ao concerto e este não-sei-quê evoca uma espécie de fuga em direção ao horizonte. Não sei qual transformação pneumática fez do homem outro homem, e essa transformação o acompanhará secretamente como um viático sobre a rota aventurosa e apaixonante por onde ele caminha.

Como aqueles que consentiram uma vez a Sócrates, aqueles que um dia consentiram à música nunca mais serão os mesmos, pois a música exige uma adesão íntima que, de maneira invisível, inquieta e transtorna a ordem das coisas. Muitas vezes o senhor descreve a música como uma "manobra ilegal", uma "magia negra", uma "arte [...] de subjugar pela sugestão e de escravizar o ouvinte pelo poder fraudulento e charlatão da melodia [...]"[1]. Este temor de ser submetido a uma força desconhecida que age na penumbra não é a origem do que o senhor denomina a "recusa do encantamento"?

O homem razoável recusa ser cativado por razões que nada provam, que nada ensinam, que não admitem a mudança

1. V. Jankélévitch, *A Música e o Inefável*, p. 50.

nem a análise das ideias, mas que solicitam o silêncio de uma comunhão imediata. A vontade viril não deseja ser persuadida com a ajuda de manobras ilegais, insurge-se, assim, contra tais intrigas. Os arpejos, trilos e gorjeios do rouxinol não são argumentos, mas uma sedução indevida que leva ao consentimento; um vocalize é o contrário de uma razão; as fiorituras, o canto das sereias só servem para extraviar a odisseia de Ulisses e atrasam por seus desvios a sabedoria do caminho correto. Desse modo, Platão pretende regulamentar o uso do influxo musical e subtrair da cidade os modos patéticos da Ásia, as suas harmonias moles e queixosas que desmoralizam os guardiões da ordem. À música excessivamente musical, tomada por complicações polifônicas, prefere a austera monodia dória que estimula a coragem, acompanha as preces e coopera com a edificação da juventude. Platão vê com maus olhos a flauta enlouquecedora dos cortejos báquicos que irrita o espírito, debilita o vigor da alma e a priva da sua lucidez. Nietzsche, igualmente, guarda certo rancor ao eterno feminino musical: condena em "O Andarilho e Sua Sombra" os homens inclinados à veneração do inefável, renega a febre e os desejos ambíguos das almas musicistas[2]. Esse antigo rancor em relação à música tomou consciência de si no século XX e serve de pretexto para justificar uma verdadeira destituição do prazer musical. O vocabulário da moral e dos seus tabus foi transplantado para um campo no qual ele não tinha nenhuma relação. É assim que o homem vai ao encalço do "hedonismo" e se pune por um dia ter tido prazer com os almoços sobre a relva, com as diversões na água e as refrações da luz. Ele abdica do prazer de viver pelo prazer de morrer ao sensível: eu era culpado, encantei-me pelas *Banhistas ao Sol* de Séverac e pelo *Idílio* de Chabrier. Eram muito divertidos! Deve-se agora fechar as persianas, trancar-se e não deixar que entrem os perfumes da noite... É hoje o dia da grande

---

2. Ver *Humano, Demasiado Humano*, v. II, p. 127.

penitência e o eterno culpado começa a sua cura expiatória. O prazer não é, no entanto, a razão de ser e a lei natural da música? Scarlatti escreve no prefácio da sua coletânea de sonatas: não há outra regra para a criação musical além de causar prazer; o deleite dos sentidos e o atrativo são o verdadeiro objeto da música. Pode-se ainda entender a privação da arte, mas a privação em arte não seria absurda? Não seria confundir a criação estética com a ascese moral? Aquele que levanta contra a música a acusação de "hedonismo" aplica à arte uma categoria válida somente para a ética. Por outro lado, já que um dos grandes problemas da filosofia é conceder um estatuto ao sensível, uma vez que se oscila entre uma condenação sem apelação e os desvios da Modernidade, não seria a música um meio de se recuperar todas as energias do sensível e, consequentemente, a natureza inteira do homem? O processo de suspeição impingido ao prazer, o gosto masoquista da penitência, a adoração do cilício e o culto ao pão seco limitam gravemente essa abertura à totalidade do homem. Digamos mais: há um mistério do prazer; há um elemento sobrenatural no seu encanto e na sua força persuasiva, na tentação irresistível que ele exerce, na sua maneira irrisória e insensata de sobreviver a todas as boas razões. Esse é o caso do deleite refinado que se experimenta ao se escutar certas obras de Liadov; e esse deleite será tão mais misterioso quanto mais a sua profundidade não repousar em nenhuma inovação criadora, enfeitiçando-nos pelo único sortilégio da música, independentemente de toda particularidade da linguagem...

Tal desconfiança pode vir de uma exigência respeitável. O prazer, de fato, é ambíguo, e a música não tem nada a ganhar de um amor distraído que a destitui de si mesma de maneira mais radical que a simples surdez. Assim, músicos como De Falla ou Stravínski são, ao mesmo tempo, os músicos do prazer e do segredo, da abundância e do ascetismo. As suas preferências não se dirigem, afinal, aos músicos que liquidam toda gesticulação e verbosidade? "A árida e avarenta concisão de um Ravel, a austeridade de um De Falla e a heroica contenção de um Debussy são para o exibicionismo afetivo e para a incontinência musical uma lição de pudor e sobriedade."[3] *Isso porque, se a música possui, em primeiro lugar, a função de agradar, ela só a atinge à custa de longas pesquisas, renúncias, serenatas interrompidas...*

A arte não deve recusar o encanto, deve somente refiná-lo e aprofundá-lo: do prazer não recusa senão a repugnante facilidade. É porque nessa religião geral do gozo desenfreado, deve-se, certamente, ter cuidado em não confundir a austeridade hipócrita, que é violência contra a natureza ou simples gracejo metafísico (pois esta recusa da forma sensível chama-se violência), com a austeridade verdadeira, que é exigência de um prazer mais difícil e mais secreto. É nesse prazer difícil e não na fobia suspeita do prazer que se radica o ascetismo de um De Falla ou de um Fauré. É a partir dessa exigência que Debussy se tornou o militante do prazer musical: em 1894, o seu *Prélude à l'après-midi d'un faune* descobre as novas terras da voluptuosidade infinita e do deslumbramento sonoro. Com Debussy, é a própria música que, em plena lucidez, consente ao canto das sereias... A bem da verdade, a música se confronta com duas espécies de recusa: por um lado, a recusa tranquila dos surdos que não a ouvem e que se divertem ou se espantam com o amor que nutrimos por ela; por outro, a recusa suspeita dos rancorosos que sentiram um prazer culpável ao escutar *Gaspard de la nuit* e que se repreendem pela própria fraqueza. Sem dúvida, esse sentimento de culpabilidade tem por origem a alternativa fictícia à qual acreditamos estar submetidos: parece que sou intimado a escolher entre uma música programática cuja irrisória função seria exprimir isto ou aquilo e uma

---

3. V. Jankélévitch, *A Música e o Inefável*, p. 99.

combinação formalista que seria livre de toda vontade de expressão. Ora, a música não exprime nada de descritível, de demarcável ou de localizável, do qual seria urgente despojá-la: a música nada quer dizer e se continuamos a falar de música "expressiva" é por mera aproximação, na ausência de outra palavra capaz de descrever tal conteúdo indeterminado. Nesse sentido, um estudo de Chopin é tão "puro" quanto qualquer obra contemporânea amuralhada nas suas fobias e no seu maníaco temor de exprimir o mínimo sentimento ou sugerir a mínima lembrança. A música nada exprime, mas, retrospectivamente, *terá exprimido* algo sem o ter desejado, em plena inocência. A música canta "lateralmente": arrasta-nos no indefinido, de outro lugar a outro lugar, em direção ao que é sempre outro e de outro modo e, dificilmente, será pega em flagrante delito de exatidão literal... No entanto, aqueles que estão submetidos ao dilema e dizem sim ao demônio da austeridade experimentam algumas vezes a necessidade de tirar umas pequenas férias bem merecidas e, na sua ambivalência, voltam-se então aos prazeres fáceis do *bel canto* ou, pior ainda, às valsas de Johann Strauss e à confeitaria vienense! Após o enfado e os seus suplícios, chega a hora do relaxamento! Aqueles que nunca fizeram penitência não têm tanta necessidade da opereta vienense! Quando não temos nenhum complexo de frustração, nada pode perturbar uma espécie de serenidade que torna inúteis os prazeres compensatórios. O problema consiste em poder admirar a obra de Schönberg sem deixar de admirar a obra de Ravel ou de Borodin. Além disso, Schönberg admirava Ravel... A violência austera e o gosto senil pelas voluptuosidades de substituição sempre ignorarão essa difícil voluptuosidade que é a música no mais secreto dela mesma.

29. À LUZ DO AR LIVRE

O seu amor pela música, como o seu amor pelo piano, repousa sobre uma ingenuidade obstinada que o afasta de toda música que o senhor considera hostil a certa qualidade de alegria, a essa sóbria embriaguez que constitui o terreno dos músicos amados pelo senhor.

Existem muitas obras às quais permanecemos inexplicavelmente insensíveis, e de nada serviria repreender a nossa sensibilidade pela surdez e cegueira em relação a elas. Não nos cansamos de sustentar e, até mesmo, de justificar, querendo ou não, o registro das nossas preferências. O essencial é não atribuir um significado dogmático àquilo que carrega testemunho da nossa vida e das suas afeições. É assim que certas obras, como aquelas de Bach, permanecem para mim impenetráveis. Quando morava em Praga na minha juventude, dividia o meu tempo entre a Ópera Nacional, onde se encenavam as óperas tchecas e eslovacas – Smetana, Dvořák e Janáček –, e o Neues Deutsches Theater, onde se encenavam Wagner e Strauss. É preciso lhe dizer de que lado estava o meu coração? Ainda em Praga ouvi todas as sinfonias de Mahler: Bruno Walter vinha de Viena para regê-las na sala Lucerna. Embora tenha momentos sublimes, especialmente na segunda parte (cena final do *Fausto* de Goethe), a *Sinfonia N.8* de Mahler em nada se assemelha às peças com as quais sonhava Monsieur Croche e "que brincariam e planariam sobre o topo das árvores, à luz do ar livre"[1]. A música alemã é demasiadamente subjugada pelo nada, demasiadamente habitada pelo desejo do grandioso; ela vira as costas de modo excessivamente obstinado à "colaboração misteriosa do perfume das flores", das curvas do ar e do movimento das folhas. Quanto a mim, admiro quando a música não é surda à canção do vento na planície, nem insensível aos perfumes da noite. "O delicioso prazer de uma ocupação inútil": essas palavras de Henri de Régnier, inscritas por Ravel no cabeçalho das suas *Valsas Nobres e Sentimentais*, poderiam servir de epígrafe a toda a música francesa. Esta não é somente o espaço infinito que o vento do oeste atravessa a galope caçando as nuvens: é ainda um espaço encantado, ilha alegre ou jardim fechado. Os músicos franceses encontram-se nesse jardim, o mais belo dos jardins: aquele onde florescem as mais belas rosas do prazer musical. Na França, músicos austeros celebram com outros a grande festa de suavidade, deixam cantar as delícias da sonoridade, dedicam-se ainda à felicidade do timbre, da harmonia e da secreta plenitude. Esse é o caso de Roussel, assim como de Déodat de Séverac, de Magnard, de Louis Aubert e Paul Le Flem. A música que amo é destituída de exibicionismo. Eis aqui uma página onde tudo está encoberto, velado, tudo em meias-tintas e à meia-luz: este é o *appassionato* à francesa. Talvez se

---

1. C. Debussy, Considerações Sobre a Música ao Ar Livre, *Monsieur Croche e Outros Ensaios Sobre Música*, p. 69-71.

possa dizer que a música francesa seja a música da felicidade, caso também não expressasse a melancolia e a dor muda, caso não escondesse, como ocorre em Darius Milhaud, reservas extraordinárias de força e de violência contida. De qualquer modo, é uma música que nunca se esquece da sua condição de música, nunca renuncia a seduzir esse órgão que temos dos dois lados da cabeça e que chamamos de ouvido... Órgão, por sinal, um pouco esquecido nos dias de hoje! A felicidade da sonoridade, a espontaneidade criadora, a suave melancolia e a violência fulminante, só encontro todas essas características, no mesmo grau, nos grandes gênios da música russa.

Na música francesa, o trágico permanece sempre recuado. A música russa e a música espanhola, ao contrário, ignoram essas reticências: há nelas uma profusão, um abandono que não encontramos em Debussy e muito menos em Ravel. No entanto, esses repertórios se entrelaçam na sua obra e chegam a constituir um mundo.

Reivindico um direito que a música é capaz de me dar: poder apreciar obras tão diferentes umas das outras. As preferências em matéria de gosto musical não pretendem formar um sistema coerente nem mesmo ser conciliáveis entre si. Em oposição às doutrinas filosóficas, que implicam um sistema de ideias, e mais ainda às doutrinas políticas, que pressupõem *a priori* a proibição de se contradizer, o sensível reconhece uma única lei: a do pluralismo e do plural. Como manter na sua vida a perfeita harmonia dos atos e das palavras e a coerência interna das palavras, como vigiar de uma só vez a conformidade da intenção e do discurso e o ordenamento rigoroso dos diferentes elementos desse discurso? No mundo das ideias, deve-se lutar a cada dia e passo a passo para não se contradizer, até mesmo para não se desmentir e, por uma razão ainda maior, para não se renegar. A fidelidade é uma criação contínua e a infidelidade é o perigo de cada minuto. Ao contrário, tenho o direito de ao mesmo tempo gostar de Albéniz e de Scriábin, sem experimentar o sentimento de me contradizer nem a necessidade de me justificar; sem precisar prestar contas a quem quer que seja. Tenho também o direito de admirar tanto Magritte quanto Claude Lorrain sem o mínimo remorso, sem me reconhecer culpado. Leibniz, filósofo da Harmonia, justifica Deus na sua Teodiceia a partir do mundo torto e atáxico por ele fabricado. Mas as preferências de Pedro e de Paulo não precisam ser justificadas. Por quê? Porque os prazeres são muitos. Não há um sistema de prazeres. Como você é capaz de gostar de Bartók, uma vez que gosta das Baladas de Chopin? Pode-se responder a essa questão dizendo que ela se coloca um problema inexistente. A sensibilidade é plural e diferencial. Não organiza em torno de si um mundo sistemático, um mundo de coerência bem redondo e administrado como o faz um ser humano religioso que coloca todos os valores em harmonia com a sua fé. Isso porque há duas ordens heterogêneas que não devem ser confundidas: uma que se refere à "sistematologia", à organização dogmática das ideias (ainda que os valores sejam essencialmente esporádicos), a outra que se refere à sensibilidade, mundo fantástico, multicor como a veste de Arlequim, dirigida a todos os caprichos do coração, cedendo à *humoresque* do prazer. O imperialismo de cada valor considerado à parte é o responsável pelo caráter esporádico dos valores, e é este que gera as colisões, as discórdias, os casos de consciência: pois cada valor deseja abarcar a totalidade e pretende reconstituir todo o universo. No entanto, o pluralismo das qualidades sensíveis nada gera a não ser divertida e pitoresca confusão de cores. Nesse buquê de qualidades, uma flor não exclui a outra! Se confundirmos essas duas "ordens", como dizia Pascal, seremos como o geômetra que, depois de ter assistido a uma tragédia de Corneille, perguntava: "O que isso prova?"[2] De resto, não presto mais contas a ninguém a

---

2. Anedota relatada por Schopenhauer no primeiro volume de *O Mundo Como Vontade e Como Representação*, livro III, § 36, p. 218-219.

respeito do que devo amar ou não. Os terroristas me aterrorizaram o suficiente na minha vida. Agora não tenho mais medo. Decidi ser sincero.

O senhor, no entanto, construiu entre esses músicos tão diferentes uma singular cumplicidade, uma cumplicidade que se parece com uma resistência.

A música faz alusão tacitamente a uma espécie de tragédia longínqua e difusa, a um trágico sem causas que é o trágico da existência. Esse trágico imotivado é a irreversibilidade do tempo. A música não o diz expressamente, mas cada qual o compreende, e, se a despojamos dessa melancolia fundamental, dela nada mais resta. A música quase não existe, só existe pela graça de certos movimentos infinitamente frágeis, e basta um quase-nada para que ela absolutamente não exista mais. A sua própria continuação discursiva requer pulsões e emoções fugidias que ocorrem no instante. Contudo, pela sua função libertadora e catártica, a música é, ao mesmo tempo, tanto matinal quanto noturna: acompanha paradoxalmente a festa, a dança e os saltos. Isso não quer dizer que a música exija necessariamente ser dançada. No lugar disso, digamos: é a própria música que dança e, misteriosamente, faz participar o nosso corpo no seu ritmo e o arrasta na sua dança. Longe de se reduzir a um passo, a uma figura, a uma roda, a pontuações, a música nos envolve e nos penetra, pois é vasta e infinita como o mar; o que derrama em nós é a alegria inteiramente pura. Nesse ponto, a música francesa e a música russa entrelaçam-se: a energia libertadora que delas emana nos arranca da introversão infeliz, da introspecção preocupada e sedentária, de tudo o que é estagnante. Em qual obra encontraríamos uma irrupção de música comparável àquela do *Príncipe Ígor*, de Borodin? Não, nada se compara à generosidade da música russa, à embriaguez bem particular e ao alegre entusiasmo que nos arrebatam assim que se eleva a sua voz. Ela é, certamente, mais agaloada que a música francesa; algo, porém, é comum a ambas – o enfeitiçamento que provocam não é da ordem dos malefícios, é um impulso em direção à luz e ao alto, em direção às promessas da manhã. Se a fascinação é, com frequência, obsessiva e imobilizadora, o enfeitiçamento borodiniano, com os seus pedais nostálgicos, é o prelúdio de uma embriaguez. As promessas da manhã que nos questionam ao início de *La Mer*, em Debussy, e mais tarde no murmúrio dos riachos que ouvimos desde os primeiros compassos da terceira parte de *Daphnis*, o sino das oito horas da manhã as anunciava para nós ao fim de *Uma Noite no Monte Calvo*, de Mussórgski; ao fim do terceiro ato de *A Noite de Natal* e da grande magia ucraniana de *A Noite de Maio*, de Rimsky-Korsakov, o esplendor da aurora sucede aos enfeitiçamentos do luar. No que se refere aos Balés Russos, posto que a Alemanha se encontra entre a Rússia e a França, era de se esperar que na Alemanha as ondas vindas da Rússia produzissem o abalo mais potente. No entanto, os Balés Russos, nascidos em São Petersburgo, precisaram de Paris para que a música russa e a música francesa pudessem intercambiar as suas "gaias ciências". A essa aventura libertadora, não se deve deixar de associar a música espanhola, em particular, Albéniz: desse grande gênio, dever-se-ia dizer, como foi dito a propósito de Baudelaire, que inventou um novo frêmito. É na suíte *Ibéria* de Albéniz que Dionísio estabeleceu aliança com a nostalgia... Desse modo, Albéniz teria satisfeito o desejo de Nietzsche talvez melhor ainda que Bizet[3]. (Não é esse também, em certo sentido, o caso de Darius Milhaud?) A música de *Ibéria* é, ao mesmo tempo, ariana, trazendo a luz do dia às mulheres de Barba Azul

3. Jankélévitch retoma, nesta passagem, a sua intuição, já registrada em *A Música e o Inefável* (p. 57), de que a música de Isaac Albéniz poderia se sintonizar com o projeto estético-musical da terceira fase de Nietzsche. Como sabemos, o enaltecimento da ópera *Carmen*, de Bizet, como antídoto à grandiloquência artificial e ao sentimentalismo decadente atribuídos ao drama musical wagneriano, é feito pelo filósofo alemão no ensaio *O Caso Wagner*.

e Sócrates indicando o Sol aos prisioneiros da Caverna. Só faltou a Nietzsche conhecer Albéniz para tornar mais convincente a sua ruptura com o filtro de Tristão e mais decisiva a sua conversão às composições musicais da luz.

Assim acaba surgindo uma coerência, uma harmonia que o senhor mesmo soube revelar, caracterizando com uma frase as músicas que ama: "o enfeitiçamento que provocam não é da ordem dos malefícios". E as palavras, com efeito, que, para designar a força da persuasão musical, o senhor toma emprestado da linguagem da magia negra e das manobras clandestinas, deveriam consagrar a música à desordem, à confusão, aos abismos do irracional. Ora, a música para o senhor – eis o paradoxo – opõe uma resistência aos abismos, é mesmo a expressão privilegiada dessa resistência, como se a habitasse uma espécie de vontade reparadora que a unisse à força "eternamente ativa e santamente criadora" da qual fala Fausto e sobre a qual bate em vão o "punho gelado do diabo". Se a música é noturna, é porque arranca a noite das trevas, é porque é uma noite que recebeu o dia.

> Oh morte, poeira de estrelas
> Levanta-te sob meus passos!
> Vem, suave onda que brilha
> Nas trevas;
> Carrega-me no teu nada![4]

Com esses versos é concluído o ciclo de canções *La Chanson d'Ève* (A Canção de Eva): mas o nada que aqui margeia o horizonte não é um nada negro, um nada de perdição; não é o nada do aniquilamento nas trevas! O nada é o abismo de uma imensa noite de primavera, o canto da alma que retorna às estrelas após ter perfumado "a terra

---

4. "Ô mort, poussière d'étoiles, / Lève-toi sous mes pas! / Viens, douce vague qui brille / Dans les ténèbres; / Emporte-moi dans ton néant!" Versos iniciais da canção "Ô mort, poussière d'étoiles", décimo e último número do ciclo *La Chanson d'Ève* (música de Gabriel Fauré sobre poemas de Charles van Lerberghe).

sombria e o sopro dos mortos". A música é solicitada por ocupações mágicas e inquietantes, como as bruxas em "El Albaicín"[5] (o bairro cigano de Granada) que fabricam misteriosas tisanas, dançam a dança do fogo, rompem todo laço com a atividade do dia. Contudo, o poder que exerce sobre nós esse grande rebuliço onírico deve-se ao seguinte: atrás do rebuliço esconde-se a promessa dos sinos matinais, os mil gritos dos pássaros da aurora, a alegre cacofonia da natureza que desperta. Ao fim de *El Amor Brujo*, quando, em meio à alegria, ressoa o bruaá dos carrilhões, os fantasmas se dispersam, a noite se retira com o seu cortejo de assombrações e de obscuras metamorfoses; pois o amante da meia-noite, o espectro, o filho da confusão noturna não era nada mais, nada menos que a morte. Quando o amante da meia-noite dá lugar a Carmelo – o amante da aurora –, o alegre ângelus soa a derrota do terror, do inverno e da angústia: não estávamos enganados, o enfeitiçamento era efetivamente a promessa de um encantamento[6]. Assim, nessa vida tensa e convulsiva como a nossa, a música, mesmo a mais dilacerada, desliza como promessa de reconciliação, como esperança de se tornar novamente, de acordo com a bela expressão de Platão, amiga de si mesma. De fato, essa condição de estar possuído pela música talvez seja a única forma sob a qual o adulto, ressecado e preocupado, reencontra, para nela mergulhar, a piscina da inocência. Aquilo que a música desperta com a sua complexidade harmônica, a sua ciência sonora, as suas poções mágicas, são coisas muito simples, essas humildes coisas ternas e há muito perdidas que Ravel recolheu na noite encantada de *L'Enfant et les sortilèges* (A Criança e os Sortilégios).

---

5. Primeira peça do livro III, da suíte para piano *Iberia*, de Isaac Albéniz.
6. Referência ao enredo do balé *El Amor Brujo*, de Manuel de Falla. Em *A Música e o Inefável* (p. 177), a cena final dessa obra é igualmente citada, com o mesmo objetivo de ilustrar a conversão musical do enfeitiçamento (indizível) ao encantamento (inefável).

"Ela é boa, a Criança, ela é sábia, tão sábia, tão boa. Ela pensou a ferida, estancou o sangue..." São as palavras que Colette e Ravel, no fim do poema por eles composto, fazem cantar no coro das feras domesticadas. A essa doce reconciliação assemelha-se, a meu ver, a sua decisão sempre vulnerável de acabar, por meio dela, com a angústia. E se a música atravessa, de modo invisível, todos os seus livros, não é porque ela é capaz de colocar a morte em suspenso? De fato, o que a morte interrompe não é o tempo triunfante, mas antes o tempo perdido.

Na medida em que é temporal, a música pode parecer intimamente ligada à morte... Mas em que sentido? Seria porque a esconjura ao cantar ou porque a exprime do modo mais imediato? Essa centelha que nada ilumina e que é a única luz preciosa de que dispomos em nossas trevas, esse sopro inquietante que é inexplicavelmente portador de uma louca esperança, esse bálsamo que pensa a nossa ferida e parece prestes a nos curar da morte, mas prestes apenas, é a música? Se realmente queremos deixar entre parênteses todas as metáforas e maneiras de falar relativas à catarse musical, deveremos admitir uma disparidade que por si só reflete a ambiguidade essencial da música. A música é, ao mesmo tempo, sedativa e inquietante, ou seja, acalma e inquieta. Compreendemos por que a música, tendo por dimensão natural a temporalidade, carrega mais ou menos a marca do inacabamento: tudo o que se desenvolve na sucessão temporal, mesmo quando se trata de uma dança ou de uma peça jocosa, destila, em um momento ou em outro, algumas gotas de melancolia. Tudo o que é precário, fugaz, evasivo, mesmo quando se trata da mais serena das fugas, exala alguns eflúvios infinitesimais de um perfume amolecedor. A própria fuga é sempre em alguma medida uma escapada, apesar da sua sólida estrutura, e o tema ao qual ela faz retornar nunca é uma repetição idêntica, pois reaparece ao fim de um desenvolvimento temporal... A segunda vez é sempre primeira e nova! Chamamos a inquietação imotivada que se segue no ouvinte de uma indefinida nostalgia, porque, não tendo causa, tampouco possui verdadeiro nome... São os próprios dedos que se entristecem sobre as teclas: como já dissemos, a música é, de modo bem natural, a linguagem da nostalgia. Até mesmo quando ela se repete, as suas repetições se sucedem numa temporalidade que nunca volta atrás; mesmo quando parece retornar sobre os seus próprios passos, ainda caminha adiante. Na medida em que fala a língua do lamento, a música é consciência infeliz e parece ligada à morte por algum fio secreto. É essa a parte do enfeitiçamento mortal. Por outro lado, eis agora também a parte da sedução e da graça persuasiva. Entre as seis peças que Federico Mompou intitula *Charmes*, a quinta canta para "evocar a imagem do passado", mas a primeira se oferece para "adormecer o sofrimento", a quarta para "realizar curas", enquanto a última para "convocar a alegria"... De fato, não é menos verdadeiro que o homem, convertido à paz pelo encanto (*charme*), atinge a sua plenitude graças à música. A música está no tempo, mas não é menos verdadeiro que ela torna insensível a miséria do escoamento temporal: o homem desperto, preenchido, arrebatado pelo encantamento musical não sente mais o enfado da temporalidade vazia. É uma ressurreição! A música transporta e retém o músico numa espécie de eterno presente onde a morte não tem mais vez; ou melhor, é um modo de viver o insuportável da eternidade. A música, mesmo quando parece fúnebre, como aquela de Chopin, não me fala verdadeiramente da morte. A música não fala senão da música. Quer esteja ligada à dança do pobre camponês, ao acalanto da criança doente, aos clamores da batalha ou, como na *Serenata*, à suavidade inebriante de uma noite de primavera, a sublime música dos *Cantos e Danças da Morte*, de Mussórgski, ainda fala da vida, evoca as suas canções e os seus perfumes. Como a poesia, palavra encantada, e como a própria pintura, a música é toda ela positividade; a música é uma palavra que diz sim: é uma conquista sobre o silêncio e sobre o nada. Não é o encanto vitalidade? Na música exprime-se a força do encanto, que concede o sabor de viver e amar. Eis aqui, definitivamente, a ambiguidade que não podemos resolver: a música é e não é a linguagem da morte. *Cum mortuis in lingua mortua* (com os mortos, numa língua morta), lemos nos *Quadros de uma Exposição* de Mussórgski... O mistério vivo do inefável contradiz o segredo mortal do indizível, mas é justamente por essa razão que ele o implica. A vida só me fala da vida, estamos de acordo; nada na vida me fala da morte. Contudo, num outro sentido, tudo me fala da morte. Ela, a onipresente, a oniausente, a negatividade escondida que faz viver a vida, que está em toda e em nenhuma parte. O mistério da morte está presente na própria existência, nesses cantos de pássaros, nesses perfumes longínquos trazidos pelo hálito da primavera, nos quais tentamos lê-lo avidamente. Nada me fala dela e tudo me fala dela: esse riacho tranquilo, esse passeio nos campos, o perfume dessas flores, o vento morno dessa primavera.

O senhor escreveu que se pode, enfim, viver sem filosofia, sem música, sem alegria e sem amor, mas não tão bem[7]*. Ao ler a sua obra, no entanto, a música não parece se encontrar no mesmo nível que os outros temas: ela não estava presente desde o início? Sem ela, o que seria para o senhor da filosofia, da alegria e do amor?*

Sim, às vezes chego a me perguntar se o fato de ter uma existência minimamente musical, de ter consagrado muito tempo a um instrumento, não provoca uma levíssima embriaguez que a cada instante nos acompanha e inebria. Estar frequentemente mais exaltado do que se considera razoável, estar feliz sem motivo (hoje, infelizmente, só se pode ser feliz sem motivo, pois os motivos nunca são

---

7. "Pode-se, afinal, viver sem o não sei quê, como se pode viver sem filosofia, sem música, sem alegria e sem amor. Mas não tão bem." Ver V. Jankélévitch, *Philosophie première: Introduction à une philosophie du "presque"*, p. 266.

335

motivos de felicidade), não é essa a suave embriaguez que devemos à música? Embriaguez quase impalpável, imponderável, como vapor que sobe rumo ao Sol e nos eleva, dando-nos um coração primaveril. De fato, a música está presente sobre a Terra, rodeia-nos como uma amiga e a plenitude da sua evidência nos dá coragem para viver, escrever, continuar. Digo a mim mesmo sem cessar: a nossa companheira, a música, ainda está presente; apesar de tudo, concede-nos as suas suavidades e a sua felicidade sonora que nascem da matéria vibrante, corda, cobre ou bronze. Está presente, mesmo se muitos não consentem em ouvi-la. A embriaguez musical talvez se pareça com uma esperança, desde que não nos perguntemos: esperança de quê? Esperança em quê? Espero... com a condição de não enfatizar, grosseiramente, o complemento direto ou indireto que é a determinação da qual a consciência precisa. No momento em que você formula a questão, você se torna mais uma vez infeliz, porque está aplicando à música categorias e questões que não são feitas para ela, às quais ela não pode responder. Assim, Orfeu perde Eurídice porque não lhe basta adivinhar a sua trêmula presença. Esse saber irrisório não lhe basta e ele se volta, imprudente, para assegurar a sua felicidade e verificar a presença desta. E por que Orfeu não deveria olhar Eurídice? Ao tomar consciência desse dom gratuito, ele se tornava um proprietário que usufrui com toda complacência da sua posse e vive das rendas do impalpável... Ele transformava a amada em objeto precioso. Ocorre o mesmo com essa tão frágil oportunidade que caminha atrás de nós: não devemos olhar para ela nem, sobretudo, interrogá-la, nem fazer com que ela se confirme. Não lhe coloquemos questões, caso contrário voltará aos Infernos, junto a Plutão, no Hades de onde veio. Que a nostalgia nos baste! "A estação é bela e a minha parte é boa"[8]... Mas eis que recomeçamos a pensar nela e paramos de dançar

---

8. "La saison est belle et ma part est bonne": verso extraído de "L'Hiver a cessé", de Paul Verlaine (*La Bonne Chanson*, n. 21), musicado por Gabriel Fauré (*La Bonne Chanson*, n. 9).

e de cantar… O despreocupado torna-se preocupado e teme perder a sua joia. Não nos voltemos à nossa inocência. Tomemos antes por modelo essa flor das estepes da qual fala Liszt: finca na areia raízes tão superficiais que basta o menor vento para levá-la. Nós a chamamos de "a Noiva do vento".

REFERÊNCIAS
Utilizadas nas Notas da Tradução

Livros

AGOSTINHO. Confissões; De Magistro. *Santo Agostinho (Os Pensadores)*. Tradução de J. Oliveira Santos, S.J.; A. Ambrósio de Pina, S.J.; Angelo Ricci. São Paulo: Abril, 1973.

ARISTÓTELES. *Le tre etiche: testo greco a fonte*. Ensaio introdutório, tradução, notas e comentários de Arianna Fermani. Milano: Bompiani, 2008. (Col. Il pensiero occidentale.)

BAUDELAIRE, Charles. *As Flores do Mal*. Tradução, introdução e notas de Jamil Almansur Haddad. São Paulo: Max Limonad, 1981.

BERGSON, Henri. *O Pensamento e o Movente: Ensaios e Conferências*. Tradução de Bento Prado Júnior. São Paulo: Martins Fontes, 2006.

CAMPOS, Augusto. *O Anticrítico*. 2. ed. São Paulo: Companhia das Letras, 2020.

CAMPOS, Haroldo de. *Deus e o Diabo no Fausto de Goethe*. São Paulo: Perspectiva, 1981.

CRAFT, Robert; STRAVÍNSKI, Igor. *Conversas Com Igor Stravínski*. Tradução de Stella Rodrigo Octavio Moutinho. São Paulo: Perspectiva, 2010. (Col. Debates.)

CRUZ, são João da. *Obras Completas*. Organização geral de Frei Patrício Sciadini, OCD. Tradução das Carmelitas Descalças de Fátima

(Portugal), Carmelitas Descalças do Convento de Santa Teresa (Rio de Janeiro) et al. 4. ed. Petrópolis: Vozes, 1996.

DEBUSSY, Claude. *Monsieur Croche e Outros Ensaios Sobre Música*. Tradução de Raquel Ramalhete. Rio de Janeiro: Nova Fronteira, 1989. (Col. Teatro, Cinema, Televisão e Música.)

FÉNÉLON. *Œuvres complètes de François de Salignac de la Mothe Fénelon*. Paris: Briand, 1810. V. IV.

GRACIÁN, Baltasar. *A Arte da Prudência*. Prefácio e notas de Jean-Claude Masson. Tradução de Ivone Castilho Benedetti. São Paulo: Martins Fontes, 2001.

HEINE, Heinrich. *Buch der Lieder*. Disponível em: <http://www.digbib.org>. Acesso em: 22 abr. 2020.

HUGO, Victor. *La Légende des siècles*. Disponível em: <https://fr.wikisource.org>. Acesso em: 7 maio 2020.

LISCIANI-PETRINI, Enrica. *Charis: Essai sur Jankélévitch*. Tradução de Antoine Bocquet. Paris/Milano: J. Vrin/Mimesis, 2013.

LISCIANI-PETRINI, Enrica (org.). *In dialogo con/En dialogue avec Vladimir Jankélévitch*. Milano/Paris: Mimesis/J. Vrin, 2009.

JANKÉLÉVITCH, Vladimir. *A Música e o Inefável*. Tradução e prefácio de Clovis Salgado Gontijo. São Paulo: Perspectiva, 2018.

____. *L'Irréversible et la nostalgie*. Paris: Flammarion, 2014. (Col. Champs essais.)

____. *Curso de Filosofia Moral*. São Paulo: Martins Fontes, 2008.

____. *O Paradoxo da Moral*. São Paulo: Martins Fontes, 2008.

____. *Liszt: Rhapsodie et improvisation*. Edição elaborada por Françoise Schwab. Paris: Flammarion, 1998.

____. *Primeiras e Últimas Páginas*. Prefácio, notas e bibliografia de Françoise Schwab. Tradução de Maria Lúcia Pereira. São Paulo: Papirus, 1995. (Col. Travessia do Século.)

____. *La Musique et les heures*. Paris: Seuil, 1988.

____. *Philosophie première: Introduction à une philosophie du "presque"*. 2. ed. Paris: Quadrige/PUF, 1986.

____. *Le Je-ne-sais-quoi et le presque-rien, v. I. La Manière et l'occasion*. Paris: Seuil, 1980.

____. *Le Je-ne-sais-quoi et le Presque-rien, v. II. La Méconnaissance, le malentendu*. Paris: Seuil, 1980.

____. *De la musique au silence, v. I. Fauré et l'inexprimable*. Paris: Plon, 1974.

____. *Traité des vertus, v. III. L'Innocence et la mechanceté*. Paris/Montréal: Bordas, 1972.

____. *La Mort*. Paris: Flammarion, 1966.

KIERKEGAARD, Søren. *Temor e Tremor*. Tradução, introdução e notas de Elisabete M. de Sousa. Lisboa: Relógio D'Água, 2009. (Col. Filosofia.)

____. *Étapes sur le chemin de la vie*. Traduzido do dinamarquês por F. Prior e M.-H. Guignot. Paris: Gallimard, 1975.

NIETZSCHE, Friedrich Wilhelm. *Humano, Demasiado Humano: Um Livro Para Espíritos Livres*. Tradução, notas e posfácio de Paulo

César de Souza. São Paulo: Companhia das Letras, 2017. V. II. (E-book.)

____. *O Caso Wagner: Um Problema Para Músicos; Nietzsche Contra Wagner –Dossiê de um Psicólogo*. Tradução, notas e posfácio de Paulo César de Souza. São Paulo: Companhia das Letras, 1999.

NIZAN, Paul. *Aden, Arábia*. Tradução de Bernadette Lyra. Prefácio de Jean-Paul Sartre. São Paulo: Marco Zero, 1987.

OSBORNE, Charles. *Dicionário de Ópera*. Tradução de Júlio Castañon Guimarães. Verbetes brasileiros de Marcus Góes. Rio de Janeiro: Guanabara, 1987.

PASCAL, Blaise. *Œuvres complètes*. Texto organizado e anotado por Jacques Chevalier. Paris: Gallimard, 1954. (Bibliothèque de la Pléiade 34.)

PÉGUY, Charles. *Œuvres poétiques complètes*. Introdução de François Porché. Cronologia da vida e da obra de Pierre Péguy. Paris: Gallimard, 1948. (Bibliotèque de la Pléiade 60.)

PLATÃO. *A República (ou Da Justiça)*. Tradução, textos complementares e notas de Edson Bini. São Paulo: Edipro, 2012.

____. *Diálogos, v. VIII: Parmênides; Filebo*. Tradução de Carlos Alberto Nunes. Belém: Universidade Federal do Pará, 1974. (Col. Amazônica.)

RILKE, Rainer Maria. *Os Cadernos de Malte Laurids Brigge*. Tradução e notas de Renato Zwick. Porto Alegre: L&PM Pocket. (E-book.)

SALES, São Francisco de. *Tratado do Amor de Deus*. Petrópolis: Vozes, 1955.

SCHOPENHAUER, Arthur. *O Mundo Como Vontade e Como Representação*. Tradução, apresentação, notas e índices de Jair Barboza. 2. ed. revista. São Paulo: Unesp, 2015. Tomo 1.

____. *O Mundo Como Vontade e Como Representação*. Suplementos aos quatro livros do primeiro tomo. Tradução, apresentação, notas e índices de Jair Barboza. 1. ed. São Paulo: Unesp, 2015. Tomo 2.

SILESIUS, Angelus. *O Peregrino Querubínico*. São Paulo: Loyola, 1996.

Revista, Encarte de CD

DOSSIÊ Vladimir Jankélévitch: Philosophie, Histoire, Musique. *Magazine Littéraire*, n. 333, juin 1995.

HAYLOCK, Julian. A Little Night Music. Conductor: Gianandrea Noseda. Encarte de CD. In: BBC Philharmonic. *Mahler Symphony n. 7*. [S.l.]: BBC Music, 2010.

Página da Web

MARQUES, Vasco Baptista. *O Tempo na Metafísica de Vladimir Jankélévitch*. Tese (Doutorado em Filosofia), Universidade de Lisboa, Lisboa, 2017. Disponível em: <https://repositorio.ul.pt>. Acesso em: 5 jul. 2020.

ÍNDICE ONOMÁSTICO

COMPOSITORES, MÚSICOS E MUSICÓLOGOS

ALBÉNIZ, Isaac (1860-1909)   12, 260, 285, 287, 300, 301, 328, 330, 331
AUBERT, Louis (1877-1982)   300, 309, 326
BACH, Johann Sebastian (1685-1750)   15, 29, 325
BALAKIREV, Mily Alexeyevich (1837-1910)   300
BARTÓK, Béla (1881-1945)   43, 45, 74, 180, 264, 287, 304, 316, 328
BERLIOZ, Hector (1803-1869)   235
BIZET, Georges (1838-1875)   144, 330
BORODIN, Aleksandr Porfirevich (1833-1887)   34, 40, 53, 324, 329
CAPLET, André (1878-1925)   127
CHABRIER, Emmanuel (1841-1894)   312, 321
CHOPIN, Frédéric (1810-1849)   15, 29, 43, 126, 263, 281, 284, 286, 287, 295, 297, 311, 316, 324, 328, 334
DEBUSSY, Claude (1862-1918)   12, 15, 17, 29, 43, 73, 74, 97, 108, 145, 157, 179, 260, 263, 264, 265, 266, 283, 292, 298, 301, 305, 309, 316, 323, 327, 330
DE FALLA, Manuel (1876-1946)   322, 323
DIABELLI, Anton (1781-1858)   70

DUPONT, Gabriel (1878-1914)   247, 251, 309
DVOŘÁK, Antonín (1841-1904)   270, 326
FAURÉ, Gabriel (1845-1924)   12, 29, 30, 32, 33, 35, 43, 84, 221, 253, 261, 262, 276, 285, 286, 300, 304, 307, 316, 323, 340
GLAZUNOV, Aleksandr Konstantinovitch (1865-1936)   300, 306
HASSELMANS, Marguerite (1876-1947)   300
JANÁČEK, Leoš (1854-1928)   45, 240, 316, 326
LALOY, Louis (1874-1944)   305
LE FLEM, Paul (1881-1984)   309, 326
LIADOV, Anatoli Konstantinovitch (1855-1914)   322
LIAPUNOV, Serguêi Mikhailovich (1854-1924)   70, 293
LISZT, Franz (1811-1886)   12, 29, 33, 43, 65, 70, 95, 106, 145, 174, 209, 260, 262, 263, 265, 286, 287, 288, 293, 294, 295, 297, 304, 305, 309, 316, 337
MAHLER, Gustav (1860-1911)   264, 326, 341
MAGNARD, Lucien Denis Gabriel Albéric (1865--1914)   326
MENUHIN, Yehudi (1916-1999)   70

343

MILHAUD, Darius (1892-1974)   250, 252, 307, 327, 330
MOMPOU, Federico (1893-1987)   12, 29, 43, 334
MOZART, Wolfgang Amadeus (1756-1791)   302
MUSSÓRGSKI, Modest Petrovich (1839-1881)   15,
    43, 65, 97, 100, 118, 140, 145, 287, 330, 334, 335
NOVÁK, Vítězslav (1870-1949)   105
PAGANINI, Niccolò (1782-1840)   294
PATTI, Adelina (1843-1919)   145
PROKOFIEV, Serguêi Sergueievitch (1891-1953)   93, 94
RAKHMÂNINOV, Serguêi Vasilievitch (1873-1943)
    297, 306
RAVEL, Maurice (1875-1937)   12, 67, 94, 182, 233,
    290, 297, 312, 323, 324, 326, 327, 332, 333
RICHTER, Sviatoslav Teofilovich (1915-1997)   293
RIMSKY-KORSAKOV, Nikolai Andreyevich (1844-
    1908)   29, 43, 97, 269, 270, 272, 314, 330
ROGER-DUCASSE, Jean (1873-1954)   293
ROUSSEL, Albert (1869-1937)   326
SAINT-SAËNS, Camille (1835-1921)   312

SATIE, Erik (1866-1925)   29, 71, 125, 182, 220, 222
SCARLATTI, Domenico (1685-1757)   322
SCHÖNBERG, Arnold (1874-1951)   324
SCHUBERT, Franz (1797-1828)   29, 300
SCHUMANN, Robert (1810-1856)   174, 180, 281, 287
SCRIÁBIN, Aleksandr Nikolayevich (1872-1915)   328
SÉVERAC, Marie-Joseph-Alexandre Déodat de
    (1872-1921)   12, 295, 309, 321, 326
SMETANA, Bedřich (1824-1884)   326
SOETENS, Robert (1897-1997)   70
STRAUSS, Johann (1825-1899)   324, 326
STRAUSS, Richard (1864-1949)   299, 312
STRAVÍNSKI, Ígor Fiódorovitch (1882-1971)   29,
    125, 128, 173, 305, 322
SUK, Josef (1874-1935)   237
TCHAIKÓVSKI, Piótr Ílitch (1840-1893)   105, 128,
    144, 311
WAGNER, Wilhelm Richard (1813-1883)   29, 326, 330
WALTER, Bruno (1876-1962)   326

FILÓSOFOS

ADORNO, Theodor Ludwig Wiesengrund (1903-1969)
    121
APOLODORO (180 a.C.-120 a.C.)   240
ARISTÓTELES (385 a.C.-323 a.C.)   135
BAADER, Franz Xaver von (1765-1841)   243
BERGSON, Henri (1859-1941)   12, 13, 15, 23, 41, 42, 43,
    45, 50, 72, 142, 148, 156, 161, 176, 201, 313, 316
BRUNSCHVICG, Léon (1869-1944)   252
DESCARTES, René (1596-1650)   82
EPICURO (341 a.C.- 270 a.C.)   228
EPITETO (50 d.C.-135 d.C.)   75, 76, 158, 178
FAYE, Jean-Pierre (1925)   167
FOURIER, François Marie Charles (1772- 1837)   165
HEGEL, Georg Wilhelm Friedrich (1770- 1831)   121
HERÁCLITO (540 a.C.-470 a.C.)   37, 280
HUSSERL, Edmund Gustav Albrecht (1859-1938)   35, 68
KANT, Immanuel (1724-1804)   72, 184, 187
KIERKEGAARD, Søren Aabye (1813-1855)   107, 125,
    157, 187, 189, 235
LEIBNIZ, Gottfried Wilhelm (1646-1716)   264, 328
MAQUIAVEL, Nicolau (1469-1527)   90
MARCEL, Gabriel (1889-1973)   17, 80

MONTESQUIEU (Charles-Louis de Secondat, o barão
    de Montesquieu, 1689-1755)   18, 42, 217
NIETZSCHE, Friedrich Wilhelm (1844-1900)   29,
    281, 305, 321, 330, 331
PARMÊNIDES (530 a.C.-460 a.C.)   274, 279
PASCAL, Blaise (1623-1662)   62, 69, 71, 89, 138, 155,
    188, 190, 212, 226, 229, 252, 271, 328
PITÁGORAS (571 a. C.-500 a. C.)   240
PLATÃO (428 a.C.-347 a.C.)   37, 60, 107, 113, 119,
    156, 222, 233, 237, 240, 278, 296, 319, 321, 332
PLOTINO (205 d.C.-270 d.C)   31, 45, 79, 161, 257
SCHELER, Max Ferdinand (1874-1928)   313
SCHELLING, Friedrich Wilhelm Joseph (1775-1854)
    12, 19, 26, 45, 132, 316
SCHOPENHAUER, Arthur (1788-1860)   156, 158, 180,
    249
SÓCRATES (ca. 469 a.C.-399 a.C.)   155, 217, 240,
    320, 331
SOREL, Georges Eugène (1847-1922)   166
SPINOZA, Baruch (1632-1677)   177, 237
VOLTAIRE (François-Marie Arouet, 1694-1778)   299
WAHL, Jean André (1888-1974)   315

SANTOS, MÍSTICOS E ESCRITORES ESPIRITUAIS

AGOSTINHO DE HIPONA, santo (354 d.C.-430 d.C.)
    20, 31, 69, 133
ANGELUS SILESIUS (1624-1677)   20, 74, 104
FÉNELON, François (1651-1715)   62, 63, 72, 81, 142,
    150, 186, 187, 188

FRANCISCO DE ASSIS, São (1182-1226)   86
FRANCISCO DE SALES, São (1567-1622)   193, 252
JOÃO DA CRUZ, São (1542-1591)   18, 19, 38, 43, 103
LÚLIO, Raimundo (1232-1316)   191, 192, 193

PINTORES, ESCULTORES E OUTROS ARTISTAS

BRUEGEL, Pieter (1525-1569) 93
DELACROIX, Ferdinand Victor Eugène (1798-1863) 244
KLEE, Paul (1879-1940) 194
LORRAIN, Claude (1600-1682) 285, 328
MAGRITTE, René François Ghislain (1898-1967) 328
MICHELANGELO (1475-1564) 40, 251, 313
MONET, Claude (1840-1926) 114, 284
PISSARRO, Camille (1830-1903) 284
RAFAEL SANZIO (1483-1520) 281
REMBRANDT Harmenszoon van Rijn (1606-1669) 272
RODIN, François-Auguste-René (1840-1917) 313
SISLEY, Alfred (1839-1899) 284

POETAS, ESCRITORES, JORNALISTAS, ESTUDIOSOS E FIGURAS PÚBLICAS

ALEICHEM, Sholem (1859-1916) 219
ALEXANDRE, o Grande (356 a.C.-323 a.C.) 177
ANDERSEN, Hans Christian (1805-1875) 43, 319
ANDREIEV, Leonid Nicolaevitch (1871-1919) 102, 166
ANÍBAL BARCA (247 a.C.-184 a.C.) 209
ARQUIMEDES (288 a.C.-212 a.C.) 240
BAUDELAIRE, Charles-Pierre (1821-1867) 86, 180, 231, 275, 330
BEILIS, Menahem Mendel (1874-1934) 166
BERTRAND, Aloysius (1807-1841) 67, 233, 276
BICHAT, Maurice François Xavier (1771-1802) 245
BLOK, Aleksandr Aleksandrovich (1880-1921) 95
ČAPEK, Karel (1890-1938) 240
CHATEAUBRIAND, François-René de (1768-1848) 116
CIPIÃO (236 a.C.-183 a.C.) 209
COLETTE, Sidonie-Gabrielle (1873-1954) 333
CONSTANTINO (272-337) 209
CORBIÈRE, Tristan (1845-1875) 90
CORNEILLE, Pierre (1606-1684) 328
CREVEL, René (1900-1935) 310
DOSTOIÉVSKI, Fiódor Mikhailovitch (1821-1881) 141, 165, 166, 212
FILIPE III, rei da Espanha (1578-1621) 211
FREUD, Sigmund Schlomo (1856-1939) 199
GOETHE, Johann Wolfgang von (1749-1832) 41, 146, 270, 326
GÓRKI, Maksim (Aleksei Maksimovich Peshkov, 1868-1936) 166
GRACIÁN, Baltasar (1601-1658) 42, 65, 75, 76, 88, 150, 211, 295, 296, 298
HEINE, Christian Johann Heinrich (1797-1856) 174, 180, 220
HITLER, Adolf (1889-1945) 182
HOFFMANN, Ernst Theodor Amadeus (1776-1822) 249
HOMERO (928 a.C-898 a.C.) 85, 221
HUGO, Victor (1802-1885) 165, 190, 274
ISAAC, Jules (1877-1963) 167
JACOB, Max (1876-1944) 209
KATKOV, Mikhail Nikiforovich (1818-1887) 166
KAZANTZAKIS, Nikos (1883-1957) 85
KLARSFELD, Beate (1939) 160
KOROLENKO, Vladimir Galaktionovich (1853-1921) 166
KUPRIN, Alexandre Ivanovich (1870-1938) 196
LA ROCHEFOUCAULD, François de (1613-1680) 72, 150
LAFORGUE, Jules (1860-1887) 106, 291
LAMARTINE, Alphonse (1790-1869) 108
LERBERGHE, Charles van (1861-1907) 253
L'ISLE-ADAM, Auguste Villiers (1838-1889) 230, 267
MAGÊNCIO (312-293) 209
MANN, Paul Thomas (1875-1955) 162, 177
MARCO AURÉLIO (121-180) 237, 240
MAURRAS, Charles (1868-1952) 166
MEDICI, Giuliano di Lorenzo de' (1453-1478) 251
MORIN, Violette (1917-2003) 216
MUSSOLINI, Benito Amilcare Andrea (1883-1945) 166
NIZAN, Paul-Yves (1905-1940) 152
ORTEGA Y GASSET, José (1883-1955) 313
PÉGUY, Charles (1873-1914) 123
POE, Edgar Allan (1809-1849) 83, 231
PROUDHON, Pierre-Joseph (1809-1865) 165, 166
PROUST, Valentin (1871-1922) 59, 106
QUENEAU, Raymond (1903-1976) 216
QUINTILIANO, Marco Fábio (35-96) 88
RÉGNIER, Henri (1864-1936) 326
RENZI, Giuseppe (1871-1941) 313
RILKE, Rainer Maria (1875-1926) 33, 224
SAMÓSATA, Luciano de (125-192) 155
SHAKESPEARE, William (1564-1616) 304
SIMENON, Georges (1903-1989) 59
SIMMEL, Georg (1858-1918) 23, 26, 213, 313, 314
TCHAADAIEV, Piotr Iakovlevitch (1794-1856) 100
TCHÉKHOV, Anton Pavlovitch (1860-1904) 219
TOLSTÓI, Lev (1828-1910) 73, 139, 241, 242, 243, 261, 319, 320

345

UNAMUNO Y JUGO, Miguel de (1864-1936) 65, 142, 190
VALÉRY, Paul (1871-1945) 94
VERLAINE, Paul-Marie (1844-1896) 37, 43, 271, 277, 278
WIESEL, Elie (1928-2016) 209

DRAMATURGOS, DIRETORES DE CINEMA E ATORES

BECKETT, Samuel Barclay (1906-1989) 73
CHAPLIN, Charles (1889-1977) 33, 43, 223
CLAIR, René (1898-1981) 145
DIONÍSIO AEROPAGITA 271
IONESCO, Eugène (1909-1994) 73

LAZUNOV, Aleksandr Konstantinovitch (1865-1936) 306
MAETERLINCK, Maurice (1862-1949) 238
SAURA, Carlos Atares (1932) 133, 134

PERSONAGENS HISTÓRICAS, BÍBLICAS, MITOLÓGICAS, LITERÁRIAS E TEATRAIS

Abraão 189
Adão 132
Ajax 218
Ana (*Cria Corvos*) 133
Aquiles 209, 218
Arlequim 328
Caim 132
Calipso 85
Carlitos 224
Carmelo (*Amor Brujo*) 332
Daphnis 330
Dédalo 216
Dionísio 330
Don Juan 249
Eurídice 336
Heitor 209
Hércules 222
Ícaro 93
Jacó 168
Jesus Cristo 140, 141
La Palice 228

Lise (*Guerra e Paz*) 242
Margarida (*Fausto*) 146
Marie Bolkonskaia (*Guerra e Paz*) 139
Mefistófeles (*Fausto*) 146
Mélisande (*Pelléas e Mélisande*) 134, 140, 141, 251, 252, 253, 279
Narciso 139, 142, 143, 144
Nikolka (*Bóris Godunov*) 97, 139, 140
Odisseu (*Ulisses*) 221
Ondina 67
Orfeu 336
Padre Zósima (*Os Irmãos Karamázov*) 140
Pedro, apóstolo 209, 328
Pelléas (*Pelléas e Mélisande*) 129, 253, 279
Penélope 79, 84, 218, 221, 269
Plutão 336
príncipe André (*Guerra e Paz*) 242
príncipe Míchkin (*O Idiota*) 141
São Jorge 191
Sopranelli (Le Million) 145
Tifão 189, 190
Zeus 222

Este livro foi impresso na cidade de São Bernardo do Campo,
nas oficinas da Paym Gráfica e Editora,
para a Editora Perspectiva